Peter Brinkmann

Zeuge vor Ort

Korrespondent in der DDR '89/90

edition ost

Dieses Buch ist kein wissenschaftliches Geschichtsbuch, sondern eine Dokumentation. Es ist mein Erlebnisbuch aus der spannendsten Zeit meines Journalistenlebens – als Korrespondent der *Bild*-Zeitung in der DDR und später als Korrespondent beim *Berliner Kurier*. Beiden Chefredakteuren, Hans-Hermann Tiedje von *Bild* und Hans-Peter Buschheuer vom *Berliner Kurier*, sei hier gedankt für diese herausragende Möglichkeit in geschichtsträchtiger Zeit.

Peter Brinkmann

Das Buch

*Auf der Pressekonferenz am
9. November 1989 stellte
Brinkmann die entscheidende
Frage, deren Beantwortung zur
Öffnung der Mauer führte. Da
dies weder vom Fragesteller
noch vom Antwortgeber so
gedacht war, wie es dann kam,
kann man von einem Treppen-
witz der Geschichte sprechen.
Doch es war kein Witz, wohl
aber Geschichte. Gemeinhin
berichten Journalisten darüber,
was zu Historie erst wird, bei
Brinkmann ist das anders: Er
selbst wurde damit Geschichte.
Doch nicht nur an jenem Tag
entlockte er Politikern Aussagen,
die sie nicht machen wollten.
Auch in der Folgezeit kommt er
den Personen nahe, die inzwischen in den Geschichtsbüchern
stehen. Dabei nimmt er nur das
eine Jahr von Herbst '89 bis
Herbst '90 in den Blick und
berichtet über Ereignisse und
Personen, die uns nicht nur die
Zeit vor einem Vierteljahrhun-
dert lebendig werden lassen,
sondern auch erklären, warum
vieles so wurde, wie es heute ist
im vereinigten Deutschland.
Inzwischen lebt eine Generation neben uns, die das zweige-
teilte Land nur noch vom
Hörensagen kennt.*

Der Autor

*Peter Brinkmann, Jahrgang
1945, geboren und aufgewach-
sen in Cloppenburg. Nach dem
Abitur Bundeswehr von 1966
bis 1968 (Oberleutnant),
danach, bis 1975, Studium
Jura, Politik und Volkswirt-
schaft in Innsbruck, Münster,
Hamburg und Lüneburg. Von
1975 bis 1980 journalistische
Tätigkeit in Bonn (Die Welt),
danach in Hamburg (bis 1987
Bild, bis 1989 Hamburger
Morgenpost). 1989 wieder
Bild, zunächst Ressortleiter
Wirtschaft, dann akkreditierter
Korrespondent in der DDR bis
zu deren Ende. Anschließend
Deutschland-Korrespondent der
Bild in Berlin, dann Bonn,
1992 Büroleiter der Bild-
Bonn. Von 1992 bis 1994
Chefreporter der Bild für inter-
nationale Politik (Israel, Russ-
land, Uganda, Namibia,
Kuba, Südafrika, Iran – im
Januar 1993 in Bagdad bei
US-Raketenbeschuss verletzt).
Nach verschiedenen Berater-
tätigkeiten von 1998 bis 2010
Chefkorrespondent des Berliner
Kurier, seither freier Journalist
und Moderator bei TV Berlin.
Peter Brinkmann lebt in Ber-
lin-Mitte und ist Vater von drei
Söhnen.*

Inhalt

9. November 1989: ein grauer Novembertag

Die ersten sind schon gegangen. Es ist einfach langweilig im Internationalen Pressezentrum der Deutschen Demokratischen Republik (IPZ). Bis der Zeiger der Uhr auf 18.53 Uhr vorrückt. Von dieser Sekunde an wird in Berlin-Mitte Geschichte geschrieben.

400 Meter entfernt tagt das ZK der SED unter Vorsitz des Generalsekretärs Egon Krenz. Im IPZ in der Mohrenstraße[1] hält Politbüromitglied Günter Schabowski, einer der mächtigen Männer in der DDR, eine Pressekonferenz ab. Der ehemalige Chefredakteur des *Neuen Deutschland*, geboren 1929 und seit 1952 in der SED, liest seit 18 Uhr vor, was im Zentralkomitee am heutigen 9. November 1989 diskutiert worden ist. Es geht um einen Parteitag, Veränderungen in der SED und in der DDR. Vom »Reisegesetz«, das die letzten 72 Stunden die Diskussion in der DDR bestimmt hatte, kam bisher kein Wort.

Wir Journalisten fragen nach Abschaffung der Zensur, Veränderungen in der Partei und dergleichen. Ich will drei Fragen stellen, die letzte zum Reisegesetz. Doch ich komme nicht zum Zuge. Ich arbeite für die *Bild* in Hamburg als »Reise-Korrespondent«. Mein hochgestreckter Arm wird von Günter Schabowski geflissentlich übersehen.

Da kommt die Frage nach dem Reisegesetz, die ich auf der Zunge hatte. Niemand ahnt jetzt, was Schabowski in diesen Sekunden in Gang setzen wird.

Zwei Tage zuvor, am 7. November, erhielt ich einen Anruf vom Staatssekretär beim Senator für Wirtschaft in Berlin. Mit Jörg Rommerskirchen hatte ich vor Jahren als Schifffahrtsreporter der *Bild* in Hamburg immer gut zusammengearbeitet. Er war zu jener Zeit Senatsdirektor der Freien und Hansestadt und Chef für das Amt Hafen. Und nun arbeitete er als Staatssekretär

Während der Pressekonferenz im IPZ am 9. November. Vorn auf dem Podium Gerhard Beil, Günter Schabowski, Manfred Banaschak und Helga Labs (v.r.n.l.). Brinkmann in der ersten Reihe dreht sich um. Sitzend auf dem Podest Riccardo Ehrman

beim Berliner Wirtschaftssenator, und ich saß als Ressortchef Wirtschaft in der Redaktion in Hamburg am Schreibtisch.

»Du, es tut sich was, wir haben gerade ein Telex aus dem Osten bekommen«, sagte er am Telefon. »Wir sollen bis zum 10. November eine Arbeitsgruppe, genauer gesagt: eine Projektgruppe Tourismus nach § 8 der Durchführungsverordnung Absatz 1, bilden, um den Reiseverkehr zwischen Berlin Ost und West zu regeln.«

Hä? Meine simple, aber wohl verständliche Frage lautete: »Was heißt das?«

Seine Antwort war etwas unsicher: »Das heißt wohl, dass die da drüben die Mauer etwas durchlässiger machen wollen. Sieh zu, dass du hier bist. Ich weiß nicht genau, was die vorhaben. Könnte ja auch mehr werden. Auf jeden Fall werden sie Reisen erlauben, aber wohl mit Einschränkungen.«

Was wir alle damals nicht wussten: dass der am 18. Oktober ins Amt gekommene SED-Generalsekretär Krenz angewiesen hatte, eine neue Reiseregelung vorzulegen, weil der am 6. November, dem Montag, veröffentlichte »Reisegesetzentwurf« auf massive Ablehnung gestoßen war. Auf den Montagsdemonstra-

Leuten auf dem Podium in die Augen sehen, zweitens bei Notwendigkeit sofort und mühelos nach draußen gelangen, um etwa zu telefonieren. Nachdem ich mir also die ideale Ausgangsposition für die angekündigte Pressekonferenz mit Günter Schabowski gesichert hatte, ging ich in das Restaurant in der Etage darüber, um zu »horchen«.

Dort trafen Journalisten zwanglos aufeinander, und seit Beginn der Veränderungen in der DDR, was später mit »Wende« bezeichnet werden sollte, wurden es stets mehr. Der Ort war zu einer Nachrichtenbörse für Presseleute geworden. In den folgenden Wochen nutzten dies auch Politiker und andere Personen, die sich für wichtig hielten. Darunter war übrigens auch Markus Wolf, der 1986 ausgeschiedene Chef des Auslandsnachrichtendienstes der DDR.[6] Seither réüssierte er als Schriftsteller, und zur Verwunderung aller hatte er am 4. November auf der großen Demonstration auf dem Alexanderplatz gesprochen und sich damit wieder ins Spiel gebracht. Er suchte das Gespräch mit uns Journalisten. Zu sagen hatte er aber nicht viel. Das merkte man sehr schnell. Ich hielt ihn für einen Wichtigtuer. Dennoch waren alle an einem Gespräch mit ihm interessiert, weil jeder annahm, dass er vielleicht doch mehr wisse, als er in großer Runde zum Besten gab.

Auch ich, natürlich, interviewte ihn im Presseclub. Das Gespräch erschien am 18. November in der *Bild*. Er sagte mir: »Ich glaube nicht an die Wiedervereinigung. Die Mehrheit hier in der DDR will das ohnehin nicht. Lassen Sie also den penetranten Versuch, uns die Wiedervereinigung einzureden. Ich sehe selbst nach freien Wahlen in der DDR keine Regierung, die auf Vereinigungskurs gehen könnte. Die SED ist eine starke Partei. Sie sucht sich auch nach den Wahlen kein neues Volk.«[7]

Auf dem Außerordentlichen SED-Parteitag am 8./9. Dezember und eine Woche später auf dessen zweiter Tagung saßen wir oft zusammen. Wolf nannte mich spöttisch seinen »Schatten«. Was zutraf: Ich ließ ihn, wie alle anderen SED-Größen, nicht mehr aus den Augen. Aber das war wechselseitig. Wann immer er mich sah, kam er auf mich zu, fasste mich am Kragen und sagte grienend zu seiner Umgebung: »Passt auf den Brinkmann auf, der hat überall Mikrofone, um aufzuzeichnen, was wir reden.«

Am Samstagvormittag des 8. Dezember, nach der Nachtsitzung des Parteitages, auf der über die Auflösung oder die weitere Existenz der SED diskutiert und für deren Fortbestand schließlich votiert worden war, tranken Wolf und ich einen starken Kaffee. Er war nach dem Marathon erschöpft und müde wie ich auch. Ich gab der SED[8] keine Zukunft. Er widersprach und schlug eine Wette vor. Er setze eine Kiste Champagner (»Mein lieber Schatten: Der Champagner muss gut und trocken sein, kein Rotkäppchen-Sekt«), dass bei den Volkskammerwahlen, die es in absehbarer Zeit geben würde, seine Partei mindestens 15 Prozent bekommen werde. Ich hielt dagegen und sagte: »Keine zehn Prozent!«

Ich verlor die Wette. Bei den Wahlen am 18. März 1990 bekam die PDS 16,3 Prozent, das waren 66 der 400 Volkskammermandate.

Wir trafen uns wiederholt in seiner kleinen Neubauwohnung im Nikolaiviertel mit Blick auf die Spree. Das Quartier in den beiden Obergeschossen des Plattenbaus, nur über Treppe zu erreichen, hatte Wolf aufwendig nach seinen Wünschen ausstatten lassen, was seinen Minister, wie er mir erzählte, sehr erregt habe. Der Luxus war, gemessen an den bei uns geltenden Regeln, im Prinzip keiner, aber für DDR-Maßstäbe war's beachtlich.

Markus Wolf erinnerte mich noch am Wahlabend an die verlorene Wette, die ich mit ihm 1989 geschlossen hatte. Entgegen meiner Prognose war seine Partei doch über zehn Prozent gekommen

Zum letzten Mal trafen wir uns dort am Dienstag, dem 25. September 1990. Frau Andrea und sein jüngster Sohn waren auch da. Wolf hatte Angst, er fürchtete, nach dem 3. Oktober festgenommen zu werden. Wir tranken Wasser. Zunächst. Sein Gesicht war gerötet, er rauchte. Immer wieder stellte er mir die gleiche Frage: »Soll ich mich am 3. Oktober stellen oder nicht?« Seit Juni gab es einen Haftbefehl im Westen.

Ich schrieb über diese Begegnung damals in der *Bild*: »Der Kaffee dampft. Der Streuselkuchen ist frisch. Mischa Wolf und seine hübsche Frau Andrea haben mich zum Kaffee eingeladen. Zum letzten Mal? Ich frage ihn: ›Wollen Sie weg?‹

Übergabe des Wetteinsatzes: eine Kiste »Veuve Clicquot«, 25. April 1990. Eine Flasche leerten wir gemeinsam, gefeiert wurde mit Chablis und Hummer im »Rôti d'or«, dem Restaurant im Palast-Hotel, welches in den 90er Jahren abgerissen werden sollte

Wolf: ›Nein, wohin denn auch? In der Sowjetunion war ich im Exil. Da war ich fast so alt wie mein Sohn jetzt. Nein, in die Sowjetunion gehe ich nicht, will ich nicht. Es hätte keinen Sinn. Und ich will es meiner Familie auch nicht zumuten.‹ Pause. Dann, mit leiser Stimme: ›Und in einigen Jahren ist es dort auch vorbei. Es wäre ganz sinnlos.‹

Wir reden über den 3. Oktober. Es sind nur noch wenige Tage. ›Werde ich verhaftet?‹, fragt er mich.

›Keine Frage, Sie werden‹, sage ich ihm. Er raucht. Lange Jahre hat er es nicht mehr getan. Jetzt ist er nervös. Trinkt auch ein Glas Wein, ein Bier. Seine junge, hübsche Frau Andrea besorgt: ›Mischka, trink nicht so viel.‹ Sie nennt ihn Mischka, andere Mischa.

Er setzt brav das Glas ab.

Wir plaudern. Dann fragt er mich. ›Was also soll ich tun?‹

Ich: ›Stellen Sie sich, ich gehe mit Ihnen.‹«

Keine Frage: Ich wollte die Geschichte, ich bin Journalist. Wenn die Handschellen klicken, möchte ich exklusiv dabeisein. In dem Mediengeschäft zählt die Erstinformation.

»Wolf nachdenklich: ›Warum nicht? Ich rede mit meinen Anwälten.‹«

Wolfs Anwälte saßen in Hamburg, schätzten weder *Bild* noch den Springer Verlag, dealten am liebsten mit Gruner & Jahr, dem *Stern* oder dem *Spiegel*. Ich aber wollte Wolf für uns, für *Bild*. Konsultierte er erst seine Anwälte, hatte ich schlechte Karten.

Und weiter in meinem Zeitungstext:

»Wir reden. Immer wieder über das gleiche Thema. Freunde kommen, seine Söhne. Es ist ein Abschied. Was sonst.«

Ich insistierte: »Stellen Sie sich!«

Ehefrau Andrea intervenierte auf ihre Weise. »Mischka, wie lange wird das dauern? Wann kommst du zurück?« Nach Moskau aber wollte auch sie nicht. Ein wenig kryptisch sagte er, er wüsste einen sicheren Platz. Dort, wo er auch noch Akten habe. Dann kam Wolf auf Österreich zu sprechen. »Liefern die aus?«, erkundigte er sich. Ich wusste es nicht. Zwischendurch klingelte das Telefon. Ein Anruf aus Israel. Fluchtvorbereitungen? Eher nicht, Markus Wolf schien entschieden zu haben, sich der westdeutschen Justiz zu stellen.

Ende April 1990 flanierte ich noch mit Andrea und Markus Wolf auf dem Boulevard Unter den Linden. Dann war er weg. Aus der Verabredung, ihn nach Karlsruhe zu begleiten, wurde nichts

Wir vereinbarten: Wenn er den Schritt gehe, würde er mich zuvor anrufen. Montag, der 1. Oktober, wäre zum Beispiel ein guter Tag, um 11 Uhr morgens beim Ermittlungsrichter in Karlsruhe anzuklopfen.

Am Donnerstag, am Nachmittag des 27. September, rief er mich an und sagte nur, es bliebe bei unserer Abmachung. Dann legte er auf. Und war weg. Spurlos verschwunden, der Meister der Konspiration hatte mal wieder ein Lehrstück geliefert.

Markus Wolf tauchte in der Sowjetunion auf, blieb dort bis 1991. Sein Antrag an die Republik Österreich, ihm politisches Asyl zu gewähren, war in Wien abgelehnt worden. Ein angebliches Angebot der CIA, ihn in die USA zu bringen und vor dem Zugriff der deutschen Behörden zu schützen, lehnte er ab. Einzige Quelle für diese ausgeschlagene Offerte: er selbst. Mit dem heutigen Wissen würde ich es nicht mehr ausschließen wollen, dass es sich so zugetragen haben könnte. Damals jedoch hielt ich es für eine Ente.

Das Oberlandesgericht Düsseldorf verurteilte Wolf 1993 wegen Landesverrats in Tateinheit mit Bestechung zu einer

Freiheitsstrafe von sechs Jahren. Das Urteil wurde vom Bundesverfassungsgericht aufgehoben: Welches Land sollte er verraten haben? Die DDR, deren Bürger er bis zum 2. Oktober 1990 war? Die Karlsruher Verfassungsrichter urteilten logisch und folgten den weit verbreiteten ideologisch motivierten Vorstellungen nicht.

Doch zurück zum Ort des Geschehens, dem Internationalen Pressezentrum in der DDR-Hauptstadt, die schon bald, wie alle Institutionen in diesem Lande, mit der Vorsilbe »Noch-« geschmückt werden würde. Doch das liegt augenblicklich in der ungewissen Zukunft, ich warte lediglich auf ein neues Reisegesetz.

Am 31. Oktober hatte, wie ich hinter vorgehaltener Hand erfahre, DDR-Innenminister Friedrich Dickel Krenz einen Entwurf vorgelegt – und war damit auf einhellige Ablehnung im Politbüro gestoßen. Dickel stellte fest, dass sein Entwurf noch einmal durch Ministerpräsident Willi Stoph verändert und damit verschärft worden sei. In § 6 solle es geheißen haben: Zum Schutz der nationalen Sicherheit können Reisen versagt werden. Ich kommentierte in der *Bild*: »Im Klartext: Wieder lag es am Staat = Stasi zu sagen, wer reisen darf oder nicht.«

Krenz erkannte den Rückschritt und verlangte einen neuen Entwurf. Der war am 3. November fertig. »Danach konnte jeder DDR-Bürger grundsätzlich reisen. Sein Antrag darf nur im Ausnahmefall abgelehnt werden. 15 DM (!) kann er im Verhältnis 1:1 Mark der DDR umtauschen. Das würde die DDR im Jahr bei ca. drei Millionen Reisenden rund 45 Millionen DM kosten, hatten die Bürokraten errechnet. 15 DM – das hätte gerade am ersten Tag in Westdeutschland für eine Cola plus Brötchen für vier Personen gereicht. Und dann?«

Am Abend des 31. Oktober 1989 flog Egon Krenz nach Moskau. Ob er das Schürer-Papier[9] dabei hatte, weiß ich nicht. Er sprach mit Gorbatschow offen über die Lage in der DDR und wollte dessen Hilfe erbitten. Der sagte laut Protokoll: »So schlimm habe ich mir die Lage nicht vorgestellt.« Und tat nichts. Hier ein Auszug aus einem Bericht[10] über das Gespräch: »Was Krenz dann erläuterte, war dennoch ein Schock für Gorbatschow. Die DDR, eröffnete er ihm, werde Ende 1989 mit 26,5 Milliarden Dollar im Westen verschuldet sein, und die Devisenbilanz weise ein Defizit von 12,1 Milliarden Dollar auf. Allein die Zinszahlungen, fuhr Krenz fort, beliefen sich auf 4,5 Milliarden Dollar, was 62 Prozent des jährlichen Exporterlöses der DDR in Devisen entspreche.

Die DDR lebe über ihre Verhältnisse, und das schon seit Anfang der 70er Jahre. Wenn man ausschließlich die eigene Leistung zugrunde legte, würde der Lebensstandard sofort um dreißig Prozent sinken.

Krenz brauchte Kredite. Er hatte schon daran gedacht, sich an den Internationalen Währungsfonds (IWF) zu wenden, glaubte aber, dass eine ›äußerst ungünstige politische Situation‹ eintreten könnte, wenn der westlich dominierte IWF Einfluss auf die ostdeutsche Wirtschaft bekäme.

Gorbatschow riet Krenz, der Bevölkerung mitzuteilen, dass man über seine Verhältnisse gelebt habe. Die Sowjetunion werde weiterhin die lebensnotwendigen Rohstoffe liefern. Wichtig sei auch die Fortführung der ›prinzipiellen und flexiblen Politik‹ gegenüber der Bundesrepublik. Die offensichtliche Gefahr bestand darin, dass der Westen die Schwäche der ostdeutschen Wirtschaft ausnutzen könnte, um auf die Vereinigung Deutschlands zu drängen. Gorbatschow war jedoch zuversichtlich, dass diese Absicht auch bei anderen auf Widerstand stoßen würde.

Während der Pressekonferenz, rechts vorn der Autor

Die Fragestellung nach der Einheit Deutschlands wurde von ihnen allen als äußerst explosiv für die gegenwärtige Situation betrachtet. Die DDR solle versuchen, von anderer Seite wirtschaftliche Hilfe zu erhalten – nicht nur von der Sowjetunion. Diese könne, wie Gorbatschow zugab, ökonomisch wenig tun. Aber sie könne helfen, Unterstützung aus dem Westen zu bekommen. Ungarn und Polen seien auf diesem Gebiet bereits sehr aktiv.

Gorbatschow wechselte dann das Thema. Die Zeit sei reif, sagte er, um eine zufriedenstellende ›Formel‹ für das Reisebeziehungsweise Flüchtlingsproblem zu finden. In der bundesdeutschen Politik werde die nationale Frage stark in den Vordergrund gerückt. Krenz erwiderte, dass bereits ein Programm zum Umgang mit dem Flüchtlingsproblem vorliege. Die DDR werde den Schusswaffengebrauch an der Grenze abstellen, und das Politbüro habe den Entwurf eines neuen Reisegesetzes verabschiedet, der noch vor Weihnachten von der Volkskammer angenommen werden solle. Er eröffne nahezu allen DDR-Bürgern die Möglichkeit, einen Pass und ein Ausreisevisum für Reisen in alle Länder zu erwerben. Man könne zwar das Reisen erlauben, aber nicht die Ausfuhr konvertierbarer Währung. Die Deviseneinnahmen reichten nicht aus, um DDR-Reisende mit Valuta auszustatten.«

Hilfe für die DDR bekam Krenz in Moskau also nicht. Die DDR stand allein da. Was Krenz nicht wusste: Auch er selbst war allein. Der Kreml setzte nicht auf ihn, sondern baute auf Hans Modrow[11], den Dresdner Parteichef. Dieser sollte Mitte November zum Premierminister berufen und mit der Regierungsbildung beauftragt werden.

Gorbatschow hatte auch Bundeskanzler Helmut Kohl signalisiert: Krenz ist ein Mann des Überganges und kein Verhandlungspartner.

Das Reisegesetz war am Wochenende nach der Moskau-Reise von Krenz noch nicht fertig und publiziert. Ich berichtete in meiner Zeitung: »Die Bevölkerung kocht. Auf dem Alexanderplatz in Berlin kommt es am 4. November zur größten Demonstration in der Geschichte der DDR. Nun übernimmt die Straße die Initiative. Die SED bewegt sich wie eine Schnecke, das Volk aber will rennen.

Über eine Million Menschen kommen auf den Alexander-platz. 26 prominente DDR-Bürger und Funktionäre sprechen. Und das bisher Unfassbare geschieht: Die SED-Bonzen, unter ihnen Politbüromitglied Günter Schabowski und Ex-DDR-Spionagechef Markus Wolf, werden ausgepfiffen. Dann Jubel, als Stefan Heym sagt: ›Diese Gesellschaft ist von Demagogie, Bespitzelung, Entmündigung und auch Verbrechen gekenn-zeichnet.‹ Die Schriftstellerin Christa Wolf ruft aus: ›Stell dir vor, es ist Sozialismus und keiner geht mehr weg.‹«

Im Restaurant im IPZ sehe ich einige Mitarbeiter des Außen-ministeriums. Auf meine Frage reagieren sie ein wenig un-wirrsch, genervt, obgleich sie sonst immer bemüht waren, Nor-malität und Souveränität zu demonstrieren. Ja, es werde ein Reisegesetz geben. Natürlich, der Führung seien die Sorgen der Bürger bekannt. Jaja, Egon Krenz werde das schon machen, das ZK tage. Warten Sie es ab. Haben Sie ein wenig Geduld. Nach-her werde Günter Schabowski auf der Pressekonferenz die Beschlüsse vorstellen und erläutern …
Sie wissen nichts und wirken unwissender als ich. Gibt es nun ein Reisegesetz ohne jede Einschränkung? Jener, den ich frage, schüttelt den Kopf. »Dann können wir ja gleich die Mauer abreißen«, antwortet er barsch.
»Ja, eben, gute Idee«, griene ich zurück.
»Völlig unmöglich.«
Gegen 17 Uhr gehe ich hinunter in den Saal. Immer mehr Kollegen füllen die Reihen. Ich beziehe meinen Logenplatz in der ersten Reihe. Ein Kollege aus Wien fragt, ob der Platz neben mir noch frei sei. Selbstverständlich.
Kurz vor 18 Uhr schwebt endlich »die Wolke« herein. Allen voran, durch den Mittelgang, schreitet der bullige Schabowski, die Schulter wie gewohnt schief, die Winkel des schmallippigen Mundes nach unten gezogen – eine Mimik, die Politiker aus Ostdeutschland zu präferieren scheinen. Dem neuen starken Mann im Politbüro folgt Gerhard Beil, der alsbald rechts neben Schabowski auf dem erhöhten Podium Platz nehmen wird. Die beiden anderen kenne ich nicht. Es ist Manfred Banaschak, Chefredakteur der *Einheit*, die Frau wird als Helga Labs, Mit-glied des Zentralkomitees, vorgestellt und ist vermutlich wie

die anderen nur schmückendes Beiwerk, um der Veranstaltung den Charakter einer One-Man-Show zu nehmen, die sie aber zweifellos ist. Alle Fragen gehen an Schabowski, der wie gewohnt schlagfertig und mürrisch, aber auf Dauer eben doch ermüdend, reagiert.

Dabei, wie sich später herausstellt, hat er überhaupt nicht an der Sitzung des Zentralkomitees teilgenommen, über deren Verlauf er so wortreich schwadroniert.

Wo war Schabowski?

Später habe ich ihn wie auch Gerhard Beil wiederholt danach befragt. Schabowski sagte, er habe den ganzen Nachmittag in Gesprächen mit Journalisten zugebracht. Bis heute allerdings hat sich nicht ein einziger Journalist gemeldet, der mit Schabowski am Nachmittag des 9. November ein Gespräch geführt haben will.[12] Gerhard Beil hingegen wollte Schabowski draußen, vor dem ZK-Gebäude, im Gespräch mit wütenden Bürgern und Bauarbeitern gesehen haben.

Am 9. November versammelten sich keine protestierenden Bauarbeiter vorm ZK, wohl aber am Tag zuvor.

Wo also war Schabowski am Nachmittag des 9. November? Die Frage ist bis heute unbeantwortet. Wenn sie geklärt sein sollte, muss die Geschichte gewiss nicht umgeschrieben werden, aber vielleicht trüge dieses Wissen zu unser aller Erhellung ein wenig bei.

Wir hören, zunehmend schläfriger werdend, dem Wortgeplätscher zu, und fast beginne ich bei Tiedje Abbitte zu leisten. Hatte ich die Zeichen falsch gedeutet? Der am Montag veröffentlichte Entwurf des Reisegesetzes, der erkennbar die Menschen auf die Barrikaden trieb, hatte den landesweiten Unmut neuerlich anschwellen lassen. Am Abend präsentierte das DDR-Fernsehen, offenbar zur Beruhigung, einige der Öffentlichkeit weitgehend unbekannte Personen in einer Art Talkshow, etwa einen 39-jährigen Oberst der VP, der als Leiter der Abteilung Pass- und Meldewesen des MdI vorgestellt wurde. Ein Sachse, natürlich. Und einen kleinen, kahlköpfigen Rechtsanwalt aus Berlin mit kreisrunder John-Lennon-Brille, der mit wachsendem Vergnügen den am Morgen veröffentlichten Gesetzentwurf in der Luft zerriss. Zehntausende hätten sich über diesen Schwachsinn mit Recht mokiert, sagte er (am Ende sollen es mehr als 80.000 schriftliche Beschwerden, in der DDR Eingaben genannt, gewesen sein, die das MdI als vorgeblicher Schöpfer des Gesetzes erhielt). Was sei das für eine »Freiheit«, die nach Gutdünken erteilt oder verweigert werden könne, zürnte der Anwalt.

Anderentags hatte der Rechtsausschuss der Volkskammer reagiert und den Entwurf als unzureichend zurückgewiesen. Dann war eilig eine vierköpfige Arbeitsgruppe unter der Leitung jenes VP-Oberst berufen worden. Dieser Gerhard Lauter, heute nahezu erblindet, sollte zwei Jahrzehnte später sehr detailliert über ihre kollektive Arbeit und deren Abnahme berichten.[13] Insider beurteilten seine Darstellung kritisch, unterstellten dem Autor Selbstüberschätzung und Wichtigtuerei, die seinerzeitige Organisations- und Befehlsstruktur hätte einen solchen – nun, nennen wir es ruhig so – Alleingang überhaupt nicht erlaubt. Doch erstens existiert nur diese eine Quelle und zweitens befanden sich alle Strukturen am Beginn ihrer Auflösung. Ich sehe keinen Grund, den Wahrheitsgehalt der Aussagen von Lauter grundsätzlich infrage zu stellen.

Lauter wollte jeden und jede ohne Bedingungen und Fragen reisen lassen. Niemand in der Arbeitsgruppe sah es anders. Und so fügten sie in den Entwurf, den die beiden MfS-Offiziere Krüger und Hubrich mitgebracht hatten, den harmlos klingenden Satz ein: »Privatreisen nach dem Ausland können ohne Vorliegen von Voraussetzungen (Reiseanlässe und Verwandtschaftsverhältnisse) beantragt werden. Die Genehmigungen werden kurzfristig erteilt. Versagungsgründe werden nur in besonderen Ausnahmefällen angewandt.«

»Wir einigten uns darauf, drei Dokumente zu erstellen: eine politische Entscheidungsvorlage für die SED-Führung, einen Entwurf für eine Rechtsordnung des Ministerrates, um überhaupt zu einer gewissen Rechtsgrundlage zu kommen, und eine Presseerklärung für *ADN*, die amtliche Nachrichtenagentur, versehen mit einer Sperrfrist zum 10. November, 4.00 Uhr«[14], erinnerte sich Lauter. Denn ihm und den anderen war durchaus bewusst, dass die Grenztruppen, die Volkspolizei, der Zoll und das Verkehrswesen etwas Zeit brauchten, um sich auf den Ansturm vorzubereiten. Völlig vergessen jedoch hatten sie die Vier Mächte, die unverändert in Berlin das Sagen hatten, und das Bündnis: die DDR-Westgrenze war schließlich auch die Westgrenze des Warschauer Paktes und die Ostgrenze der NATO. Ein solches Reisegesetz, wie sie es formuliert hatten, tangierte zwangsläufig internationale Fragen.

Daran dachten jedoch auch andere nicht. Egon Krenz, der die Beschlussvorlage im ZK in einer Beratungspause vortrug, so wenig wie die Anwesenden, die uneingeschränkte Zustimmung erteilten. Lauters Chef, Friedrich Dickel, rief ihn am frühen Nachmittag aus dem Großen Haus, wie das ZK unter den Genossen hieß, an und sagte: »Deine Sache ist so beschlossen. Ende.«[15]

»Deine Sache«?

Vermutlich irrte der Autor des Beitrages, mit dem die *Frankfurter Allgemeine Zeitung* an den Mauerfall erinnerte, keineswegs, wenn er 24 Jahre danach mutmaßte: »Unklar ist bis heute, ob irgendjemand im Zentralkomitee, ja ob selbst Krenz den Text überhaupt verstanden hat. Die Überschrift lautet gemäß dem ursprünglichen Arbeitsauftrag: ›Zur Veränderung der Situation der ständigen Ausreise von DDR-Bürgern nach der BRD über die CSSR wird festgelegt …‹ Vermutlich gingen alle Beteiligten davon aus, dass das Papier lediglich wie vereinbart die ständige Ausreise und nicht die Besuchsreisen regelt, die Lauter und seine Runde in den ersten Absatz eingefügt haben.«[16]

Schabowski schwafelt und schwafelt. Ich frage nach der Änderung der Zensurbestimmung, andere Kollegen stellen nicht minder belanglose Fragen. Die Pressekonferenz wird live vom DDR-Fernsehen übertragen, umso erstaunlicher, dass nicht einer der Anwesenden den Ehrgeiz entwickelt, mit einer spitzen Frage oder einer pointierten Bemerkung zu brillieren. Schließlich erkundigt sich der italienische Kollege Ricardo Ehrman – er sitzt unmittelbar vor mir auf der Stufe vorm Podium, weil er zu spät gekommen und kein Platz mehr frei war – nach dem Reisegesetz. Es ist 18.53 Uhr. Ehrman vertritt die *Agenzia Nazionale Stampa Associata* (ANSA), eine in Rom ansässige Nachrichtenagentur, die global Korrespondenten im Einsatz hat.

Schabowski gibt eine fast unverständliche Antwort, er ist nicht vorbereitet und fahrig und trägt vom Blatt vor, auf dem offenkundig formuliert ist, wie die DDR künftig die Westreisen ihrer Bürger zu regeln gedenkt. Er liest es wohl selbst zum ersten Male. Er kratzt sich nervös am Kopf und bestätigt mit diesen Gesten, was er schließlich selbst zugibt: Mit ihm sei darüber nicht gesprochen worden.

Das Protokoll[17] der nachfolgenden acht Minuten – die Pressekonferenz soll überraschend 19.01 Uhr enden – bringe ich auszugsweise im Wortlaut. Ehrman hatte also in gebrochenem Deutsch gefragt, ob und wie DDR-Bürger künftig in den Westen reisen könnten.

»**Schabowski**: […] Allerdings ist heute, soviel ich weiß (*blickt bei diesen Worten zustimmungsheischend in Richtung Labs und Banaschak*), eine Entscheidung getroffen worden. Es ist eine Empfehlung des Politbüros aufgegriffen worden, dass man aus dem Entwurf des Reisegesetzes den Passus herausnimmt und in Kraft treten lässt, der stän … – wie man so schön sagt oder so unschön sagt – die ständige Ausreise regelt, also das Verlassen der Republik. Weil wir es (äh) für einen unmöglichen Zustand halten, dass sich diese Bewegung vollzieht (äh) über einen befreundeten Staat (äh), was ja auch für diesen Staat nicht ganz einfach ist. Und deshalb (äh) haben wir uns dazu entschlossen, heute (äh) eine Regelung zu treffen, die es jedem Bürger der DDR möglich macht (äh), über Grenzübergangspunkte der DDR (äh) auszureisen.

Frage: (*Stimmengewirr*) Das gilt … ? Ohne Pass? Ohne Pass? (Nein, nein!) Ab wann tritt das …? (*Stimmengewirr*) Ab wann tritt das in Kraft?

Schabowski: Bitte?

Frage (**Brinkmann, Journalist**): Ab sofort? Ab…?

Schabowski: (*kratzt sich am Kopf*) Also, Genossen, mir ist das hier also mitgeteilt worden (*setzt sich, während er weiterspricht, seine Brille auf*), dass eine solche Mitteilung heute schon (äh) verbreitet worden ist. Sie müsste eigentlich in Ihrem Besitz sein. Also (*liest sehr schnell vom Blatt*): ›Privatreisen nach dem Ausland können ohne Vorliegen von Voraussetzungen Reiseanlässe und Verwandtschaftsverhältnisse beantragt werden. Die Genehmigungen werden kurzfristig erteilt. Die zuständigen Abteilungen Pass- und Meldewesen der VP der Volkspolizeikreisämter in der DDR sind angewiesen, Visa zur ständigen Ausreise

Screenshot von der Übertragung des DDR-Fernsehens. Ich stelle die entscheidende Frage: Wann tritt das Reisegesetz in Kraft?

unverzüglich zu erteilen, ohne dass dafür noch geltende Voraussetzungen für eine ständige Ausreise vorliegen müssen.‹

Frage (Ehrman, Journalist): Mit Pass?

Schabowski: (äh) (*liest*) ›Ständige Ausreisen können über alle Grenzübergangsstellen der DDR zur BRD erfolgen. Damit entfällt die vorübergehend ermöglichte Erteilung von entsprechenden Genehmigungen in Auslandsvertretungen der DDR bzw. die ständige Ausreise mit dem Personalausweis der DDR über Drittstaaten.‹ (*blickt auf.*) (Äh) Die Passfrage kann ich jetzt nicht beantworten (*blickt fragend in Richtung Labs und Banaschak*). Das ist auch eine technische Frage. Ich weiß ja nicht, die Pässe müssen ja, … also damit jeder im Besitz eines Passes ist, überhaupt erst mal ausgegeben werden. Wir wollten aber …

Banaschak: Entscheidend ist ja die inhaltliche Aussage …

Schabowski: … ist die …

Frage (Brinkmann, Journalist): Wann tritt das in Kraft?

Schabowski: (*blättert in seinen Papieren*) Das tritt nach meiner Kenntnis, ist das sofort, unverzüglich (*blättert weiter in seinen Unterlagen*) …

Labs: (*leise*) … unverzüglich.

Beil: (*leise*) Das muss der Ministerrat beschließen.

Frage: Auch in Berlin? (*Stimmengewirr*)

Frage (Brinkmann, Journalist): Sie haben nur BRD gesagt, gilt das auch für Westberlin?

Schabowski: (*liest schnell vor*) ›Wie die Presseabteilung des Ministeriums …, hat der Ministerrat beschlossen, dass bis zum Inkrafttreten einer entsprechenden gesetzlichen Regelung durch die Volkskammer diese Übergangsregelung in Kraft gesetzt wird.‹

Frage (Brinkmann, Journalist): Gilt das auch für Berlin-West? Sie hatten nur BRD gesagt.

Schabowski: (*zuckt mit den Schultern, verzieht dazu die Mundwinkel nach unten, schaut in seine Papiere*) Also (*Pause*), doch, doch (*liest vor*): ›Die ständige Ausreise kann über alle Grenzübergangsstellen der DDR zur BRD bzw. zu Berlin-West erfolgen.‹«

Danach löst sich schlagartig das Auditorium auf. Die Journalisten eilen an die Telefone oder in ihre Redaktionen und Korrespondentenbüros. Nach meinem Eindruck haben die wenigsten die ganze Tragweite der verstotterten Mitteilung von Schabowski begriffen, ich nehme mich nicht aus. Die Missverständlichkeit wird in den nachfolgenden Minuten am Nachrichtenticker sichtbar. Und in Ermagelung präziser Informationen beginnen die West-Medien zu spekulieren. Sie füllen den von Schabowski geöffneten Interpretationsspielraum, verdichten seine Aussagen, stellen sie in Bedeutungszusammenhänge, die sie selber konstruieren. Kurz: Sie machen das, was sie immer machen und was Karl Kraus mokant in die Feststellung fasste: Journalismus heißt, auf einer Glatze Locken drehen.

Neben Günter Schabowski saß Gerhard Beil auf dem Podium. Wie kam der Außenhandelsminister und ZK-Mitglied, einer der klügsten und unauffälligsten Köpfe der DDR-Führung, dorthin. Ich fragte ihn später einmal.

»Ich war auf Bitte bzw. Order von Krenz mit Schabowski im Auto vom ZK ins Pressezentrum gefahren. Ich kannte den Text der Reiseverordnung, ich war auch an der Diskussion beteiligt gewesen. Krenz hatte mich gebeten, Schabowski im Auto das Papier zu erklären. Doch der stand offenbar unter einer Art Schock. Er hatte zuvor zwei Stunden draußen vor dem ZK-Gebäude mit Bauarbeiter diskutiert. Krenz hatte ihn zu den

Arbeitern geschickt, um mit ihnen zu reden. Gegen 17.15 Uhr war er in den Saal zurückgekehrt und meldete sich gleich wieder bei Krenz ab. Denn um 18 Uhr sollte die jetzt schon übliche Pressekonferenz mit ihm in der Mohrenstraße stattfinden.

Schabowski fragte Krenz, ob er etwas Besonderes vortragen solle über und aus der Diskussion. Krenz sagte zu ihm: ›Du musst unbedingt über den Reisebeschluss informieren. Das ist die Weltnachricht.‹ Dann übergab er ihm das Blatt mit der von ihm korrigierten Version des Reisegesetzes. Schabowski nahm den Zettel von Krenz, faltete ihn und steckte ihn ungelesen in seine Tasche. Während der Fahrt sagte er kein Wort. Als wir im Pressezentrum kurz vor 18 Uhr ankamen, hatte er den Zettel von Krenz mit den Veränderungen noch immer nicht gelesen.

Als wir dann auf dem Podium saßen und er sich verhaspelte, neigte ich mich zu ihm hinüber, flüsterte ihm zu: ›Das ist so nicht beschlossen.‹ Doch er hörte nicht hin. Oder wollte nicht hören. Ich schrieb auf einen kleinen Zettel noch mal diesen Hinweis, den er aber nicht las. Ich konnte also nichts tun, um ihn zu korrigieren.

Dann fuhren wir zurück. Und die DDR versank in Schweigen. Die politische DDR war praktisch zwei Stunden tot. Einige Minister und Politbüromitglieder waren schon auf dem Heimweg, in den Autos gab es kein Telefon. Es gab keinerlei Kommunikation zwischen den wichtigsten Männern der DDR.«

Brinkmann vorm IPZ in der Mohrenstraße

Nach der Pressekonferenz

Bereits 19.05 Uhr jagt *Associated Press* (AP), die amerikanische Nachrichtenagentur mit Hauptsitz in New York, die Nachricht hinaus: »DDR öffnet Grenze«.

Die *Deutsche Presse-Agentur* (dpa) brütet eine halbe Stunde darüber, ob man das so sagen könne, denn eine solche Aussage hatte Schabowski eigentlich nicht gemacht. 19.41 Uhr verbreitet sie jedoch auch: »Die DDR-Grenze zur Bundesrepublik und nach West-Berlin ist offen«.

Die *Tagesschau* der ARD 20 Uhr bringt als Spitzenmeldung die von Schabowski verkündete neue Reiseregelung und untertitelt die Nachricht mit dem Schriftzug: »DDR öffnet Grenze«.

Von allem bekomme ich nichts mit.

Ich eilte unmittelbar nach Schabowskis Stotterarie hinaus, um mit meinem Funktelefon Tiedje in Hamburg anzurufen. Doch ich sitze mit meinem schweren Kasten im Funkloch und bekomme im C-Netz keine Verbindung zur Redaktion. Das hätte ich mir denken können. Auch die hilfsbereiten Damen von der Telefonvermittlung im Pressezentrum, die gleich neben dem Saal ihren Dienst verrichten, schaffen es nicht, mich konventionell durchzustöpseln. Es ist kein Durchkommen nach Westdeutschland. Das liegt nicht etwa daran, dass alle Westkorrespondenten telefonieren, sondern weil es nur ganz wenige Leitungen zwischen der DDR und der BRD gibt.

Ich fahre in mein Hotel, drücke dem Mann an der Rezeption fünfzig D-Mark in die Hand und bitte ihn, mir ein Taxi für die ganze Nacht zu besorgen. Dann eile ich in mein Zimmer, ziehe die wärmste Hose an, die ich mitgebracht habe und streife ein zweites Hemd und einen Pullover über das Hemd, was ich bereits trage. Schließlich zwänge ich mich in meine Lederjacke. Auch wenn es vermutlich heiß werden wird in dieser Nacht, sind die Temperaturen auf dem Thermometer ziemlich niedrig. Ich bin kein Hypochonder, aber man muss das Schicksal ja nicht unbedingt herausfordern.

Gegen 20 Uhr steht das Taxi vor dem Hotel, auf dem Asphalt liegt eine neblige, feuchte Ruhe. Dem Fahrer drücke ich einen Schein in die Hand und sage, er solle zur Mauer fahren. Und aufpassen, dass wir in keinen Stau geraten.

Er schaut mich ungläubig an. Der Blick sagt alles: Wat, Stau? Um diese Zeit? Und laut: »Zu welchem Grenzüberjang soll ick Se schoffieren?«

»Erst einmal Bornholmer Straße«, sage ich.

Wir fahren die Schönhauser Allee hinauf, der Prenzlauer Berg schläft. Auch am Grenzübergang ist alles ruhig. Ich steige aus und frage einen Grenzer, ob er Meldungen oder Befehle bekommen habe, schließlich gebe es eine neue Reiseverordnung. Der Offizier schweigt, wie er es gewohnt ist. Da ich nicht nachgebe, quält er sich schließlich ein »Nee« heraus und »Keine besonderen Vorkommnisse«.

Ich steige wieder ins Taxi. »Heinrich-Heine-Straße«, sage ich. Auch am Übergang nach Kreuzberg, über den ich vor wenigen Stunden erst eingereist war, herrscht tote Hose.

Wir fahren weiter zum Ausländerübergang in der Friedrichstraße, dem berühmten Checkpoint Charly. Nichts!

Ich schwitze in meiner dicken Gewandung. Es ist auch Angstschweiß dabei. Sollte ich mich so geirrt haben? Na, wenigstens hatte ich in Hamburg nicht die Pferde scheu gemacht, tröste ich mich, und unternehme einen letzten Versuch.

»Noch einmal Bornholmer Straße.«

»Da waren wir doch schon«, sagt der Taxifahrer genervt, legt aber trotzdem den Gang ein. Bezahlt ist bezahlt.

Was ist denn hier plötzlich los?! Ich sehe Massen, die sich wie am 1. Mai auf der Karl-Marx-Allee vorwärts in Richtung Grenze bewegen. Ich lasse halten, wir kommen ohnehin nicht weiter. »Warten Sie bitte«, sage ich, und tauche in den Strom ein. Der staut sich offenkundig vorn an der Brücke oder besser: vor den Grenzanlagen davor. Ich drängle mich bis vor an den Schlagbaum, dahinter liegen versetzt die Betonriegel, die man in Schlangenlinien umfahren muss, wenn man hinüber will. Die Fußgänger, so es sie gibt, müssen durch die Baracken zur Personenkontrolle. Es gibt dort aber keine Passanten. Nur einige tausend Ostberliner, die sich fast bis hinüber zur Schönhauser stauen.

Ich sehe die Grenzer, die merklich unruhig sind. Einige Offiziere eilen nervös hin und her. Sie sind ganz offensichtlich von der Situation überrascht, was darauf hindeutet, dass sie noch immer keine Befehle bekommen haben. Ich fühle mich auf einmal unwohl, um nicht zu sagen: Ich habe Angst. Was passiert, wenn die durchdrehen? Haben sie nicht Weisung, jeden Grenzdurchbruch zu verhindern – notfalls mit der Waffe? Seit 28 Jahren wurde an dieser Grenze geschossen, waren Menschen gestorben. Und selbst wenn diese Soldaten Nerven behielten: Die Massen schoben und drücken von hinten. Überall auf der Welt waren schon Menschen bei Aufläufen, in Fußballstadien und an Pilgerstätten zu Tode gedrückt und getrampelt worden. Warum nicht auch hier?

Die Leute vorn rütteln am Drahtgitterzaun, heben ihn aus den Halterungen und schieben ihn beiseite, um nicht daran zerquetscht zu werden. Bloß weg hier, denke ich, und wende mich zum Gehen. Plötzlich gibt es einen Schrei. Er steigt aus Hunderten Kehlen und rollt nach hinten fort. Was ist das? Ich sehe, wie ein Schlagbaum in den nächtlichen Himmel steigt und sich die Menschen in Bewegung setzen. Es ist, als habe man einen Stöpsel aus der Badewanne gezogen. Die Massen drängen, laufen, schreien und rennen auf die Brücke zu.

Offensichtlich hat jemand Weisung erteilt, den Übergang zu öffnen und die Kontrollen einzustellen …

Alles strömt nach Westen, ich bin der Einzige, der gegen den Strom schwimmt und sein Taxi sucht.

Jahre später spreche ich mit dem Mann, dem wir die einzigen bewegten Bilder von diesem Moment verdanken.[18] Georg Mascolo war mit seinem Team von *Spiegel-TV* in Ostberlin unterwegs, weil sie auf der Pressekonferenz mit Schabowski keinen Platz mehr bekommen hatten, wenngleich Mascolo sagt, er habe nicht dort sein wollen, »wo die Funktionäre waren. Ich wollte da sein, wo die normalen Menschen waren: in der Kneipe, auf der Straße und in der Nähe der Grenze. Also da, wo Mauer und Menschen dicht beieinander waren.«

Nunja, eine bessere Begründung für einen Kneipengang lässt sich in jener Nacht kaum finden.

»Ich war mit dem Team – Kameramann Rainer März und seinem damaligen Assistenten Germar Biester – in eine Kneipe an der Bornholmer Straße gefahren und wir nahmen die Bilder auf, die dann exklusiv um die Welt gingen. Niemand sonst hatte sie gemacht. Das wussten wir aber an dem Abend nicht.«

So etwas nennt man in der Tat Journalistenglück, was ja bekanntlich immer eine Verbindung von Zufall und Instinkt ist. »Und das hatten wir nur deswegen, weil wir nicht an der Hotel-Bar auf ein Ereignis gewartet haben, sondern uns in eine Kneipe unweit der Mauer in der Bornholmer Straße bewegt hatten«, sagt Mascolo und hat damit nicht unrecht.

Wurde in der Kneipe über die Pressekonferenz geredet?

»An der Theke gab es kein anderes Thema als Schabowskis Erklärung. Allerdings waren auch die DDR-Bürger so ratlos wie wir, was die Aussage bedeutete. Als die ersten entschieden, es herauszufinden, indem sie einfach an die Grenze marschierten, schlossen wir uns an. Schließlich standen wir direkt am Schlagbaum – und prompt gab es Ärger mit den Grenzern. Um die Szenerie zu filmen, überstiegen wir die Sperre und standen auf dem Übergang. Einer verlangte die Pässe und drohte, uns in den Westen auszuweisen. Ich stritt noch mit ihm herum, als neben uns der Riegel des Schlagbaums gelöst wurde. Die Menschen drängten hindurch.«

Das war das erste Loch in der Mauer, urteilte Mascolo mit dem Wissen von heute. Denn auch an den Grenzübergängen Oberbaumbrücke, Friedrichstraße, Sonnenallee und anderswo passierten Tausende in dieser Nacht die Grenze. Aber wohl kaum derart spektakulär und geschichtsträchtig wie an der Bornholmer Straße, was nicht zuletzt den Aufnahmen dieses Kamerateams geschuldet ist. Und natürlich den nachgelassenen Zeugnissen. Es gab zum Beispiel – wie überall – einen Kommandeur der Grenzübergangsstelle, GÜST genannt. An der Bornholmer Straße war das Oberstleutnant Harald Jäger, der in den Medien alsbald zum Helden hochstilisiert wurde. Auf sich allein gestellt, hatte er die gültige Dienstvorschrift ignoriert und entschieden, den Übergang zu öffnen.

Jäger musste sich dann von einem Unterstellten sagen lassen: »Tja, das war's denn wohl!«

»Was meinst du?«

»Na, was meine ich wohl? Das war's mit der DDR.«[19]

Das traf hundertprozentig zu!

Nach etlichen Minuten Suche finde ich mein Taxi wieder.

»Checkpoint Charly«, sage ich atemlos und werfe mich auf den Sitz. Der Wolga quietscht und ächzt und setzt sich in Bewegung. Auf der Straße sind mehr Menschen unterwegs als während der Rushhour.

Am Grenzübergang in der Friedrichstraße warten rund 50 Menschen vor dem Tor, etwa zehn PKW stehen vor dem Schlagbaum. Eine dunkle Limousine dreht eine Schleife, drinnen sitzen sowjetische Offiziere, die durch die Scheiben starren. Dann fahren sie wieder ab.

Ich steige aus und gehe auf den Grenzoffizier zu, der sich mir in den Weg stellt. Ich bin kühn angesichts der soeben in der Bornholmer Straße getätigten Beobachtungen und herrsche ihn an: »Machen Sie auf – die Grenze ist überall offen!«

Er hält das für eine Provokation.

»Rufen Sie doch bei Ihrem Kollegen in der Bornholmer Straße an.« Ich verlege mich aufs Verhandeln.

Der Uniformierte zögert, macht dann auf dem Absatz kehrt und verschwindet in seinem Kabuff. Ich bleibe stehen und warte. Nach zwei Minuten erscheint er wieder und grient mich an, eine Mischung aus Befriedigung und Erleichterung. »Aufmachen!«, befiehlt er den Soldaten am Tor. Die schauen so ungläubig wie er selbst noch vor wenigen Minuten. Er wiederholt den Befehl.

Der Schlagbaum geht hoch, die Trabis und Wartburgs setzen sich langsam in Bewegung. Ich greife in meine Jackentasche und – entgegen meiner sonstigen Gewohnheit, nichts zu verschenken – krame Geld hervor. Ich reiche die Münzen und Scheine durch die heruntergekurbelten Scheiben. »Für's erste Bier im Westen«, sage ich, und fühle mich dabei sauwohl.

Ohne Bargeld, aber mit einem unheimlich guten Gefühl fahre ich noch einmal zur Heinrich-Heine-Straße. Auch dort tut sich nichts. Etwa 30 PKW und einige hundert Menschen warten. Ich treffe auf einen »alten Bekannten«. Der Rothaarige hatte mich heute Mittag bei der Einreise demonstrativ stehen lassen, er kostete merklich seine ihm an diesem Balken gegebene Macht aus. Er baut sich – Beine gespreizt, die Stiefelhosen in den Knobelbechern, Arme auf dem Rücken verschränkt – auch jetzt vor der Durchfahrt auf und grinst mich selbstbewusst an. Ich vermag meine innere Erregung kaum zu unterdrücken. Doch noch ehe ich etwas sagen kann, kommt ein Offizier aus dem Wachlokal und ruft die Grenzer zu sich, die sich in der GÜST aufhalten. Auch meinen idiotischen Rotschopf. Ich sehe den Wachoffizier gestikulieren, höre nicht, was er sagt. Aber man muss kein Hellseher sein, um es zu erraten.

Wenig später öffnet sich auch hier das Loch im Zaun.

Nun will ich noch ans Brandenburger Tor. Dort ist zwar kein Grenzübergang, aber das Bauwerk ist das Berlin-Symbol schlechthin, das Herz der geteilten Hauptstadt, die emotionale Mitte. Hinter dem Tor schwingt sich im weiten Bogen die Mauer, davor steht eine Art Podest oder Tribüne, auf der die DDR Staatsgäste in den Westen schauen lässt. Danach tragen sie sich im Gästebuch ein, das im Wachhaus links neben dem Tor ausliegt. Auch Gorbatschow hat sich dort verewigt, als er

Raissa und Michail Gorbatschow am Brandenburger Tor, als es noch versperrt war, 26. April 1986

am 26. April 1986 hier war: »Am Brandenburger Tor kann man sich anschaulich davon überzeugen, wieviel Kraft und Heldenmut der Schutz des ersten sozialistischen Staates auf deutschem Boden vor den Anschlägen des Klassenfeindes erfordert. Die Rechnung der Feinde des Sozialismus darf nicht aufgehen. Der Unterpfand dessen sind das unerschütterliche Bündnis der DDR und der UdSSR sowie das enge Zusammenwirken der Bruderländer im Rahmen des Warschauer Vertrages. Ewiges Andenken an die Grenzsoldaten, die ihr Leben für die sozialistische DDR gegeben haben. Michail Gorbatschow«[20]

Sein Gegenspieler, US-Präsident Ronald Reagan, visitierte im Jahr darauf die Mauer von der anderen Seite. In seiner Rede forderte er – wissend, wer ursächlich für den Mauerbau verantwortlich war: »Mr. Gorbatschow, open this gate. Mr. Gorbatschow, tear down this wall«. So steht es, sprachlich nicht ganz korrekt (die englische Transkription lautet nämlich *Gorbachev*), auf einer Bronzetafel, die im Juni 2012 auf dem Trettoir vor dem Springer-Hochhaus in Berlin eingelassen wurde.

Das Brandenburger Tor und der Platz davor – früher hieß er Pariser Platz und war von Botschaften, Bankgebäuden und dem Hotel Adlon gesäumt, jetzt gibt es nur einige Blumenrabatten – gehören zum Grenzgebiet. Für DDR-Bürger endet an der Kreuzung Unter den Linden/Otto-Grotewohl-Straße die Hauptstadt. Das Tor ist nur aus der Distanz zu besichtigen. Das aber scheint sich erledigt zu haben. Ich sehe etliche Menschen auf der Mauerkrone, die hier breiter als anderswo ist, sie springen und tanzen. Immer mehr junge Leute erklimmen von beiden Seiten den sogenannten Schutzwall, die Grenzer haben ihre Versuche eingestellt, die »Grenzverletzer« zu vertreiben.

Ich renne mit anderen über den Platz und umarme in kindischer Freude die Säulen des Brandenburger Tores. Meine Hände gleiten über den rauen Sandstein und – ich heule wie ein Schlosshund. Weiß Gott, ich habe wirklich nicht nahe am Wasser gebaut, als Journalist sah ich einfach schon zuviel Leid und Elend, als dass ich mich bei jeder Gelegenheit von Emotionen übermannen lasse. Ich war Dutzende Male in Israel, habe Kriegsschauplätze und Schlachtfelder, Leichen und Verwundete überall auf der Welt sehen müssen, das macht hart. Schon aus Gründen des Selbstschutzes. Es führt zwangsläufig auch dazu, dass man selbst bei großer Freude und tiefem Glück ungerührt bleibt. Ich wundere mich über mich selbst, dass mir plötzlich Tränen die Wangen hinablaufen. Doch ich schäme mich ihrer nicht. Ich bin in Westdeutschland geboren und aufgewachsen, doch ein Teil unserer Familie lebte in Ostdeutschland. Als Jugendlicher war ich in den Ferien immer wieder »drüben«, was, wie ich vermute, der Grund war, dass meine Bundeswehrkarriere beim Oberleutnant endete, da man mich wohl für einen verkappten Kommunisten, wenn nicht gar für einen KGB-Agenten hielt. Auf alle Fälle schien ich ein unsicherer Kantonist zu sein, weil »Deutschland« für mich nie nur die Bundesrepublik war. Der Osten, die DDR, gehörte immer dazu – auch wenn sie aus meiner Sicht unter fremder Besatzung stand. Dieses Kapitel endete jetzt offenkundig nach vier Jahrzehnten. Für mich war es mehr als ein Kindheitstraum: das Thema beschäftigte mich, seit ich politisch dachte.

Müde, aber überglücklich, kehre ich am frühen Morgen des 10. November 1989 in mein Hotel zurück.

Wer stellte die entscheidende Frage?

Geschichte ist Geschichte, sie wird nicht dadurch geändert, wenn später Details bekannt werden, die zu einem früheren Zeitpunkt nicht wahrgenommen oder durch andere Fakten überlagert wurden. Wir kennen Mythen und Legenden, die ewig leben, selbst wenn die Forschung sie längst widerlegt hat.

Gewiss ist für den Fortgang der Geschichte unerheblich, *wer* Schabowski die Frage stellte, ab wann die neue Regelung gelte. Er hatte die Sperrfrist übersehen und darauf fälschlich geantwortet »sofort, unverzüglich«. Daraus wurde die zumindest nicht ganz zutreffende Agenturmeldung »Die Grenze ist offen«, welche wiederum die Menschen in Ostberlin an die Grenzübergänge trieb. Und sie erzeugten jenen Druck, dem die nicht informierten Grenzer nachgaben. Statt zu schießen, öffneten sie die Tore. Das war nicht nur Ausdruck von Zivilcourage, sondern auch von großer menschlicher und sittlicher Reife. In anderen Gesellschaften, wie wir wissen, fließt bei ähnlich gravierenden Veränderungen meist Blut. Dieser Tatsache, dass hier kein Schuss fiel, wird bis heute, das aber nur nebenbei, viel zu wenig Rechnung getragen. Die Floskel von der »friedlichen Revolution« deckt den Dank, den wir den Leuten unter Waffen in der DDR schulden, nicht ab.

Also: Nicht die Frage und Schabowskis Antwort öffneten die Flasche und ließen den Geist der Freiheit entweichen, der dann nicht wieder eingefangen werden konnte. Nicht der »Fall der Mauer«, also die Öffnung der Grenze, besiegelte das Schicksal der DDR und des Ostblocks. Die Ursachen liegen weitaus tiefer und sind gesellschaftlicher Natur. Doch in unserer Mediengesellschaft neigen wir zur Verkürzung, und darum bekommen Ereignisse, die sich gut und vor allem kurz darstellen lassen, einen Stellenwert in der Geschichte, den sie objektiv nicht besitzen. Etwa eine Pressekonferenz, in deren Folge ein

162 Kilometer langer Betonwall rund um Westberlin atomisiert wurde. (Diese Metapher mag ich, denn in der Hochzeit des Kalten Krieges – welcher in der Betrachtung des Herbstes 1989 oft und fälschlich ausgeblendet wird – sahen manche Strategen im Westen die drei Sektoren im Westteil Berlins als »billige Atombombe« und »Pfahl im Fleische« des Ostens.)

Aber lassen wir uns einmal auf die gängige Praxis ein und fragen nach der Initialzündung für Schabowskis weltgeschichtlichen Versprecher.

Riccardo Ehrman erhielt das Bundesverdienstkreuz. Aus der Sicht des Bundespräsidialamtes war also der ANSA-Korrespondent an jenem 9. November 1989 im Internationalen Pressezentrum der wichtigste Mann.

Jeder Grenzoffizier, jeder Kommandeur, selbst Schabowski hätte eine solche Ehrung dann ebenfalls verdient. Doch die massenhafte Verteilung hätte wieder zu DDR-Verhältnissen geführt, die ja überwunden werden sollten. Mir geht es in dieser Frage jedoch weniger um eine gesellschaftlich-politische Anerkennung von maßgeblich Beteiligten, sondern um die historische Wahrheit.

Schabowski selbst schreibt dazu später: »Zeitpunkt des Inkrafttretens: Kein Zweifel, Herr Brinkmann war es, der mir die ersten Fragen nach der neuen Regelung stellte. Er saß mir ja in dem Briefing direkt gegenüber. Nach einem kurzen Moment der Verblüffung, die wohl alle anwesenden Journalisten nach meiner Information (Verlesen des Entwurfs der entsprechenden Regierungsverordnung) teilten, kamen seine Fragen wie aus der Pistole geschossen. Ich hatte ihn damals noch nicht als *Bild*-Korrespondenten identifiziert. Das erfuhr ich erst bei späteren Begegnungen. An das Gesicht (Brille, gelichtetes Stirnhaar) erinnerte ich mich noch gut.«

Die gleiche Wahrnehmung machte auch Ewald König, der von 1985 bis 2003 als Deutschlandkorrespondent der österreichischen Zeitung *Die Presse* arbeitete und an der denkwürdigen Zusammenkunft teilnahm. Er berichtete darüber in seinen 2013 erschienenen Erinnerungen.[21] »Ohne diese Brinkmann-Nachfrage wäre Schabowski nicht die entscheidende Antwort entwichen: ›Das tritt nach meiner Kenntnis – ist das sofort, unverzüglich.‹

Screenshot des DDR-Fernsehens, das die Pressekonferenz live übertrug. Neben mir der Kollege Werner Stanzl aus Österreich

Die weitere Nachfrage Brinkmanns – ›Gilt das auch für Berlin-West?‹ – führte zum Verlesen des Passus: ›Die ständige Ausreise kann über alle Grenzübergangsstellen der DDR zur BRD beziehungsweise zu Berlin-West erfolgen.‹

Gleich darauf beendete Schabowski die Pressekonferenz, die seiner Kontrolle entglitt. Die Konsequenzen seiner Ausführungen waren ihm selbst nicht voll bewusst. Sonst wäre er nicht anschließend nach Wandlitz heimgefahren.«

Um nicht missverstanden zu werden: Ich moniere nicht die Tatsache, dass der deutsche Botschafter in Madrid im Auftrag von Bundespräsident Horst Köhler am 29. Oktober 2008 das Bundesverdienstkreuz am Bande an den damals 79-jährigen Ehrman verlieh, sondern ich bestreite die Begründung, weil sie historisch ungenau, um nicht zu sagen falsch ist. Die Begründung lautete, dass der Korrespondent der italienischen Nachrichtenagentur ANSA durch seine Fragen Politbüromitglied Günter Schabowski auf der internationalen Pressekonferenz am 9. November 1989 zu der Mitteilung gebracht habe, dass das Gesetz »sofort, unverzüglich« gelte, also Riccardo Ehrman der »Maueröffner« sei.

Zu dieser Darstellung hat er leidenschaftlich selbst beigetragen. Es trifft wohl zu, dass Ehrman das Stichwort lieferte, als er

Schabowski fragte: »Sie haben von Fehlern gesprochen. Glauben Sie nicht, dass es war ein großer Fehler, diesen Reisegesetzentwurf, das Sie haben jetzt vorgestellt vor wenigen Tagen?« In den 53 Minuten zuvor hatte nicht einer von uns anwesenden Journalisten überhaupt das Wort »Reisegesetz« in den Mund genommen. Doch die entscheidenden Fragen stellte Ehrman eben nicht.

»Was Ehrman jetzt erzählt, ist totaler Quatsch«, sagte Günter Schabowski Jahre später im Gespräch mit Journalisten. »Ehrman war es nicht allein, der die Dinge in Gang brachte. Die entscheidende Zwischenfrage, nämlich, ab wann das gelten soll, kam von Peter Brinkmann. Es war wirklich alles zufällig!«

Schabowski, selbst Journalist von Hause aus und nach der »Wende« wieder – er arbeitete von 1992 bis 1999 bei einer lokalen Wochenzeitung in Hessen –, zog einen passenden Vergleich: »Es ist wie beim Fußball. Der eine – hier Riccardo Ehrman – schießt den Ball von der Seite in den Strafraum, und der andere – Peter Brinkmann – schießt dann den Ball ins Tor.«

Von der spanischen Rundfunk-Korrespondentin Aurora Minguez, einer guten Bekannten von Riccardo Ehrman, gebeten, noch einmal genau zu erzählen, wie das damals gewesen sei, als ihm Ehrman die bekannte Frage gestellt habe, korrigierte sie Schabowski zu ihrer Verblüffung. Nicht Ehrman, sondern Brinkmann habe die entscheidende Frage gestellt.

Und vollends versöhnt war ich, als am 21. Oktober 2009 das *Wall Street Journal* titelte: »Did Brinkmannship Fell Berlin's Wall? Brinkmann Says It Did«.

Soviel Eitelkeit ist gewiss zulässig …

Die andere Perspektive

Vorgeschichte und Umstände der Pressekonferenz werden von verschiedenenen Zeitzeugen beschrieben, die Ursachen und Folgen kritisch wie subjektiv reflektiert und analysiert. Sie gehören in den Kontext meiner Wahrnehmungen.

So berichtet auch Egon Krenz in seinen – in neuerlicher Auflage zeitgleich mit meinem Buch im gleichen Verlag erscheinenden – Erinnerungen[22] darüber.

»Nach der Verabschiedung von Rau gehe ich mit Kulturminister Hoffmann vom Staatsrat ins Haus des Zentralkomitees hinüber. Wir müssen uns beeilen, um noch rechtzeitig zur Nachmittagssitzung des ZK zu kommen. Sie beginnt 15.30 Uhr. Hoffmann hat die Reiseverordnung bereits als Vorlage für die Regierung erhalten. Er habe, so sagt er mir, ›große Bauchschmerzen, der Vorlage zuzustimmen‹.

›Warum?‹, will ich wissen.

Weil sie nur als ›zeitweilige Verordnung‹ bezeichnet würde. Wir erzeugten damit nur neue Unruhe, weil die Menschen glaubten, wir würden nur zeitweilige Zugeständnisse machen und bei Bedarf die Verordnung zurückziehen.

Ich ermuntere ihn, diese Frage auf der Tagung des Zentralkomitees aufzuwerfen.

Noch bevor ich die Nachmittagssitzung eröffne, übergibt mir Stoph den Entwurf der Reiseverordnung. Das Exemplar, das ich von Stoph erhalte, ist identisch mit der Umlaufvorlage, die allen Mitgliedern des Ministerrates zur Bestätigung übergeben worden war. Während Rudolf Winter, Direktor eines Kombinats in Karl-Marx-Stadt, seinen Diskussionsbeitrag hält, lese ich die Verordnung noch einmal Satz für Satz. Mir ist bewusst, dass wir uns damit eine Last komplizierter politischer und wirtschaftlicher Probleme aufladen. Jede Entscheidung birgt in diesen Tagen die Gefahr von Fehlern in sich.

Die bevorstehende Reiseentscheidung ist mit außergewöhnlichen politischen Risiken verbunden. Würden wir zu dieser

Entscheidung nicht bereit und fähig sein, scheiterte die Politik der Erneuerung. Bei der Regierung und im Zentralkomitee sind inzwischen über 16.000 Briefe zum Entwurf des Reisegesetzes eingegangen. Es werde nun endlich Zeit, das Reiseproblem im Interesse der Bürger zu regeln, lautet der Grundtenor. Ich will eine souveräne Entscheidung der DDR und keine von Kohl erzwungene. International stünden wir damit auch voll auf dem Boden der Schlussakte von Helsinki.

Wegen der politischen Tragweite der vorliegenden Reiseregelung des Ministerrates will ich unbedingt das Zentralkomitee über den Regierungsbeschluss informieren und es so in die Entscheidung einbeziehen. Gegen 16 Uhr stehe ich von meinem Platz auf, richte das Mikrofon so, dass mich jeder gut verstehen kann und sage langsam, damit die Sitzungsteilnehmer die Bedeutung jedes Satzes aufnehmen können: ›Euch ist ja bekannt, dass es ein Problem gibt, das uns alle belastet: die Frage der Ausreisen. Die tschechoslowakischen Genossen empfinden es allmählich für sich als eine Belastung, wie früher auch die ungarischen. Und: Was wir auch machen in dieser Situation, wir machen einen falschen Schritt. Schließen wir die Grenzen zur ČSSR, bestrafen wir im Grunde genommen die anständigen Bürger der DDR, die dann nicht reisen können …

Selbst das würde aber nicht dazu führen, dass wir das Problem in den Griff bekommen; denn die Ständige Vertretung der BRD hat schon mitgeteilt, dass sie ihre Renovierungsarbeiten[23] abgeschlossen hat. Das heißt, sie wird öffnen, und wir würden auch dann wieder vor diesem Problem stehen.

Der Genosse Stoph hat als amtierender Vorsitzender des Ministerrates eine Verordnung vorgeschlagen, die ich jetzt verlesen möchte, weil sie zwar vom Politbüro bestätigt worden ist, aber doch solche Wirkung hat, dass ich das Zentralkomitee nicht ohne Konsultation lassen möchte.‹

Dann lese ich vor: ›Beschluss zur Veränderung der Situation der ständigen Ausreise von DDR-Bürgern nach der BRD über die ČSSR.[24]

Es wird festgelegt:

1. Die Verordnung vom 30. November 1988 über Reisen von Bürgern der DDR in das Ausland findet bis zur Inkraftsetzung des neuen Reisegesetzes keine Anwendung mehr.[25]

2. Ab *sofort* treten folgende *zeitweilige* Übergangsregelungen für *Reisen* und ständige *Ausreisen* (*Hervorhebungen von Krenz – P. B.*) aus der DDR in das Ausland in Kraft:

a) Privatreisen nach dem Ausland können ohne Vorliegen von Voraussetzungen (Reiseanlässe und Verwandtschaftsverhältnisse) beantragt werden. Die Genehmigungen werden kurzfristig erteilt. Versagungsgründe werden nur in besonderen Ausnahmefällen angewandt.

b) Die zuständigen Abteilungen Pass- und Meldewesen der Volkspolizeikreisämter in der DDR sind angewiesen, Visa zur ständigen Ausreise unverzüglich zu erteilen, ohne dass dafür noch geltende Voraussetzungen für eine ständige Ausreise vorliegen müssen. Die Antragstellung auf ständige Ausreise ist wie bisher bei den Abteilungen Innere Angelegenheiten möglich.

Ständige Ausreisen können über alle Grenzübergangsstellen der DDR zur BRD bzw. zu Berlin (West) erfolgen.

c) Damit entfällt die vorübergehend erfolgte Erteilung von entsprechenden Genehmigungen in Auslandsvertretungen der DDR bzw. die ständige Ausreise mit dem Personalausweis der DDR in Drittstaaten.

3. Über die zeitweiligen Übergangsregelungen ist die beigefügte Pressemitteilung vom 10. November zu veröffentlichen.‹[26]

Ferner verlese ich den Entwurf der beigefügten Pressemitteilung, die am 10. November in den Printmedien veröffentlicht werden soll.[27] ›Ich sagte: Wie wir es machen, machen wir es verkehrt. Aber das ist die einzige Lösung, die uns die Probleme erspart, alles über Drittstaaten zu machen, was dem internationalen Ansehen der DDR nicht förderlich ist.‹[28]

Kulturminister Hoffmann meldet sich. ›Könnten wir nicht das Wort *zeitweilig* streichen? Das erzeugt ständig den Druck, als hätten die Leute keine Zeit und müssten sofort und unverzüglich den Antrag stellen. Können wir das nicht vermeiden oder umschreiben?‹

Darauf ich: Da muss man schreiben: ›bis zur gesetzlichen Regelung durch die Volkskammer folgende Übergangsregelung‹ und ›zeitweilig‹ streichen. Übergangsregelung ist ja eine zeitweilige. Oder wir schreiben: ›bis zum Inkrafttreten des Reisegesetzes gelten folgende Regelungen.‹

Brinkmann interviewt Krenz im Staatsrat, 18. November 1989

Ich wende mich an den Innenminister und frage: ›Genosse Dickel, siehst du da Schwierigkeiten?‹

›Nein. Was die Veröffentlichung angeht, vielleicht wäre es zweckmäßig, dass nicht das Ministerium des Innern, obwohl wir die praktische Durchführung machen, sondern das Presseamt des Ministerrates das veröffentlicht, denn es ist ja eine Mitteilung des Vorsitzenden des Ministerrates.‹

Ich antworte: ›Ich würde vorschlagen, dass das der Regierungssprecher *gleich*[29] macht. Wir vermeiden also sowohl *zeitweilig* als auch *Übergangsregelung* und sagen: Bis zum Inkrafttreten des Reisegesetzes, das von der Volkskammer zu beschließen ist, wird das und das angeordnet. – Einverstanden? – Dankeschön.‹[30]

Noch während der Sitzung weise ich an, dass die neue Reiseregelung sofort den Bezirks- und Kreisleitungen der SED übergeben wird. Kurz nach 17 Uhr wird ihnen das Fernschreiben übermittelt.

Die Diskussion im Plenum läuft weiter. Es sprechen noch Günther Jahn, Günter Sieber und Wilfried Poßner.

Gegen 17.15 Uhr kommt Günter Schabowski zu mir. Er meldet sich für den Rest der Tagung ab. Um 18 Uhr findet eine internationale Pressekonferenz statt. Schabowski soll dort über den Verlauf der ZK-Tagung informieren. Er fragt mich, ob ich noch Hinweise für ihn habe.

›Du musst unbedingt über den Reisebeschluss informieren. Das ist die Weltnachricht!‹

Da er nicht die authentische Ministerratsverordnung über die neue Reiseregelung hat, übergebe ich ihm mein Exemplar[31], das ich im ZK vorgetragen habe.

Schabowski bedankt sich und fährt zum Internationalen Pressezentrum in die Mohrenstraße.

18.53 Uhr wird er dort von einem Journalisten nach dem Stand der Ausarbeitung einer neuen Reiseregelung gefragt. Er antwortet: ›Mir ist eben mitgeteilt worden, der Ministerrat hat beschlossen …‹ Er hält sich an den Text der Verordnung und der offiziellen Pressemitteilung.«[32]

Soweit die Vorgeschichte und die Sicht von Egon Krenz.

Natürlich trifft es zu, dass sich Schabowski an den Text der Verordnung und der offiziellen Pressemitteilung hielt. Aber dann beging er den Irrtum zu erklären, dass die Regelung *ab sofort* gelte. Die Grenzöffnung sollte erst am Morgen des nächsten Tages, am 10. November erfolgen. Für diesen Zeitpunkt, so Krenz, waren die Befehle für die Grenztruppen, das Ministerium für Staatssicherheit und die Volkspolizei vorbereitet.

Und Egon Krenz erinnert sich weiter: »Ursprünglich sollte die ZK-Tagung um 18 Uhr beendet sein. Wegen der vielen Wortmeldungen wird sie bis 20.30 Uhr verlängert. Tatsächlich ist sie erst gegen 20.45 Uhr zu Ende. Ich schließe sie mit dem Satz ab: ›Wir müssen wirklich einen Neuanfang wagen. Wir müssen neu anfangen und das Vertrauen zurückgewinnen.‹[33]

Kurz vor 21 Uhr ruft mich Erich Mielke[34] an. Ich befinde mich zu diesem Zeitpunkt noch in einem Nebenraum des Plenarsaals. Wolfgang Herger (*Leiter Abt. Sicherheit im ZK – P. B.*) nimmt den Hörer des WTsch-Apparats (*d. i. die abhörsichere interne Telefonverbindung – P. B.*) ab und übergibt ihn mir.

Mielke informiert, dass er gerade erfahren habe, dass sich in Berlin-Mitte viele Menschen in Richtung Grenze bewegten. Schabowski habe irgendetwas auf einer Pressekonferenz gesagt. Er wisse noch nicht genau, was los sei, werde sich aber sofort sachkundig machen und mich wieder anrufen.

Wir vereinbaren: Was auch geschehe – es dürfe zu keiner Konfrontation zwischen Staatsmacht und Bevölkerung kommen.

Ich gehe in mein Arbeitszimmer im ZK. Nach wenigen Minuten meldet sich Mielke wieder. Diesmal wird er konkreter: Tausende wären in Richtung Grenzübergangsstellen unterwegs, teils zu Fuß, teils mit PKW.

›Was sollen wir machen?‹, fragt er.

Ich sage, dass ich ihn gleich zurückrufe. Ich wolle mich zunächst mit Verteidigungsminister Keßler verständigen, dem die Grenztruppen der DDR unterstehen.

Dieser ist, wie ich erfahre, jedoch noch nicht von der ZK-Tagung in seinem Amtssitz in Strausberg zurück.[35]

Als ich den Hörer auflege, meldet sich erneut Mielke. ›Wenn wir nicht sofort entscheiden, was zu tun ist, dann verlieren wir die Kontrolle‹, sagt er.

Ich kann meine Nervosität nur schwer verbergen. Wir befinden uns in einer außerordentlich gefahrvollen Situation. Eine falsche Entscheidung kann Blutvergießen bedeuten. Mein Entscheidungsspielraum ist in diesen Minuten sehr eng. Praktisch geht es um die Frage: Lassen wir den Dingen freien Lauf, oder setzen wir die bewaffnete Macht zur Sicherung der Staatsgrenze ein? Letzteres wäre ein Spiel mit dem Feuer.

Ich frage Mielke: ›Was schlägst du vor?‹

Er antwortet: ›Generalsekretär bist du.‹

Ich verstehe. Das Ministerium für Staatssicherheit wird sich den politischen Entscheidungen fügen.

›Wir werden wegen ein paar Stunden – morgen sollten die Grenzübergangsstellen ohnehin geöffnet werden – nicht eine Konfrontation mit der Bevölkerung riskieren. Also, hoch mit den Schlagbäumen!‹

Wolfgang Herger und meine persönlichen Mitarbeiter, die die Entscheidung mithören, nicken zustimmend. Mielke ist fast dreißig Jahre älter als ich. Leise, sehr nachdenklich, sagt er am Telefon: ›Hast recht, mein Jung’.‹

Danach rufe ich Verteidigungsminister Keßler an. Er hat erst jetzt in seinem Ministerium von Schabowskis Mitteilung erfahren. Ich informiere ihn über die soeben mit Mielke getroffene Absprache. Keßler teilt meinen Standpunkt.

Die Situation bleibt dennoch angespannt: Eine spontane Grenzöffnung ohne entsprechende Befehle für die Sicherheitsorgane kann äußerst kritisch werden. Wird es ein Chaos? Ich sorge mich, dass Panik ausbrechen könnte. Mir ist bewusst, dass in dieser nächtlichen Öffnung beängstigende Gefahren liegen. Die Grenze, welche 1961 durch Beschluss aller Staaten des Warschauer Vertrages befestigt worden war, trennt nicht nur die beiden deutsche Staaten und Berlin. Es handelt sich um die Grenze zwischen zwei Weltsystemen, zwei Militärblöcken, zwei Wirtschaftsblöcken. Die Grenze in Berlin tangiert unmittelbar die Interessen der Alliierten.[36]

Mich bewegt: Was, wenn es in dieser Nacht auch nur einen Toten gibt? Ich denke nicht einmal daran, dass ein Grenzsoldat eventuell schießen könnte. Es gibt meinen Befehl vom 3. November 1989, der die Anwendung der Schusswaffe verbietet, wenn Demonstranten ins Grenzgebiet eindringen. Was aber, wenn irgendjemand provoziert? Angekündigt war es in den vergangenen Tagen oft genug. Was, wenn Panik einsetzt und sich Menschen tottrampeln? Auf der ZK-Tagung war kurz zuvor die Rede davon, dass es ›um Sicherheit mit Vernunft‹[37] geht. Diese Vernunft ist jetzt gefragt. Niemand von uns war je zuvor in einer so ungewöhnlichen und großen Verantwortung zu entscheiden: Schlagbäume hoch oder Gewalt? Das ist eine weltpolitische Entscheidung, aber auch eine Gewissensentscheidung. Wir müssen auch an diesem Abend bei unserem Grundsatz bleiben: Es darf keine Gewalt geben.

Schalck ruft mich an. Er schlägt vor, dass ich noch in der Nacht nach Warschau fliege. Dort könnte morgen früh eine gemeinsame Pressekonferenz mit dem in Warschau weilenden Bundeskanzler der BRD, Helmut Kohl, stattfinden. Die Öffnung der Grenze könnte als gemeinsame Entscheidung der Regierungen beider deutscher Staaten begründet werden. Für den Fall, dass ich damit einverstanden wäre, würde er sofort mit seinem Gesprächspartner in Bonn Kontakt aufnehmen, um die Haltung des Bundeskanzlers in dieser Frage zu erkunden.

Mir fällt sofort die telefonische Anfrage von gestern ein. Schalck hatte Seiters mitgeteilt: ›Ich wäre Ihnen dankbar, Ihre Meinung kennenzulernen, ob es politisch richtig, der Sache dienend und technisch für möglich gehalten wird, dass der

Bundeskanzler eventuell auf dem Rückflug vom Besuch in Polen zu einem mehrstündigen Arbeitsgespräch einen Zwischenaufenthalt in der DDR nehmen könnte.‹[38] Nun geht Schalck wegen der außergewöhnlichen Situation einen Schritt weiter. Er sieht eine Chance, dass ich mit dem Bundeskanzler in Warschau zur Entspannung der entstandenen Situation beitragen könnte.

Ich überlege einen Moment. Dann sage ich: ›Nein.‹

Die Entscheidung über die Öffnung der Grenze ist eine souveräne DDR-Angelegenheit. Außerdem denke ich an die Mahnung Gorbatschows vom 1. November, alles, was die BRD und die DDR beträfe, mit der UdSSR abzustimmen. Mein nächtlicher Besuch in Warschau und die morgendliche Pressekonferenz würden nicht nur die politischen Verbündeten irritieren, sondern müssten auch bei Gorbatschow den Eindruck verstärken, wir spielten gemeinsam mit der BRD gegen ihn die deutsche Karte.

Ich versuche, Gorbatschow in Moskau zu erreichen. Dort ist es inzwischen Mitternacht. Die WTsch-Zentrale in der sowjetischen Hauptstadt will wegen der späten Stunde die Verbindung zum sowjetischen Staatsoberhaupt nicht mehr herstellen. Ich bestehe nicht darauf. Jede Dramatisierung der Lage könnte zu falschen Schlüssen führen. Das liegt mir fern.

Wolfgang Herger macht den Vorschlag, eine ›Operative Führungsgruppe‹ des Nationalen Verteidigungsrates zu bilden. Ich bitte ihn, mit dem Sekretär des Verteidigungsrates Fritz Streletz die notwendigen Entscheidungen vorzubereiten. Streletz ist in ständigem Kontakt mit dem Oberkommandierenden der Vereinten Streitkräfte des Warschauer Vertrages und der Westgruppe der sowjetischen Streitkräfte. Er weiß, dass unsere sowjetischen Verbündeten auf dem Territorium der DDR in ›Erhöhter Gefechtsbereitschaft‹[39] und die Führungsorgane in ›Voller Gefechtsbereitschaft‹ sind. Ich bin davon überzeugt, dass seine militärische Befähigung und seine politische Überzeugung garantieren, dass die Gruppe unter seiner Leitung der Aufgabe gerecht wird, die Fragen, die im Zusammenhang mit der Grenzöffnung stehen, zu koordinieren. Auf dieser Grundlage werden das Politbüro und ich als Vorsitzender des Nationalen Verteidigungsrates unsere Entscheidungen treffen.

Gegen 0.30 Uhr ruft mich Rudi Mittig (*Stellvertreter von Minister Mielke – P. B.*) an. Er teilt mit, dass alle Grenzübergangsstellen zu Westberlin geöffnet seien.

Ich gebe Weisung, mich über alle wichtigen Vorkommnisse direkt zu informieren. Danach fahre ich in meine Wohnung. […] Als ich zu Hause eintreffe, klingelt das Telefon. Günter Schabowski berichtet, was sich an der Grenze abspiele. Er will jetzt sofort von Wandlitz nach Berlin fahren, woher ich gerade komme. Kein Wort von der Pressekonferenz und dem dort von ihm verkündeten Öffnungstermin der Grenze.

Ich werfe ihm den Irrtum nicht vor. Niemand kann sagen, wie sich die Bevölkerung verhalten hätte, wenn die Grenzöffnung wie geplant am Morgen des 10. November erfolgt wäre. Allerdings, und das ist wesentlich, am Morgen des 10. November wären die vorbereiteten Befehle vor Ort gewesen. Die Schutz- und Sicherheitsorgane hätten gewusst, was zu tun ist.«[40]

Krenz bekam Gorbatschow nicht ans Telefon, weil der in Morpheus Armen ruhte und niemand ihn zu wecken getraute. Doch als der Generalsekretär sich in Moskau den Schlaf aus den Augen gerieben und die wichtigsten Nachrichten vernommen hatte, vor allem jene »Weltnachricht« aus Berlin, schickte er sofort seinen Botschafter Kotschemassow in die Spur.

Der rief weisungsgemäß bei Krenz an und kam ohne Vorrede gleich zur Sache, wie sich jener erinnert: »Genosse Krenz, in Moskau ist man beunruhigt über die Lage an der Berliner Mauer, wie sie sich heute Nacht entwickelt hat.«

Krenz gab sich daraufhin ein wenig, nun ja, sagen wir ruhig: unbedarft. Das wundere ihn, sagte er, man habe doch die Reiseverordnung mit Moskau abgestimmt und lediglich die Sache »nur um Stunden« vorgezogen.

Der Sowjetbotschafter ließ sich jedoch nicht aufs Glatteis führen. »Das stimmt nur zum Teil. Es handelte sich dabei lediglich um die Öffnung von Grenzübergängen zur BRD. Die Öffnung der Grenze in Berlin berührt jedoch die Interessen der Alliierten.« Krenz ruderte zurück, so habe er die Sache nicht verstanden. »Doch dies ist jetzt nur noch eine theoretische Frage. Das Leben hat sie heute Nacht beantwortet. Die Grenzöffnung wäre nur durch militärische Mittel zu verhindern gewesen. Das hätte ein Blutbad gegeben.«[41]

Mir ist klar, dass Krenz nach diesem Telefonat mit dem Sowjetbotschafter ziemlich verärgert gewesen sein musste. Auf der einen Seite hatte er sich wie gewohnt verhalten: Jedes wichtige Papier – und diese Reiseverordnung ist ein solches – war mit Moskau abzustimmen. Das ist geschehen. Und »die Freunde« hatten nichts dazu gesagt: kein *njet*, kein *da*. Und andererseits kamen sie nun plötzlich mit dem Vier-Mächte-Status von Berlin um die Ecke und fühlten sich auf den Schlips getreten. Nach bisheriger Lesart Moskaus betraf das Vierseitige Abkommen von 1971 – im Westen Viermächteabkommen über Berlin genannt – mehr oder minder nur Westberlin.

Seinen Unmut ließ Krenz Kotschemassow durchaus spüren. Als dieser sich nämlich nach Details erkundigte, übergab er den Hörer dem neben ihm stehenden Sekretär des Nationalen Verteidigungsrates, Generaloberst Fritz Streletz.

Wenige Stunden später holte man Krenz aus der fortgesetzten Plenarsitzung des ZK. Erneut war Kotschemassow am Telefon. Krenz schrieb dazu: »Er scheint wie ausgewechselt. ›Genosse Krenz‹, sagt er mit freudiger Stimme, ›im Namen von Michail Gorbatschow, im Namen der sowjetischen Führung beglückwünsche ich Sie und alle deutschen Freunde zu ihrem mutigen Schritt, dass Sie die Berliner Mauer geöffnet haben.‹

›Ich danke Ihnen und bitte Sie, Michail Sergejewitsch für diese Solidarität zu danken. Übermitteln Sie ihm, dass wir uns über die Übereinstimmung unserer Ansichten freuen.‹

Was ist in Moskau passiert? Innerhalb weniger Stunden zwei grundsätzlich verschiedene Standpunkte? Welche Auseinandersetzungen hat es zwischen dem Zentralkomitee der KPdSU und dem sowjetischen Außenministerium gegeben? Oder waren es gar verschiedene Ansichten im Politbüro? Gab es Kontakte mit den Westmächten?«, fragte sich Krenz.[42]

Noch während der ZK-Tagung setzte er ein Telegramm an Gorbatschow auf, in dem er nicht nur mitteilt, dass in der vergangenen Nacht »ca. 60.000 Bürger der DDR« in Westberlin waren, von denen 45.000 inzwischen wieder zurückgekehrt seien, und dass ab 6 Uhr die Ausreise – zeitweise oder für immer – nur noch mit einem DDR-Visum möglich sei. Vor allem jedoch war Krenz wichtig zu betonen, dass »die Grundsätze des Vierseitigen Abkommens über Berlin (West) nicht berührt« würden.[43] Krenz schloss das Telegramm mit dem Satz: »Ich bitte Sie, lieber Genosse Michail Sergejewitsch Gorbatschow, den Botschafter der UdSSR in der DDR zu beauftragen, unverzüglich mit den Vertretern der Westmächte in Berlin (West) Verbindung aufzunehmen, um zu gewährleisten, dass sie die normale Ordnung in der Stadt aufrechterhalten und Provokationen an der Staatsgrenze seitens Berlin (West) verhindern.«[44]

Im September 1990 treffe ich mich mit Egon Krenz zum Gespräch. Er lebt seit dem Auszug aus Wandlitz in Berlin-Pankow und ist nicht nur bar jeglichen politischen Amtes: Er wurde auch von der SED-PDS ausgeschlossen. Zur Begründung hatte es am 22. Januar 1990 im *Neuen Deutschland* geheißen, er habe die »Chance zu einer grundlegenden Erneuerung im Herbst letzten Jahres halbherzig vergeben«.

Ich hatte ihn und einige wenige andere Politbüromitglieder auf dem Sonderparteitag in der Dynamo-Sporthalle gesehen.

Ehemalige SED-Funktionäre ausgeschlossen

Berlin (ND). Die Zentrale Schiedskommission der SED-PDS tagte am Sonnabend und Sonntag in Berlin. Die Mitglieder und Kandidaten des ehemaligen SED-Politbüros Hans-Joachim Böhme, Horst Dohlus, Kurt Hager, Joachim Herrmann, Werner Jarowinsky, Heinz Keßler, Egon Krenz, Inge Lange, Erich Mückenberger, Margarete Müller, Alfred Neumann, Günter Schabowski, Gerhard Schürer und Werner Walde wurden aus der SED-PDS ausgeschlossen.

Über Werner Eberlein konnte wegen dessen Krankheit nicht verhandelt werden. Auch die Anhörung von Hermann Axen steht aus, da er sich in Untersuchungshaft befindet und bisher keine Stellungnahme abgeben konnte.

Zuvor waren 47 Genossen, denen im Zuge stalinistischer Repressalien Unrecht geschehen war, rehabilitiert worden. Dazu gehört Karl Schirdewan.

An 22. Januar 1990 teilte das Neue Deutschland *auf der ersten Seite in dieser kleinen Meldung den Ausschluss von Krenz & Co. aus der Partei mit. Drei Spalten weiter hieß es: »Wolfgang Berghofer aus der SED-PDS ausgetreten«*

Er gehörte zu den wenigen aus der alten Führung, die den Mut aufbrachten, sich ihrer Verantwortung zu stellen (und die auf einer Delegiertenkonferenz auch gewählt worden waren). Aber das hatte ihnen nicht genützt. Bis auf wenige Ausnahmen setzte ihnen ihre Partei den Stuhl vor die Tür.

Unser Gespräch kreist um den 9. November und die bevorstehende Herstellung der staatlichen Einheit. Das Interview soll in der *Bild* am 25. September, eine Woche vor dem Ende der DDR, erscheinen. Krenz ist wie gewohnt freundlich und ohne Arg, was ihm später von einigen übel genommen wird. Mit der *Bild* hätte er doch besser nicht sprechen sollen.

»*Brinkmann*: Wenn Sie heute zurückblicken auf die Entscheidung am 9.11., die Mauer durchlässig zu machen, und sehen, dass diese Entscheidung zum Ende der DDR geführt hat, würden Sie diese Entscheidung noch einmal treffen, sofern man die Geschichte zurückdrehen könnte?

Krenz: Am 9.11. gab es keine andere Alternative, wenn man Blutvergießen verhindern wollte.

Brinkmann: War Ihnen und den übrigen Politbüromitgliedern bei der Entscheidung klar, dass dies möglicherweise das Ende der DDR bedeutete? Gab es darüber Diskussionen?

Krenz: Eine solche Diskussion gab es nicht. Dieser Gang der Dinge war damals niemandem bewusst. Wer das heute behauptet, sagt nicht die Wahrheit.«

In unserem Gespräch beklagt sich Egon Krenz auch über die doppelbödige Politik Moskaus. »Noch am 1. November 1989 hatte Gorbatschow mir gesagt: Die deutsche Einheit steht nicht auf der Tagesordnung.« Und der sowjetische Außenminister Schewardnadse habe am 1. September in einem Brief seinen Ostberliner Amtskollegen Oskar Fischer wissen lassen, dass entgegen der Behauptungen im Westen keineswegs die Gründe der aktuellen Probleme *in* der DDR lägen – in jener Zeit versuchten DDR-Bürger ihre Ausreise zu erzwingen, indem sie die bundesdeutschen Botschaften in Prag, Budapest und Warschau belagerten. Die Quelle aller Schwierigkeiten sei der Anspruch der BRD, für alle Deutschen zu sprechen. Daher müsse die Bundesrepublik die DDR-Staatsbürgerschaft anerkennen. »Das Verhalten der BRD sei anrüchig, schrieb Schewardnadse damals an Fischer und er wiederholte dies mehrmals. »Das war

Wolfgang Berghofer, auf dem Sonderparteitag – an dem Krenz als Delegierter teilnahm – Anfang Dezember 1989 zum Partei-Vize gewählt. Am 8. Dezember gab er mir als OB von Dresden seine Visitenkarte mit dem Zusatz: »Ich bitte um Unterstützung für Herrn Brinkmann bei seiner journalistischen Tätigkeit.« Das half mir beim Kohl-Besuch in Dresden am 19. Dezember

eine klare Haltung gegenüber der BRD«, so Krenz mir gegenüber im September 1990.

Der sowjetische Stachel, das spürte ich, saß bei Egon Krenz tief. Er fühlte sich von Moskau hinters Licht geführt und regelrecht verraten.

Unsere Unterhaltung kam immer wieder auf den 9. November zurück, auf Details und Abläufe. Krenz offenbarte ein bemerkenswertes Gedächtnis, war aber auch nicht frei von der Neigung, alles sehr ausführlich zu erklären und zu begründen. Mir schien das weniger eine Rechtfertigung denn der Versuch einer Erklärung zu sein, warum er sich so und nicht anders entschieden oder verhalten hatte. Die Kausalität von Abläufen minutiös zu schildern war ihm wichtiger als eine gute Pointe.

»Wie gewöhnlich stand ich um 5 Uhr auf. Zwanzig Minuten später war ich auf meiner Laufstrecke. Beim Joggen ging mir jedes Mal der bevorstehende Tag durch den Kopf«, so begann der 9. November für ihn.

Gegen 7.45 Uhr saß er in seinem Arbeitszimmer am Marx-Engels-Platz. Auf dem Schreibtisch lagen Hunderte Briefe und Telegramme sowie Informationsberichte über die aktuelle Situation. Auf der Titelseite des *Neuen Deutschlands* las er einen Aufruf der Schriftstellerin Christa Wolf, den sie bereits am Vorabend im DDR-Fernsehen verlesen hatte: »Wir alle sind tief beunruhigt. Wir sehen die Tausende, die täglich unser Land verlassen. Wir wissen, dass eine verfehlte Politik bis in die letzten Tage hinein ihr Misstrauen in die Erneuerung dieses Gemeinwesens bestärkt hat. Wir sind uns der Ohnmacht der Worte gegenüber Massenbewegungen bewusst, aber wir haben kein anderes Mittel als Worte. Die jetzt noch weggehen, mindern unsere Hoffnung.

Wir bitten Sie, bleiben Sie doch in Ihrer Heimat, bleiben Sie bei uns! Was können wir Ihnen versprechen? Kein leichtes, aber ein nützliches und interessantes Leben. Keinen schnellen Wohlstand, aber Mitwirkung an großen Veränderungen. Wir wollen einstehen für Demokratisierung, freie Wahlen, Rechtssicherheit und Freizügigkeit. Unübersehbar ist: Jahrzehnte Verkrustungen sind in Wochen aufgebrochen worden. Wir stehen erst am Anfang des grundlegenden Wandels in unserem Lande. Helfen Sie uns, eine wahrhaft demokratische Gesellschaft zu gestalten, die auch die Vision eines demokratischen Sozialismus bewahrt. Kein Traum, wenn Sie mit uns verhindern, dass er wieder im Keim erstickt wird.

Wir brauchen Sie. Fassen Sie zu sich und uns, die wir hier bleiben wollen, Vertrauen.«[45]

Den Aufruf unterschrieben hatten Bärbel Bohley für das *Neue Forum*, Ehrhart Neubert für den *Demokratischen Aufbruch*, für die *Sozialdemokratische Partei* Uta Forsthauer, für *Demokratie jetzt!* Hans-Jürgen Fischbeck, für die *Initiative Frieden und Menschenrechte* Gerhard Poppe sowie – neben Christa Wolf – bekannte *Persönlichkeiten* wie Volker Braun, Ruth Berghaus, Christoph Hein, Stefan Heym, Kurt Masur und Ulrich Plenzdorf.

Krenz: Das waren Menschen mit sehr unterschiedlichen politischen Anschauungen, die für die Vision eines demokratischen Sozialismus eintraten. Und sie sprachen von »unserem Land«, von der »Heimat«, vom »Hierbleiben und von »Vertrauen«. Der Aufruf habe ihn in der Hoffnung bestärkt, die DDR als souveränen sozialistischen Staat erhalten zu können. Krenz schien insbesondere von der Tatsache bewegt, dass es sich um kritische Geister handelte, die nicht unbedingt angenehme Erfahrungen mit der Staatsmacht verbanden. Und trotzdem forderten sie Vertrauen ein. »Bleiben Sie bei uns!« Und er fragte sich, weshalb die Obrigkeit – deren Teil er ja war – in der Vergangenheit keine gemeinsame Sprache mit diesen Menschen gefunden und sie in ihrer (berechtigten) Kritik als Werkzeuge des Klassenfeinds betrachtet und entsprechend behandelt hatte. Krenz meinte, es sei wohl Unsicherheit und Arroganz gewesen, weshalb man nicht auf die »Andersdenkenden« zugegangen war.

In der anschließenden Debatte im ZK – die Sitzung begann 9.30 Uhr – seien die Fetzen geflogen. Natürlich wurde auch das Thema »Mauer« angesprochen. Hermann Kant, in seiner Eigenschaft als Präsident des Schriftstellerverbandes ZK-Mitglied, nannte Honeckers Bemerkung »fatal«. Zu Beginn des Jahres hatte dieser auf einer Zusammenkunft, mit der an den 500. Geburtstag Thomas Müntzers erinnert worden war, ziemlich unmotiviert in freier Rede erklärt: »Die Mauer wird so lange bleiben, wie die Bedingungen nicht geändert werden, die zu ihrer Errichtung geführt haben. Sie wird auch noch in 50 oder auch in 100 Jahren noch bestehen bleiben, wenn die dazu vorhandenen Gründe nicht beseitigt sind.«[46]

Kant meinte, dass die Mauer »nun wirklich nicht populär zu machen« sei und war der Meinung, die offenkundig mehrheitlich im Saal geteilt wurde, dass es ein politischer Fehler gewesen sei, den Leuten mit der Drohung zu kommen, dass sich auf absehbare Zeit nichts an dieser Lage ändern würde. Das Nicht-Reisen-Können hatte sich für die DDR-Bürger zum Trauma ausgewachsen. Selbst wenn die Konditionen für »Reisen in dringenden Familienangelegenheiten« zunehmend lockerer gehandhabt wurden und jährlich inzwischen einige Millionen Ostdeutsche in den Westen fahren durften, wuchs der Unmut. Erstens über die Genehmigungspraxis, zweitens darüber, dass jene, die keine Verwandten »drüben« besaßen, ausgesperrt blieben, und drittens, dass das legitime Bedürfnis, die Welt zu entdecken, vom Staat wie ein Gnadenakt gehandhabt wurde. Das war demütigend und hatte mit einer »humanistischen Gesellschaftsordnung« wenig zu tun. So empfanden das inzwischen die meisten DDR-Bürger – doch der Staatsratsvorsitzende Honecker erklärte nassforsch, daran werde sich auf absehbare Zeit nichts ändern.

»Gegen 12 Uhr ist Pause. Die Genossen des neu gewählten Politbüros verlassen fluchtartig ihre Plätze im Präsidium. Einige kann ich noch am Weggang hindern«, schreibt Krenz in seinen Erinnerungen. Wovor flohen sie? Vor den Vorwürfen, den Attacken, vor der Abrechnung des eigenen Zentralkomitees, dass doch laut Statut das höchste Gremium der SED war? Vor der Wirklichkeit?

Nach der Unterbrechung ging die hitzige Debatte weiter. In der Mittagspause, die von 14 bis 15.30 Uhr angesetzt ist, hat Krenz den Termin mit Johannes Rau. Der kommt in seiner Funktion als SPD-Vize und als Ministerpräsident des größten Bundeslandes, das so viele Einwohner hat wie die DDR. (Als Honecker – keiner weiß, auf welcher Basis – einmal erklärte, die DDR gehöre zu den zehn führenden Wirtschaftsnationen der Welt, setzte Rau demonstrativ NRW auf Platz 11.)

Krenz sagt, er habe den Termin, um den Rau ihn gebeten hatte, gern wahrgenommen, auch, weil er Kohl zeigen wollte, dass die von der CDU geführte Bundesregierung in dieser schwierigen Zeit nicht der einzige Gesprächspartner für Ostberlin sei. »Johannes Rau und ich kommen kurz vor 14 Uhr in meinem Arbeitszimmer im Amtssitz des Staatsrates zusammen. Mit dabei sind der Chef von Raus Staatskanzlei, Wolfgang Clement, und der Vorsitzende der SPD-Fraktion im NRW-Landtag. Zugegen ist auch DDR-Kulturminister Hans-Joachim Hoffmann, der die Gäste aus der BRD begleitet.

Die begrenzte Zeit zwingt uns zur Kürze. Johannes Rau stellt mir vier Fragen: Wie sehe ich die Chancen, dass die Veränderungen in der DDR gelingen? Welche politischen und wirtschaftlichen Änderungen wird es in der DDR geben? Wie sehen die Reisemöglichkeiten aus? Wird es freie Wahlen geben?

Wolfgang Clement fragt noch nach den Möglichkeiten der Kooperation zwischen der DDR und Nordrhein-Westfalen. Der ehemalige Journalist regt einen Zeitschriftenaustausch zwischen beiden deutschen Staaten an.

Offener Gedankenaustausch Egon Krenz—Johannes Rau

Aspekte der Beziehungen zwischen DDR und BRD erörtert

Berlin (ADN). Egon Krenz empfing am Donnerstag den Ministerpräsidenten von Nordrhein-Westfalen und stellvertretenden SPD-Vorsitzenden, Johannes Rau, zu einem Gespräch im Amtssitz des Staatsrates. Das geht aus einer ADN übergebenen Mitteilung hervor. Johannes Rau, der am gleichen Tag die „Präsentation Kunst und Kultur aus Nordrhein-Westfalen" in Leipzig eröffnete, dankte Egon Krenz, daß er während der laufenden Tagung des Zentralkomitees der SED dieses erbetene Gespräch ermöglicht habe. An der Begegnung nahm Kulturminister Hans-Joachim Hoffmann teil. Der nordrhein-westfälische Ministerpräsident gratulierte Egon Krenz zu seiner Wahl in die höchsten Ämter der SED und des Staates und wünschte ihm Erfolge in der Arbeit.

Der offene Gedankenaustausch berührte die Verantwortung beider Seiten für die Friedenssicherung und für die Gestaltung der Beziehungen zwischen der DDR und der BRD.

Egon Krenz informierte den Gast über die begonnene 10. Tagung des Zentralkomitees. Das Plenum werde eine realistische

Nach dem Gespräch im Staatsrat   Foto: ND/Fieguth

greifende Reformen aller Sphären der Gesellschaft. Dabei gehe es um einen Sozialismus, der ökonomisch effektiv, politisch demo-

hob Egon Krenz die gemeinsame Verantwortung beider deutscher Staaten für Frieden, für koopera-

Die Top-Meldung im Neuen Deutschland *am 10. November '89*

Bevor ich auf die Fragen eingehen kann, sagt Rau noch: Früher habe er den Eindruck gehabt, in der Sowjetunion, in Polen und Ungarn gebe es rasante Veränderungen, nur die DDR, die ČSSR, Bulgarien und Rumänien sträubten sich gegen die Reformen. Jetzt habe er sehen und erfahren können: In der DDR gehe alles schneller, als sie es eigentlich vertragen könne.

Ja, denke ich, er spricht aus, was bei uns noch vielen unklar ist: Was eigentlich verträgt die DDR an Wandlungen?

Ich erläutere: Unsere Vision sei eine deutsche Perestroika. Die Sowjetunion wäre das Beispiel. Unsere Perestroika vollziehe sich an der Grenze zu einem uns nicht freundlich gesonnenen Nachbarn und einem uns feindlich gegenüberstehenden Militärblock, der NATO. Unsere Umgestaltung sei deshalb mit erheblichen Risiken verbunden. Bei allem, was wir tun, mische sich die andere Seite ein. Ich sei als Generalsekretär angetreten, die Erneuerung des Sozialismus in der DDR voranzutreiben. Für meine Politik gebe es zwei Prämissen. Erstens: Die DDR

55

bleibt ein souveräner Staat. Zweitens: Die DDR bleibt ein sozialistischer Staat.

Johannes Rau will genauer wissen, ob das Reisegesetz überarbeitet werde.

Dies ist für mich der schwierigste Moment des Gesprächs. Die Atmosphäre der Zusammenkunft ist offen und Vertrauen erweckend. Soll ich Rau sagen, frage ich mich, dass wir in der Nachmittagssitzung des Zentralkomitees über eine Reiseverordnung sprechen werden? Soll ich ihm mitteilen, dass morgen die Grenzübergänge für den Reiseverkehr geöffnet werden würden?

Meine bisherigen Erfahrungen mit Gesprächspartnern aus dem Westen sprechen dagegen. Ich fürchte, dass er nach dieser vertraulichen Information sofort seinen Parteivorsitzenden in Bonn anrufen werde. Was würde es wieder für Eifersüchteleien bei Kohl geben, wenn die SPD früher Bescheid wisse als die regierende CDU? Ich erinnere mich, wie Kanzler Kohl 1987 beleidigt war, als Katharina Witt nach einer Vereinbarung zwischen Lafontaine und mir im Saarland auf einer Veranstaltung ihre Künste auf dem Eis vorführte. Kohl betrachtete das damals als Wahlkampfunterstützung der SED für die SPD. Er hatte sich darüber bei Mittag mit den Worten beschwert: ›Außenpolitik wird in Bonn und nicht in Saarbrücken gemacht.‹

Außerdem fürchte ich: Wenn Rau als Erster informiert würde, käme die Nachricht über den Reiseverkehr gewiss aus dem Westen in die DDR. Das ist ausgeschlossen. Die erste Nachricht muss von uns selbst kommen. Vor allem: Noch war die Reiseverordnung nicht beschlossen! Ich konnte und wollte dem ZK und der Regierung nicht vorgreifen.

Meine Antwort an Rau bleibt notgedrungen allgemein. Der Reiseverkehr zwischen beiden deutschen Staaten sei nicht vergleichbar mit anderen Ländern in der Welt. Selbst 1988, als die Reisemöglichkeiten noch eingeschränkt gewesen sind, gab es sechs Millionen Reisen aus der DDR in die BRD und nach Berlin (West). Jetzt würden wir das Reisegesetz grundlegend überarbeiten. Wir rechneten mit zwölf bis dreizehn Millionen Reisenden von Ost nach West. Das koste Milliarden DM, die die DDR allein nicht aufbringen könnte.

Rau fragt, ob er mich unter vier Augen sprechen könne.

Bei diesem Gespräch sagt er, er werde oft gefragt: Was ist Egon Krenz für ein Mensch? Ein Mann, der am 9. Oktober in Leipzig schreckliche Ereignisse verhindert habe? Oder ein Mann, der die Kommunalwahlen zu verantworten hätte?

Über mich selbst zu sprechen, antworte ich, ist mir unangenehm. Vielleicht akzeptiere er das Urteil von US-Präsident Bush. Dieser sei vor zwei Tagen auf einer Pressekonferenz nach seiner Meinung über mich gefragt worden und habe geantwortet: Was Krenz zu politischen Reformen gesagt hat, ist recht ermutigend und steht früheren Einschätzungen entgegen, er sei ein Hardliner.

Ich sei für eine grundlegende Wende in der DDR, wäre aber kein Abenteurer. Meine politischen Ziele würden in einem Aktionsprogramm der SED zum Ausdruck kommen, das von der gerade stattfindenden Tagung des SED-Zentralkomitees morgen beschlossen werden würde. Er möge mich anhand dieser Politik und nicht nach alten Klischees beurteilen.

Nach dem Gespräch stellen wir uns der in- und ausländischen Presse. Johannes Rau wird gefragt, ob auch über das Reisegesetz gesprochen worden sei. ›Selbstverständlich‹, antwortet der Ministerpräsident.

Von mir will man wissen, ob der Reisegesetzentwurf unvollkommen gewesen sei. ›Wenn ich der Auffassung wäre, dass er vollkommen ist, hätten wir ihn nicht zur Diskussion stellen brauchen. Ich würde sagen, die Bevölkerung wird ihn vollkommen machen.‹‹[47]

Der Rest des Tages ist bekannt. Krenz übergab Schabowski, der sich irgendwo in der Weltgeschichte herumgetrieben hatte, die neue Reiseverordnung als »Weltnachricht«, der stammelte sie auf der Pressekonferenz 18.53 Uhr vor mit jenen Irritationen, die von uns, den Medienleuten, zweckdienlich interpretiert und zugespitzt wurden.

Aus.

Warum hielt die Sowjetarmee still?

Auf dem Territorium der DDR waren mehrere Hunderttausend Soldaten der Sowjetarmee stationiert. Im Westen gingen wir davon aus, dass es bis zu eine Million Mann seien. Die Rote Armee, als Teil der Antihitlerkoalition maßgeblich an der Zerschlagung der Nazidiktatur und der Beendigung des Zweiten Weltkrieges beteiligt, war bis Berlin gekommen und hatte ihre 1945 in Jalta zwischen Roosevelt, Churchill und Stalin festgelegte Zone bezogen. Die Grenze zwischen der sowjetischen und der amerikanischen, britischen und französischen Zone hieß Demarkationslinie. Doch im bald beginnenden Kalten Krieg wurde daraus eine Frontlinie zwischen Ost und West. Zunächst eine Staatsgrenze zwischen der 1949 gegründeten Bundesrepublik und der DDR, dann – nach Integration der BRD in die NATO und der DDR in den Warschauer Vertrag Mitte der 50er Jahre – die Front zwischen den beiden mächtigsten Militärpakten der Welt. Die beiden deutschen Staaten waren nicht souverän, die beiden Führungsmächte Sowjetunion und USA entschieden. Erst mit dem 4+2-Vertrag, der im September 1990 in Moskau geschlossen werden sollte, erlangten beide Staaten ihre volle Souveränität, was überhaupt die völkerrechtliche Voraussetzung für ihre Vereinigung war.

Nachdem die DDR Mitglied des östlichen Bündnisses geworden war, hießen die sowjetischen Einheiten nicht mehr Besatzungstruppen, sondern Gruppe der sowjetischen Streitkräfte in Deutschland (GSSD), die aufgrund von Bündnisverpflichtungen und bilateralen Verträgen hier stationiert waren. Die »Verpflichtungen« für die DDR sahen so aus, dass diese zu wesentlichen Teilen für Kost und Logis der Sowjetsoldaten zu sorgen hatte. Überdies waren die DDR-Streitkräfte gehalten, die jeweils neuesten Waffen aus der UdSSR zu erwerben, was zunehmend zu Verstimmung zwischen Berlin und Moskau führte, weil die DDR nicht bereit war, beispielsweise jede neue Panzergeneration zu importieren. Sie rüstete stattdessen lieber die älteren Tanks mit eigener Elektronik preiswert nach.

Entgegen der eigenen Darstellung war die DDR keineswegs Herr im eigenen Hause. Russische Militärs gaben es Berlin später schwarz auf weiß. Marschall Wiktor Kulikow, einst Befehlshaber der Sowjettruppen in der DDR und von 1977 bis 1989 Oberkommandierender der Vereinten Streitkräfte des Warschauer Paktes, bekräftigte 2013 in einem Interview noch einmal, dass die DDR mindestens auf militärpolitischem und militärischem Gebiet nicht souverän war. »Dafür gab es zwei Gründe. Erstens: die exponierte militärgeografische Lage der DDR in Europa als Vorposten des Warschauer Vertrages und die dortige Präsenz einer 500.000 Mann starken, in ihrer Kampfkraft unvergleichlichen Elitegruppierung der sowjetischen Truppen, ausgerüstet mit modernster Bewaffnung und Ausrüstung einschließlich von Kernwaffen auf dem Territorium der DDR. Dadurch bedingt verlief der vordere Rand der ersten strategischen Verteidigungslinie der Vereinten Streitkräfte des Warschauer Vertrages entlang der Staatsgrenze der DDR und der BRD. Deshalb hatte die sowjetische Seite auch das militärische Sagen auf dem Territorium der DDR.

Zweitens: die feste Eingliederung der DDR und ihrer bewaffneten Organe in die Militärorganisation des Warschauer Vertrages sowie die Einbindung der NVA und der Grenztruppen der DDR im Verteidigungsfalle in die Front der GSSD, die von Moskau gestellte Aufgaben zu erfüllen hatte. Deshalb war die Organisation der Landesverteidigung der DDR, deren Stärke, Bewaffnung, Ausrüstung, Dislozierung und Ausbildung stets den Ausgangsorientierungen aus Moskau untergeordnet.

Diese beiden Faktoren und andere zum Teil noch aus der Besatzungszeit rührende Fragen waren die Ursachen dafür, dass die DDR auf militärisch-politischem Gebiet nicht souverän war.«[48]

Aber wenn sie auf »militärisch-politischem Gebiet« nicht souverän war: Konnte sie es dann auf anderem Gebiet sein, wenn ein Halbmillionenheer einer fremden Macht auf ihrem Territorium stand?

In dem gleichen Gespräch sagte Kulikow auch etwas Interessantes zur Mauer, was uns in unserem Kontext durchaus interessieren sollte. Er habe »die heute so geschmähte Berliner Mauer« als Militär durchaus geschätzt. »Durch den Beitritt der BRD zur NATO hätte aus jedem Grenzzwischenfall zwischen den beiden deutschen Staaten ein atomarer Weltkrieg werden können, weil dann der Bündnisfall eingetreten wäre. Die Grenzsicherungsmaßnahmen 1961 klärten die Verhältnisse. Vor diesem Hintergrund wurden Entspannungspolitik, Verträge und Abrüstungsgespräche erst möglich. Es war eine friedenssichernde Maßnahme.

Auch wenn es eine richtige Entscheidung des Bündnisses war, wobei natürlich wir als Führungsmacht das entscheidende Wort sprachen, so bezog allein Ulbricht dafür die Prügel. Er wurde im Westen angegriffen. Bis auf den heutigen Tag wird er verleumdet und steht als ›Mauerbauer‹ und ›Lügner‹ in vielen Geschichtsbüchern. Das geht zu großen Teilen auf unser Konto. Wir hätten damals und später deutlich sagen müssen: Nicht Ulbricht und nicht die DDR haben die Grenzmaßnahmen am 13. August 1961 veranlasst, sondern der Warschauer Vertrag. Ulbricht lag, um in unserer Sprache zu reden, im ersten Schützengraben und zog das Feuer auf sich. Und dort haben wir ihn leider lange allein kämpfen lassen.«[49]

Nun war also am 9. November 1989 diese Mauer ohne Zutun oder gar Zustimmung Moskaus geöffnet worden, also gefallen. Den Missmut, den das dort zunächst auslöste, hatte Kotschemassow an Krenz übermittelt. Erst später erfolgte die Korrektur.

Dabei stellte sich nicht erst in jener Nacht die Frage, warum Wünsdorf – das war der Sitz der militärischen Führung der GSSD in der DDR – tatenlos den Veränderungen zuschaute. Die mächtigen Demonstrationen in den Großstädten, die massive Absatzbewegung von DDR-Bürgern, die Botschaftsbesetzungen und zuletzt der Sturz des Ersten Mannes, der seit 1971 in Berlin das Ruder in der Hand hielt … Alles Indizien für eine tiefgehende Staatskrise, die nachhaltig das Machtgefüge in der DDR verändern würde. Würde dadurch à la longue nicht auch die Geschäftsgrundlage für die Sowjettruppen zur Disposition gestellt werden? Daran waren die Militärs so wenig interessiert wie sie etwa den möglichen Verlust des Bündnispartners DDR einfach hinnehmen würden. Mehr noch: Dieser Teil Deutschlands war 1945 unter großen Opfern erobert worden, er war, profan gesprochen, Siegesbeute. Die würde man doch nicht freiwillig hergeben!

Schon im Frühsommer zeigte sich Wünsdorf aufgrund der politischen Veränderungen in Polen beunruhigt, man fürchtete um die Verbindungs- und Versorgungswege.

Die Sorge nahm mit den Montagsdemonstrationen in Leipzig zu. Um zu deeskalieren, beauftragte Krenz am 13. Oktober, Streletz möge den Oberkommandierenden in Wünsdorf, Armeegeneral Boris Snetkow, darum bitten, dass die Sowjettruppen in ihren Kasernen blieben und nicht zu den üblichen Herbstmanövern ausrückten. Damit soll der naheliegende Schluss verhindert werden, die Sowjets machten Ernst wie etwa 1953.

Snetkow, das nur am Rande, gehörte zu jenen russischen Militärs, die die Siegesbeute nicht hergeben wollten. Gegenüber der Armeezeitung *Krasnaja Swesda* erklärte er am 25. Februar 2000, warum er sich geweigert hatte, die Truppen aus Deutschland abzuziehen, weshalb man ihn 1990 abkomman-

Die Sowjetarmee blieb in den Kasernen. Hier Dresdens Bezirksparteichef Hans Modrow mit sowjetischen Militärs, 1975

diert und alsbald in den Ruhestand versetzt hatte. »Ich werde den Abzug nicht durchführen! Marschall Shukow begründete die Gruppe der Sowjetischen Streitkräfte in Deutschland, die bekanntesten Heerführer bauten sie aus, ich aber, der 15. Oberbefehlshaber, der unbekannte General Snetkow, jagt sie zum Teufel?! Das kann ich nicht tun!«

Krenz weiß: »In den Panzerschränken des Oberkommandos der Westgruppe der sowjetischen Streitkräfte in Wünsdorf liegen für solche Fälle militärischen Einsatzpläne vor.«[50] Solche Fälle: das sind gewaltsame Grenzdurchbrüche, Unruhen und eben Massenproteste.

Im November 1989 spreche ich darüber in der Sowjetbotschaft Unter den Linden mit Alexander Logwinow, er ist dort als Botschaftssekretär für die Presse zuständig. Warum blieben und bleiben die Truppen in den Objekten?

»Unser Botschafter Wjatscheslaw Kotschemassow hatte angewiesen: ›Sagen Sie den Presseleuten, dass unsere Truppen die Kasernen nicht verlassen werden. Weder 1953 noch Budapest 1956 oder Prag 1968 werden sich wiederholen.‹ Ich weiß nicht, ob es dazu einen klaren Befehl aus Moskau gab. Ich gehe aber davon aus. Ich äußerte die Position der Sowjetunion: ›Nichts wird geschehen, keine Panzer werden rollen und schießen.‹ Das war es.«

Was wusste der Regierende Bürgermeister Momper?

Walter Momper, SPD-Mitglied wie ich, war von März 1989 bis Januar 1991 Regierender Bürgermeister von Berlin. Ich interviewte ihn Ende 2013, das Gespräch sollte seinen Erinnerungen »Berlin, nun freue dich. Mein Herbst 1989« vorangestellt werden. Er verblüffte mich mit der Antwort auf die Frage nach den Sowjets. »Wir hatten ähnliche Sorgen wie sie: Wir hatten für zwei Millionen Westberliner täglich die Existenz zu sichern, dazu mussten die Verbindungswege zwischen der Stadt und dem Bundesgebiet funktionieren. Also brauchten wir keine Wirren und Unruhen in der DDR. Und die Russen mussten ihre 600.000 Soldaten versorgen und deren Sicherheit garantieren. Was wäre geschehen, wenn sich plötzlich der kollektive Unmut gegen die Sowjetarmee gekehrt hätte? Sicherlich hätten die sich militärisch verteidigen können – aber zu welchem Preis? Die Folgen wären unabsehbar gewesen. Sie hatten eine Heidenangst, dass da was passieren könnte. Wir haben uns ständig mit Botschafter Kotschemassow, aber insbesondere mit Maxymitschew in der Ostberliner Vertretung der UdSSR beraten. Sie waren an unserer Lageeinschätzung interessiert.«[51]

Momper urteilte ganz nüchtern, weniger ideologisch, was offenkundig seinen in Westberlin gesammelten politischen Erfahrungen geschuldet war. »Die Russen waren überhaupt nicht das Problem. Das waren sie nur in unserem, also dem westlichen Denken. Mich fragte damals wiederholt der britische Gesandte: Was ist, wenn die Russen kommen? Ich sagte ihm, dass sie erstens schon da wären, und zweitens: Was sollten sie besetzen? Das war doch ein Popanz! Ein zweites Kuba brauchten die Russen so wenig wie ein weiteres Afghanistan, wo sie bereits seit zehn Jahren auf verlorenem Posten kämpften. Die Briten und andere waren derart in ihrem Kalten-Krieg-Denken gefangen, dass sie nicht anders konnten. Es lag außerhalb ihrer Vorstellungskraft, dass die Russen freiwillig Deutschland aufgeben würden.«[52]

Nachdem Walter Momper Chef einer rot-grünen Koalition geworden war, machte er seinen Antrittsbesuch bei Honecker und hielt dann später Kontakt zum Berliner Parteichef. Mit diesem Günter Schabowski traf er sich am 29. Oktober 1989 im Rosensalon des Palasthotels. Zuvor war er im Atelier von Bärbel Bohley im Prenzlauer Berg mit etwa fünfzehn Oppositionellen zusammengetroffen. Zum Mittagessen im Palasthotel hatte der Konsistorialpräsident der evangelischen Kirche, Manfred Stolpe, eingeladen und »einen besonderen Gast angekündigt: Günter Schabowski, bis vor kurzem 1. Sekretär der SED-Bezirksleitung Berlin, Politbüro-Mitglied seit 1984, langjähriger Chefredakteur des *Neuen Deutschland*, jetzt Informationschef der SED und so etwas wie die graue Eminenz des parteiinternen Aufstands gegen Honecker. Schabowski galt wie Modrow als Anhänger der Reformen Gorbatschows. In Journalistenkreisen war er als einer der möglichen Nachfolger Honeckers gehandelt worden, denn er hatte gute Drähte zu den Sowjets. Jetzt war er faktisch der zweite Mann im Staate.«[53]

In seinen detaillierten Erinnerungen schildert Momper dieses Treffen sehr anschaulich, dabei charakterisiert er den Mann, der zehn Tage später die Mauer öffnete, sehr präzise. So habe ich ihn später ebenfalls kennengelernt.

»Schabowski ließ gleich zu Beginn des Gesprächs keinen Zweifel daran, dass er sich als der starke Mann der SED fühlte und gewillt war, einen Reformkurs durchzusetzen. Er betonte, das Politbüro habe mit der Entlassung von Honecker, Herrmann und Mittag eine ›grundlegende Richtungsentscheidung‹ getroffen. Diese drei seien die Hauptvertreter der alten Linie gewesen. Aber man werde bei diesen ersten Entscheidungen nicht stehen bleiben. Als Nächste stehe Volksbildungsministerin Margot Honecker zur Disposition, ebenso FDGB-Chef Harry Tisch: ›Es gibt Gesichter an der Spitze, die wollen die Leute einfach nicht mehr sehen.‹

Schabowski wollte die SED wieder ›zum Motor der Veränderung‹ machen. Er hatte erkannt, dass die SED nur die Kontrolle behalten konnte, wenn sie selbst Träger der Reformen würde. ›Wir müssen von uns aus wieder die Führung bei der

Umgestaltung haben‹, sagte er. Ohne dass ich ihn danach gefragt hätte, sprach er das Kernproblem an, den Monopolanspruch der SED auf die Macht im Staate, wie er in Artikel 1 der DDR-Verfassung verankert war: ›Natürlich müssen wir jetzt auch über die Zulassung anderer Parteien nachdenken. Dass es bei uns eine politische und gesellschaftliche Vielfalt gibt, ist doch offensichtlich. Es ist nur die Frage, in welcher Form sich das organisieren soll.‹

Schabowski sprach mit bemerkenswerter Offenheit, sein leichter Berliner Dialekt ließ ihn manchmal sogar jovial und schnoddrig wirken. Er ließ durchblicken, dass Egon Krenz möglicherweise nur für eine Übergangszeit Generalsekretär der SED bleiben werde.

Vehement verteidigte Schabowski das Prinzip der führenden Rolle der Partei und verwickelte uns in eine längere Diskussion über die ›begrenzte Wirksamkeit‹ der ›reformistischen‹ Parteien, womit er die Sozialdemokratie meinte. Diese hätten zwar in der Regierung den Kapitalismus etwas sozialer ausgestaltet, aber nirgendwo die ungerechte Aufteilung der Gesellschaft in Arme und Reiche, Besitzende und Nicht-Besitzende, Mächtige und Beherrschte geändert. Deshalb habe er Vorbehalte gegen das sozialdemokratische Politikmodell. Aber auch er denke angesichts der Lage in der DDR darüber nach.

Noch nie zuvor hatte ich einen führenden SED-Politiker so offen über die Verhältnisse im Politbüro und über dessen Mitglieder reden hören, seine Kritik an Harry Tisch war geradezu ätzend. Er erzählte, wie schwer es gewesen sei durchzusetzen, dass die Chefs der SED-Bezirksleitungen zu den Sitzungen des Politbüros am 11. Oktober und am 18. Oktober hinzugezogen werden konnten. Von Krenz und ihm, so Schabowski weiter, seien die Bezirkssekretäre vorgeschickt worden, um Honecker zu kritisieren und seinen Rücktritt zu fordern. Vor allem der sonst kritischen Denkens eher unverdächtige 1. Sekretär der Bezirksleitung Potsdam, Günther Jahn, sei mit der Kritik an Honecker vorangegangen, was den SED-Chef offenbar besonders überrascht habe. Schabowski freute sich uns gegenüber ganz ungeniert über diesen Coup. Hans Modrow spielte in seinen Erwägungen offenbar keine Rolle. Er erwähnte ihn nicht einmal. Mit besonderem Grimm kam er auf Günter Mittag zu

*Mit Berlins Regierenden Bürgermeister Walter Momper im Büro
der* Bild *in Ostberlin, 26. April 1990*

sprechen, dem er die Hauptschuld an der wirtschaftlichen Misere in der DDR gab und der im Politbüro bis zuletzt zu Honecker gehalten habe, während selbst Erich Mielke aus Einsicht in die reale Lage von Honecker abgerückt sei. Der Minister habe sich am Abend des 7. Oktober auf den Straßen selbst ein Bild von den Demonstrationen verschafft. Dieser unmittelbare Eindruck habe seine Wirkung nicht verfehlt.«[54]

Sodann wäre man auf das angekündigte Reisegesetz zu sprechen gekommen, worauf Schabowski erklärt habe, dass dieses bereits in Arbeit sei. »Verlassen Sie sich darauf, dass es ein Reisegesetz geben wird, das den Namen auch wirklich verdient.« Es werde möglicherweise »schon zum 1. Dezember« inkraft treten. Jenen DDR-Bürgern, die für immer ausreisen möchten, werde man keine Hindernisse in den Weg legen. »Letzlich können wir die Leute doch nicht halten. Die Motivation dafür, im Lande zu bleiben, muss hier bei uns gegeben sein. Die Mauer macht das auf Dauer nicht.«[55]

Momper sagt, er wäre bei diesem Stichwort wie elektrisiert gewesen und habe nachgefragt. Im Laufe des Gespräches sei man dann bis zu technischen Problemen gegangen. »Ich nannte Schabowski eine Liste von möglichen Übergängen, allen voran den Potsdamer Platz, die Brunnenstraße, die Glienicker Brücke und die U-Bahnhöfe Jannowitzbrücke und Alexanderplatz. Ich machte ihm deutlich, dass wir in der ersten Zeit mit einem Andrang von 300.000 bis 500.000 Besuchern pro Tag rechnen müssten.

Über die praktischen Folgen der Reiseregelung hatte Schabowski offenbar noch nicht nachgedacht. Die erkennbar notwendig werdenden Maßnahmen leuchteten ihm jedoch ein. Er sagte zwar nichts Konkretes zu, aber wir vereinbarten gleich für den Beginn der Woche ein Treffen der Besuchsbeauftragten von Senat und DDR-Regierung. Wir waren uns einig: Ein Berg von Aufgaben zur Vorbereitung auf den verstärkten Reiseverkehr musste jetzt sofort bearbeitet werden.«[56]

Ich komme Ende 2013 in einem Gespräch mit Walter Momper darauf zu sprechen. Er, Momper, habe zwar am nächsten Tag auf einer Pressekonferenz das neue Reisegesetz der DDR angekündigt und gesagt, dass er mit bis zu 300.000 Besuchern zu Weihnachten in Westberlin rechne. Ob ihm diese von Schabowski genannte Zahl nicht hätte stutzig machen müssen. Darauf Momper: »Nö, warum?«

Bei einem »normalen« Reisegesetz dürfte ein solcher Ansturm nicht zu erwarten gewesen sein, werfe ich ein. Darauf wieder Momper: »Sie meinen, das wäre ein dezenter Hinweis auf die beabsichtigte Öffnung der Grenze gewesen? Dies plante zu jenem Zeitpunkt nicht einmal die DDR-Führung. Die veröffentlichte am Montag, dem 6. November, das uns von Schabowski angekündigte Reisegesetz, was einen Sturm der Entrüstung in der DDR auslöste: Es enthielt Einschränkungen und Bearbeitungsfristen etc. Aufgrund dessen erfolgte die Überarbeitung, und diese präsentierte dann Schabowski am Abend des 9. November auf der Pressekonferenz, was zu den bekannten Folgen führte.«[57]

In einem Interview, dass ich mit Momper 1999 für den *Berliner Kurier* führte, hatte er gesagt, dass ihn Günter Schabowski am 29. Oktober im Palasthotel mit dem Versprechen verabschiedete hätte, dass er »uns rechtzeitig Bescheid« geben würde, wenn es soweit wäre.

»*Brinkmann:* Was heißt rechtzeitig?

Momper: Etwa eine Woche vorher.

Brinkmann: Und wieso 300.000? Die Zahl hatten doch Sie und nicht Schabowski anderentags öffentlich genannt?

Momper: Das war jene Menge Besucher, die wir zu Ostern oder Pfingsten in Westberlin hatten, da war die Stadt knallvoll. Das war gerade so zu verkraften.«[58]

Natürlich war keine »rechtzeitige« Information an Momper gegangen. Wie auch – die Ereignisse besaßen ihre eigene Dynamik, Westberlin wurde so überrascht wie der Rest der Welt.

Wie das konkret aussah, rekapitulierte Momper in seinen Memoiren. Im Übrigen überrannten am ersten Wochenende nach der Öffnung der Grenze nicht 300.000, sondern etwa zwei Millionen Ostdeutsche Westberlin.

»Für mich begann der 9. November 1989 um acht Uhr in der Otto-Wels-Grundschule in Kreuzberg. Einige Lehrer hatten mich gebeten, eine Unterrichtsstunde über den Namensgeber der Schule, den früheren SPD-Vorsitzenden Otto Wels, zu halten. Dieser hatte am 23. März 1933 in seiner mutigen Rede gegen das Ermächtigungsgesetz der Nazis im Reichstag gesagt: ›Freiheit und Leben kann man uns nehmen, die Ehre nicht.‹«[59]

Danach gab Momper einige Interviews und nahm 12 Uhr an der konstituierenden Sitzung der Sonderkommission »Arbeitsplätze für Berlin« im Reichstagsgebäude teil. Staatssekretär Jörg Rommerskirchen begleitete ihn. Der wurde später aus der Sitzung gerufen und ans Telefon gebeten.

»Er kam nach kurzer Zeit wieder in den Saal und flüsterte mir zu: ›Ein befreundeter Journalist, von dem ich weiß, dass er exzellente Informationskanäle in die SED hinein hat, hat mir soeben gesagt, dass heute in der ZK-Sitzung noch eine wichtige Entscheidung zum Reisegesetz getroffen werden soll. Die ziehen das wegen der Proteste in der Bevölkerung jetzt vor und wollen Reisefreiheit geben.‹

Ich fragte Rommerskirchen, wie sicher seine Quelle sei. ›Ich bin mir sehr sicher. Die Information ist absolut zuverlässig.‹«[60]

Rommerskirchen offenbarte in einem Interview mit dem *Spiegel* im November 2009 seine »sichere Quelle«: »Mit einem

Gruß ließ mir der *Bild*-Journalist Peter Brinkmann aus Ostberlin ausrichten, dass dort erheblich etwas im Gange sei. Mir war sofort klar, was er meinte. Brinkmann war schon lange mein Freund und Informant. Ich habe ihm vertraut. Also ging ich zu Walter Momper, erzählte ihm von dem Anruf und sagte: ›Ich schließe daraus, dass heute Abend die Mauer aufgeht.‹ Momper fragte nach meiner Quelle. Ich habe mich für Brinkmann verbürgt.«[61]

In der Tat, ich hatte am späten Nachmittag aus dem IPZ in Ostberlin angerufen und das, was ich an Informationen und Gerüchten in den Korridoren eingesammelt hatte, an Rommerskirchen weitergegeben. Das schuldete ich ihm schon als Dank für seinen Anruf in Hamburg vor zwei Tagen. Umso größer darum meine Enttäuschung, als Schabowski bei der Pressekonferenz nur salbaderte und nichts, aber auch nichts zum Reisegesetz sagte, konsequent aber meinen nach oben gereckten Arm übersah, als ob er ahnte, was ich ihn fragen wollte. Hatte ich die Pferde umsonst scheu gemacht: Tiedje in Hamburg, Rommerskirchen auf der anderen Seite der Mauer …?

Ich war jedoch nicht der Einzige, der eine solche Nachricht in die Welt gesetzt hatte. Momper: »Dem ersten bei Staatssekretär Rommerskirchen eingegangenen Hinweis auf das bevorstehende Großereignis folgte ein zweiter, ganz ähnlicher, der am frühen Nachmittag den Sprecher des Senats erreichte, diesmal von einer westdeutschen Rundfunkkorrespondentin.«[62]

Nach der Sitzung im Reichstagsgebäude nahm Momper an der Verleihung des »Goldenen Lenkrads« im Springer-Hochhaus teil. Der anschließende Empfang im 18. Stock wurde gestört durch die hereingereichte *dpa*-Meldung, mit der Schabowskis Pressekonferenz zusammengefasst worden war. Momper und die Journalisten rätselten, denn »da stand nichts von Maueröffnung oder Reisefreiheit«. Man habe sich darum einige Etagen tiefer den Videomitschnitt der Konferenz aufmerksam angeschaut.

Das Ende der Pressekonferenz wirkte abrupt. Ein Journalist fragte, was denn nun mit der Mauer geschehen werde.

Schabowski: »Ich werde darauf aufmerksam gemacht, dass es schon 19 Uhr ist. Das ist die letzte Frage, haben Sie Verständnis dafür. Äh, was wird mit der Berliner Mauer? Es sind

Günter Schabowski mit Hans-Peter Buschheuer, Chefredakteur des Berliner Kurier, *und Peter Brinkmann nach dem Interview, 17. Juni 2004*

dazu schon Auskünfte gegeben worden im Zusammenhang mit der Reisetätigkeit. Die Frage, die Frage des Reisens, die Durchlässigkeit der Mauer von unserer Seite beantwortet noch nicht und ausschließlich die Frage nach dem Sinn, also dieser, ich sage es mal so, befestigten Staatsgrenze der DDR. Wir haben immer gesagt, dass dafür noch einige andere Faktoren mit in Betracht gezogen werden müssen. Und die betreffen den Komplex von Fragen, den Genosse Krenz in seinem Referat in Hinsicht auf die Beziehungen zwischen der DDR und der BRD geäußert hat, in Hinsicht auf die Notwendigkeit, den Friedenssicherungsprozess mit neuen Initiativen fortzusetzen. Und sicherlich wird die Debatte über diese Fragen positiv beeinflusst werden können, wenn sich auch die BRD, wenn sich die NATO zu Abrüstungsschritten entschließt und sie durchsetzt. So oder ähnlich, wie das die DDR und andere sozialistische Staaten schon mit bestimmten Vorleistungen getan haben. Herzlichen Dank.«

Sprach's und verschwand.

Auch Momper verschwand vom Springer-Empfang, denn er wurde bereits im Haus des Rundfunks von der *Berliner Abendschau* zum Interview erwartet. Und während er mit Blaulicht, eskortiert von einem Polizeifahrzeug, zum SFB raste, »musste ich dafür sorgen, dass meine beiden Kinder am Abend betreut wurden. Meine Frau war am frühen Morgen nach London gereist, um dort im Namen Berlins eine Mendelssohn-Bartholdy-Büste an die City of London zu übergeben. Sie würde erst am nächsten Tag zurückkommen. Es war seit Wochen ausgemacht, dass ich heute Abend die Kinder hüten sollte. Ich rief Freunde an, die mit uns im Haus wohnten, und bat sie, diese Aufgabe für mich zu übernehmen. Dann telefonierte ich mit meinen Töchtern.«[63] Das waren die Sorgen des Berliner Regierungschefs am Abend des 9. November 1989.

Die SFB-Sendung lief bereits, Momper wurde gepudert und ins Studio geschoben und vom Moderator, der von einer »spektakulären Nachricht« sprach, um eine Stellungnahme gebeten. Noch kein Medium hatte bisher eine eindeutige Interpretation angeboten, die *Aktuelle Kamera* in Adlershof nur die *ADN*-Meldung gebracht, die nichts erhellte und lediglich bereits Bekanntes wiederholte. Momper wagte nach einigem Zögern dennoch den Hochseilakt. »Dies ist der Tag, auf den wir 28 Jahre lang gewartet haben und den wir ersehnt haben. Alle DDR-Bürger können zu uns kommen und uns besuchen. Dies ist ein Tag der Freude für Berlin. Es werden auch viele Lasten auf uns zukommen, und viele Menschen in unserer Stadt diskutieren, was das für sie bedeuten wird. Aber wir sollten alle Besucher mit offenen Armen bei uns empfangen, denn wir verstehen, was es bedeutet, wenn die Menschen 28 Jahre lang nicht zu uns kommen konnten.« Und auf die Perspektive der von ihm regierten Halbstadt eingehend sagte er: »Berlin wird wieder ganz normale Beziehungen zu seinem Umland haben. Auch die Berliner werden leichter reisen können. Das ganze Ost-West-Verhältnis wird sich noch viel mehr entspannen. Dies ist eine große Chance für uns. Berlin ist auf dem Weg zu einem wirklichen Zentrum in Europa.«[64]

Akteure des 9.11. – Krenz, Schabowski, Momper – mit mir später im Gespräch

Natürlich waren in die Vorgänge am 9. November 1989 sehr viele Personen involviert, aber diese drei waren auf der politischen Bühne die wesentlichen Akteure. Modrow war noch nicht ins Amt des Ministerpräsidenten berufen, de facto in Dresden, und Kohl weilte in Warschau und war, wie die anderen westdeutschen Politiker auch, weitab vom Schuss oder desinteressiert. Zwar hatten sie alle stets die deutsche Einheit beschworen, aber dass diese Bekundungen nicht mehr als Sonntagsreden und wohlfeile Lippenbekenntnisse waren, zeigte sich spätestens bei der Entscheidung, Berlin zur Bundeshauptstadt und zum Regierungssitz zu machen. Es sei daran erinnert, dass die Entscheidung am 20. August 1991 mit 338 zu 320 Stimmen denkbar knapp ausfiel. Hätten die 18 Abgeordneten der PDS nicht geschlossen dafür gestimmt – für die war ja Berlin schon immer Hauptstadt –, säßen noch immer alle Bundesministerien in Bonn. So ist immerhin schon die Hälfte der etwa 25.000 Beamten und Angestellten nach Berlin gewechselt. Allein das Verteidigungsministerium hat noch immer rund 6.000 Mitarbeiter im Bonn, das Bundespresseamt 300, wie mir Momper im Gespräch Ende 2013 mitteilte.

Eigentlich ist die deutsche Einheit erst vollendet, wenn alle Regierungsstellen und -mitarbeiter in Berlin wären. Aber eine solche Absichtserklärung stand bislang in keinem Koalitionsvertrag, auch nicht in jenem der aktuellen Großen Koalition. Der Grund? »Vor den jeweils nächsten Wahlen in Nordrhein-Westfalen will da niemand ran. Und da immer irgendetwas gewählt wird – Landtag, Bundestag, Kommunalparlamente, EU-Wahlen –, thematisiert das keine Partei im Land zu keiner Zeit«, sagte Momper.[65]

Nach der Öffnung der Grenze, dem Untergang der DDR und der Herstellung der staatlichen Einheit habe ich immer wieder aus verschiedenen Anlässen mit Krenz, Schabowski und Momper das Gespräch gesucht. Sie sind von Charakter, Naturell und Intellekt sehr verschieden. Was sie jedoch verbindet ist die Tatsache, dass sie ganz wichtige Zeitzeugen sind.

1999, zum zehnten Jahrestag, interviewte ich Momper für den *Berliner Kurier*. Ich wollte von ihm wissen, *wann* er zum ersten Mal eine Ahnung bekommen habe, dass da etwas auf (West-)Berlin zurollen könnte. Da antwortete er ohne große Überlegung: »Am 27. Juni 1989, als der ungarische Außenminister Gyula Horn und sein österreichischer Amtskollege Alois Mock demonstrativ ein Loch in den Grenzzaun schnitten. Da war klar, dass Ungarn, schon gar nicht Österreich, den sogenannten Eisernen Vorhang jemals wieder recyceln würden. Das war eine unumkehrbare Entscheidung.«[66]

Nun war dieser Vorgang nicht unumstritten, der seinerzeitige Osteuropa-Korrespondent des *ZDF* Joachim Jauer sprach abfällig gar von einem »Fake«, weil es zum Zeitpunkt der Bolzenschneideraktion den Eisernen Vorhang schon nicht mehr gegeben habe. Vermutlich hatte er recht: Die 15 Minuten bei Sopron am 27. Juni waren nicht mehr als eine aufwendige Inszenierung. Die Politik braucht aber Symbole, und die Medien benötigen Bilder, die plakativ, also aussagekräftig sind und im Gedächtnis bleiben. So auch im Gedächtnis von Momper.

Tatsache ist, dass Ungarn bereits im Februar die Demontage der verrotteten Grenzanlage angekündigt hatte, mit der am 2. Mai ungarische Grenzsoldaten bei Hegyeshalom begannen. Im Beisein der internationalen Presse übrigens.

Krenz erinnert sich in seinem »Herbst '89« ebenfalls der Vorgänge in Ungarn. Er kommt darauf zu sprechen, als er Honecker Anfang Juli 1989 nach Bukarest zum Gipfeltreffen der Staats- und Parteichefs des Warschauer Paktes begleitet. Die zentrale Frage dort lautet: Ist der Kalte Krieg vorüber oder nicht? Die einzigen, die diese Frage mit Ja beantworten, sind die Ungarn. Gorbatschow hatte sich am Vortag als Gast des Europarates vor der Parlamentarischen Versammlung beklagt, dass die Einmischung der NATO in die inneren Angelegenheiten der sozialistischen Staaten den Kalten Krieg neu belebten.

Das Problem bestünde darin, »dass der Westen die Überwindung der Spaltung Europas als Überwindung des Sozialismus versteht«. Das war ganz offensichtlich eine Replik auf die Forderung von US-Präsident George Bush auf dem NATO-Gipfel in Brüssel Ende Mai, die Sowjetunion in die Wertegemeinschaft des Westens zu holen. Michail Gorbatschow sah das als Angriff auf seine Idee des Europäischen Hauses, die NATO-Ratstagung war für ihn Ausdruck neuerlicher Konfrontation.

Zum Gipfel in Bukarest kam die neue ungarische Parteispitze, Janos Kádár war am 5. Juli verstorben. Honecker ist es sichtlich unangenehm, dass er gemäß Alphabet einen Platz neben der ungarischen Delegation zugewiesen bekommt. »Auch das noch«, sagt er zu Krenz, als sie den Konferenzsaal betreten und er die Sitzordnung bemerkt. Krenz weiter: »Der ungarischen Delegation gehören mit einer Ausnahme nur neue Leute an. Formell leitet sie der Parteivorsitzende Rezsö Nyers. Die Fäden im Hintergrund zieht Außenminister Gyula Horn. Es heißt, er hat maßgeblichen Anteil daran, dass Ungarn am 2. Mai 1989 die Grenze zu Österreich öffnete. Horn hat sich davon ökonomische Hilfe des Westens für sein Land versprochen.

Momper und Brinkmann bei der Vorstellung von Mompers Erinnerungen in einer Berliner Buchhandlung, 8. April 2014

Honecker und ich erfuhren damals aus Agenturmeldungen, dass Ungarn die Grenze nach Österreich öffnete. Das war am Morgen des 3. Mai 1989. Wir saßen in einer Sondermaschine der Interflug auf dem Weg zu einem Staatsbesuch in die CSSR. Ich wunderte mich über die Gelassenheit, mit der Honecker diese Nachricht aufnahm. ›Erich‹, sagte ich, ›es wäre gut, wenn wir mit den ungarischen Genossen sprechen. Du könntest Mitte des Monats einen Jagdausflug nach Ungarn machen und dann ohne steifes Protokoll mit ihnen über alles reden.‹

Honecker sah das anders: ›Öffnen die Ungarn ihre Grenze oder wir? Außerdem hat Karoly Grosz mir gesagt, Ungarn nimmt nur Verbesserungen am Grenzzaun vor so wie wir in Berlin an der Mauer. An ihrem Verhältnis zur DDR wird sich nichts ändern. Grosz hat mir auch versichert, dass es sich bei dem ungarischen Mehrparteiensystem nicht um bürgerlichen Pluralismus handelt. Es sei eine Zusammenarbeit von Parteien, wie wir sie in der DDR mit den Blockparteien haben.‹

Ungeachtet dessen verteidigte ich meinen Vorschlag: ›Ungarn ist unser wichtigstes Urlaubsland. Schon jetzt gibt es Spekulationen darüber, dass wir künftig unsere Bürger nicht mehr dorthin reisen lassen.‹

Honecker will nicht nach Ungarn fliegen. Er will kein Bittsteller sein. Ungarn und die DDR gehören zum selben Bündnis. Das muss reichen. Er pocht auf bestehende Verträge und die Verpflichtungen Ungarns im Warschauer Vertrag.

Jetzt, zwei Monate später, stehen wir hier in Bukarest nur wenige Meter von der ungarischen Delegation entfernt. Honecker geht nicht auf die Ungarn zu. Die Parteichefs der beiden Bruderparteien aus der DDR und Ungarn haben sich außer ›Guten Tag‹ nichts mehr zu sagen. Das ist mir unangenehm. Ich bin noch immer davon überzeugt: Auch wenn Ungarn in vielem andere Positionen vertritt als die DDR, zwischen unseren Staaten darf es keine ernsthafte Frage geben, die nicht durch kameradschaftliche Diskussion zu klären ist. Es schmerzt mich zu erleben, wie Rechthaberei auf beiden Seiten über politische Vernunft siegt.«[67]

Im Gespräch mit mir gibt sich Krenz diplomatisch, wenn die Rede von Ungarn und Horn ist. Gyula Horn kennt er seit 1976, als dieser Stellvertretender Leiter der ZK-Abteilung für

Internationale Beziehungen war. Später wurde er deren Leiter, 1985 zum Außenminister berufen. Sie sprechen miteinander Russisch, weil beide in der Sowjetunion studiert haben.

Georg Bush, der Anfang des Jahres ins Amt gekommene US-Präsident, besuchte auf seiner Europa-Reise auch Ungarn. Ministerpräsident Nemeth übergibt ihm ein Stück Stacheldraht vom Grenzzaun, die Opposition bittet um eine Art neuen Marshallplan für Ungarn. Der Amerikaner aber macht deutlich: Die USA werden wirtschaftlich und finanziell nicht helfen, bevor nicht das politische System grundlegend verändert wird.

Bush reist auch in die Bundesrepublik. Er kommt aus Brüssel von der NATO-Ratstagung und spricht vor 2.000 Menschen in der Rheingoldhalle zu Mainz. Der Stellenwert seiner Rede, die er dort am 31. Mai 1989 hält, wird erst später begriffen. *Die Welt* meint zwanzig Jahre später, Bush habe dort »erstmals öffentlich eine detaillierte Haltung zur Wiedervereinigung verkündet«.[68]

Bush fordert unter anderem freie Wahlen überall in Europa und den Abbau der Grenzen. In Ungarn habe die Öffnung bereits begonnen, nun müssten diese Schranken in ganz Osteuropa fallen. Bush wörtlich: »Lasst Berlin nächste Station sein.« An keinem Ort sei die Teilung so deutlich. »Dort trennt eine brutale Mauer Nachbarn und Brüder. Die Mauer steht als Monument für das Scheitern des Kommunismus«, sagt Bush. »It must come down – sie muss fallen!« Und das klang so wie »Sie wird fallen!«

Kohl, der in der ersten Reihe saß, verzog keine Miene. Ihm schien als einem der wenigen klar zu sein, dass Bush eine wesentliche Änderung der US-Politik vollzieht. Der Kanzler hat auch schon früher Überlegungen zur Herstellung der deutschen Einheit zurückgewiesen. Die Amerikaner verstehen das nicht. Die Bundesregierung veranschlage für die Vereinigung Zeiträume, mit denen sonst Geologen rechnen, höhnen sie.

Bush reaktiviert den 72-jährigen Vernon A. Walters, Soldat, Nachrichtendienstler und Diplomat, und schickt ihn nach Bonn als Botschafter. Walters gilt als »Troubleshooter«, über fünf Jahrzehnte hat er US-Präsidenten im Kalten Krieg geholfen, mit offenen und verdeckten Operationen Entscheidungen im Sinne von Washington herbeizuführen. Gegenüber der

Frankfurter Allgemeinen Zeitung erklärt er vor Dienstantritt in Bonn: »Eine meiner Hauptaufgaben ist es, die Letzte Ölung zu geben, kurz bevor der Patient stirbt.«[69]

Wer dieser Patient war, ist Krenz bewusst, wenngleich er einräumt, dass ihm viele Zusammenhänge – und da geht es gewiss nicht nur ihm so – erst später bewusst wurden. Allerdings ist er kein Verschwörungstheoretiker. Dass die Hauptursachen für den Zusammenbruch des von ihm vertretenen politischen Systems im System selbst zu suchen sind, steht für ihn zunehmend außer Frage.

Es ist wie mit Schabowskis Pressekonferenz. Auch da erfährt und begreift man erst mit zeitlichem Abstand. »Die Übertragung hat niemand von uns gesehen. Was Schabowski tatsächlich gesagt hat, erfuhren wir erst Stunden später«, sagt er mir.

Günter Schabowski selbst hat seine eigene Version. Er sprach sie mir im Herbst 2004 aufs Band. Diese Sicht erschien am 7. und 13. November anlässlich des 15. Jahrestages der Öffnung der Mauer im *Berliner Kurier*.

»Im Gebäude des Zentralkomitees der SED tagt das ZK. Es geht um viele Tagesordnungspunkte, einer davon ist das Reisegesetz der DDR. Es war schon einmal vorgelegt worden, hatte aber wegen des starken Widerstands aus der Bevölkerung zurückgezogen werden müssen. Der Generalsekretär der SED, Egon Krenz, hatte daher vom Ministerpräsidenten Willi Stoph eine neue Vorlage für den 9. November erbeten. Diese lag vor.

Egon Krenz hatte mich gebeten, mit dem Regierenden Bürgermeister von Berlin, Walter Momper, zu sprechen. Als ich mit Momper (*am 29. Oktober 1989 – P. B.*) sprach, habe ich ihn darüber informiert, dass ein Reisegesetz in Bälde veröffentlicht werden wird. Zu sprechen war ja notwendig wegen der Grenzübergänge. Der Konsistorialrat der Evangelischen Kirche, Manfred Stolpe hatte dies Gespräch vermittelt. Wir hatten keine Kompetenz, mit West-Berlin zu verhandeln oder gar zu sprechen. Ohne dass ich dafür besonders bevollmächtigt war, habe ich ihm gesagt, dass es zu einer Regelung kommen wird.

Dabei sind wir aber davon ausgegangen, dass die Volkskammer im Dezember ein Gesetz beschließen wird. Wir dachten, jetzt würden wir nach und nach alles machen, was notwendig sein würde, um ein ordentliches Reisegesetz umzusetzen. Als

Konsistorialrat Manfred Stolpe war eine Schlüsselfigur der deutsch-deutschen Politik (hier mit Prinz Louis Ferdinand von Preußen und Peter Brinkmann, 29. November 1990)

wir aber den ersten Entwurf am Montag veröffentlichten, also in der Woche, in der die ZK-Tagung stattfinden sollte, schlug uns sofort eine Welle des Protestes entgegen. Eine furchtbare Situation, wir versuchten krampfhaft, den Leuten zu demonstrieren, dass wir etwas anderes wollen, wir wollten es ja besser machen. Die Einwände, die kamen, waren deutlich: Es gibt kein Geld, um überhaupt reisen zu können. Der Gedanke, dass die Bundesregierung in Bonn eventuell den Reisenden aus der DDR 300 DM Reisegeld zur Verfügung stellen könnte, war ja absurd.

Der zweite Punkt war, dass wir nicht ins Gesetz geschrieben hatten, dass jeder ausreisen kann. Das wurde so interpretiert von den Menschen, dass wieder jemand da oben sitzt, der entscheidet, ob ich reisen darf oder nicht.

Die Situation war also dem Anschein nach für sie unverändert. Das führte dazu, dass schon am Abend in der Leipziger Demonstration Proteste gegen die Reiseregelung erfolgten. Und es kamen die ersten Streikdrohungen. Und es kamen auch Proteste aus Prag. Die Tschechen wollten, dass wir die Grenze zur CSSR dichtmachten. Also mussten wir das Ventil gen Westen öffnen! Das war die logische Schlussfolgerung.

Also: Diese Situation bringt uns auch auf Trab. Jeder ist sich selbst der Nächste. Diese Faktoren führten dazu, dass wir sagten: Wir müssen diese Reiseregelungen vorziehen.

Egon Krenz beauftragt also Willi Stoph, die vorliegende Reiseverordnung zu überarbeiten. Das war dann am 9. November 1989 fertiggeworden. Der Entwurf wurde Egon Krenz überbracht und dem ZK zur Beratung vorgelegt.

Mir und auch anderen war schon klar, was freies Reisen, sollte es dann so beschlossen werden, für die DDR bedeuten würde: Die Mauer würde ihre Bedeutung verlieren. Die Mauer ist nur noch eine Metapher, wenn den Leuten gestattet ist, zu reisen, wohin sie wollen. Dann ist die Mauer weg.

Das war die Situation am Nachmittag des 9. November 1989 im ZK.

Kurz vor Schluss dieser ZK-Sitzung erhielt ich von Egon Krenz den Beschlussentwurf des Ministerrates. Ich kann nur vermuten, dass Krenz – wie ich selbst auch vermutet hatte – annahm, das sei der Beschluss des Ministerrates. Es war aber nur der Entwurf. Er sollte durch Abruf bis 19 Uhr verabschiedet sein.

Krenz gibt mir kurz vor 18 Uhr das Ding, und ich gehe in die Pressekonferenz. Ich gehe in dem Bewusstsein, ich habe die Entscheidung des Ministerrates in der Hand, gemäß der auch die Militärs benachrichtigt werden mussten. Die wussten aber noch nichts. So hab' ich das Ding dann mitgeteilt in dem Bewusstsein, es ist unsere Entscheidung, die realisiert wird.

In Wirklichkeit ging erst danach, unabhängig von mir, die Benachrichtigung an die Grenzübergänge raus. Das war ein echtes Kommunikationsloch.

Als ich nach Ihrem Zwischenruf, ob es ab sofort gelte, noch einmal auf meinen Zettel schaue, sehe ich: es steht alles drin – ausreisen, reisen. Einundeinhalb Seite lang. Dann fragen Sie noch einmal, und ich schaue noch einmal auf das Blatt, und stelle fest: es steht gar nicht drin. Ich bin offensichtlich der Verkünder und Inkraftsetzer. Die Sperrfrist, die sie sich gesetzt hatten, war früh um 4 Uhr am 10. November. Und als Sie dann auch noch dazwischenriefen ›Gilt das auch für West-Berlin?‹, da habe ich mir gesagt: Das ganze Protokoll zum Viermächteabkommen interessiert mich jetzt auch nicht mehr.«[70]

Mit anderen Worten: Meine Zwischenrufe sind daran Schuld, dass er aus dem Konzept geriet und zum Verkünder einer Botschaft wurde, die er so nicht hätte verkünden dürfen.

Ich glaube, dass diese Haspelei weniger durch die Zwischenrufe der Journalisten provoziert worden war, sondern ursächlich mit ihm selbst zusammenhingen, mit seiner Selbstgefälligkeit. Walter Momper hat das m. E. sehr treffend formuliert, als er Schabowskis Pressekonferenz auf dem Video sieht: »Selbstsicher saß Schabowski auf dem Podium vor rund einhundert Journalisten. Er wirkte machtbewusst, als wäre nichts geschehen, und fühlte sich in seiner neuen Rolle als ›Mediensekretär‹ des Politbüros sichtlich wohl. Ein Parteifunktionär an seinem Ziel, ganz oben. Lässig kommentierte Schabowski die aktuelle Lage und erläuterte die heutigen Ergebnisse der ZK-Beratung: die guten Absichten der Partei- und Staatsführung, den Willen zum Dialog, die Bereitschaft zur Reform. Wir da oben, ihr da unten – dieses Spiel galt nach wie vor.«[71]

Weiter mit Günter Schabowski und seiner Sicht vom Herbst 2004: »Nach der Pressekonferenz bin ich zurück ins ZK, habe meine Tasche genommen und bin nach Hause nach Wandlitz gefahren. Ich habe keinen Moment daran gezweifelt, dass alles so verlaufen würde, wie beschlossen: also die Bürokratie funktioniert, die Grenzöffnung wird ab 10. November wirksam. Dass diese Bürokratie nicht funktionieren konnte, kam mir überhaupt nicht in den Sinn.

Ich war gegen 20 Uhr zu Hause.«

Wir erinnern uns an den raschen Aufbruch und Schabowskis Begründung, mit der er die Pressekonferenz beendete.

»Gegen 22 Uhr bekam ich einen Anruf: Da sammeln sich an der Bornholmer Straße Leute. Ich sagte: ›Die sollen sich nicht sammeln, die sollen die durchlassen, ich hab doch mitgeteilt, dass die Grenze offen ist.‹«

Was ganz offenkundig ein Widerspruch ist zu dem kurz zuvor von ihm gesagten.

»Die riefen noch mal an, dass noch mehr Menschen gekommen waren. Ich fuhr dann wieder nach Berlin rein, um mir selbst ein Bild zu machen. Kam zur Bornholmer Straße, und die waren alle vergnügt und ließen uns durch. Bin dann zur Heine-Straße gefahren. Dort stieg ich aus (ca. 22.30 Uhr), und schon kam einer auf mich zu, und ich sagte: ›Lassen Sie sie durch.‹ Dann sah ich, wie die mit gehobenem Ausweis da durchgingen. Beim Losfahren wie bei der Rückkehr nach Wandlitz: Im tiefen Schlaf lag Babylon, in Wandlitz kein Mensch.

Am nächsten Morgen, die ZK-Sitzung wird fortgesetzt, dort hat niemand mit mir gesprochen, keiner gefragt, was ist denn da los? Auch von Mielke kein Anruf, nichts.

Im Politbürozimmer trinken wir Kaffee. Der Einzige, der eine Bemerkung machte, war Mielke. Na, da hat uns ja einer schön was eingebrockt, war zu hören. Ich hab völlig ignoriert, was der erzählt.«[72]

Soweit Günter Schabowski auf meinem Band. Im *Berliner Kurier* schrieb er selbst: »72 Stunden nach dem misslungenen Entwurf eines Reisegesetzes, der die Menschen zu neuerlichen Protesten und Demonstrationen provoziert hatte, tagte das Zentralkomitee der SED. Es war der 9. November. Innenminister Dickel händigte Krenz auf dem Plenum eine Ersatzvariante aus: Aus dem ursprünglichen Entwurf eines Gesetzes war eine Eil-Verordnung der Regierung über uneingeschränkte Reisemöglichkeiten der Bürger geworden. Sie würde im Unterschied zu einem Gesetz sofort in Kraft treten können, ohne die Volkskammer passieren zu müssen, die erst im Dezember zusammentreten sollte.

In dürren Worten informierte Krenz das Plenum über den Inhalt der neuen Regelung. Er begründete den vorgezogenen Schritt mit einer Drohung aus Prag. Der tschechische KP-Chef sei entschlossen, die eigene Grenze dichtzumachen, falls der Flüchtlingsstrom nach Prag anhalten sollte.

Ein Wort über die massiven Einwände der Bürger unterblieb. Das altgewählte ZK, in seiner Mehrheit unter dem Schock der Massendemos, des Honecker-Sturzes und verwirrender Dekrete aus dem Politbüro, nahm die Information ohne besondere Debatte hin.

Ich kam erst nach mehrstündigen Gesprächen mit Journalisten gegen 17 Uhr in die ZK-Tagung und setzte mich neben Krenz. Er händigte mir den Regierungstext aus. Ich überflog ihn. Die Essentials ›Reisefreiheit‹ und das ›Recht auf ständige Ausreise‹ waren enthalten. Nach kurzem Abwägen des für Entlastung von öffentlichem Druck und wider neuerliches Eingeständnis einer hastigen Pannenkorrektur einigten wir uns darauf, dass ich die internationalen Pressevertreter auf dem anschließenden Briefing von unserer Maßnahme unterrichte. ›Das wird ein Knüller‹, war Krenz inzwischen überzeugt.

Der viel zitierte Zufall nahm seinen Lauf.

Krenz hatte mir nichts über eine Sperrfrist gesagt, die das Innenministerium vorgesehen hatte. Vielleicht wusste er es selbst nicht, vielleicht hatte er es einfach ignoriert. Er behauptet bis heute verbissen das Gegenteil.

Das Papier, der immer wieder beschworene ›Zettel‹, trug keinen solchen Vermerk. Die Regierungsbürokratie wollte es erst früh um vier durch einen Rundfunksprecher verlesen lassen. Aber wie hätte man Stunden vorher die Weltpresse informieren können und ihr anschließend Mund, Schreibmaschine oder Telefon mit einem ›Embargo‹ versiegeln wollen?

Wenn Krenz mir mit einer solchen Schnapsidee gekommen wäre, hätte ich sie ihm entschieden ausgeredet. Nicht einmal mehr die befehlsgewohnte DDR-Presse war so zu dressieren, geschweige denn die auf der Konferenz versammelte Weltpresse.

So kam es, dass die Grenze Stunden früher passierbar wurde, als es sich der rote Amtsschimmel ausgedacht hatte. Bis vier Uhr früh wähnte die hinter den Kulissen nur noch amtierende Regierung Zeit zu haben, um die Posten an den Grenzübergängen überall im Lande zu benachrichtigen. Doch die sahen sich schon bald nach der Pressekonferenz einer rasch zunehmenden Zahl von Bürgern gegenüber, die die Öffnung ›testen‹ wollten.

Die Kunde von meiner Mitteilung hatte sich international, aber mehr noch im unmittelbar betroffenen Ballungsgebiet Ost- und Westberlin wie ein Lauffeuer verbreitet. Ja, die Nachricht hatte schon den Erdball umrundet, in Canberra wusste man's, nur die Grenzposten an den Berliner Übergangsstellen waren ahnungslos. Eine mehrstündige gefährliche Phase der Unsicherheit an den Passierstellen war die Folge.

Die Fernsehbilder und Pressefotos von dieser Nacht in Berlin gingen um die Welt und prägten die Erinnerung an die dramatischen Stunden. Und noch heute ist es kaum fassbar, dass es nirgendwo zu einem blutigen Zwischenfall kam. Bewirkt wurde es durch das undramatische und eigenständige Reagieren der Grenzposten, wie durch die überwiegend aufgekratzte Stimmung und friedliche Haltung der Menschen auf beiden Seiten der Grenze.

Stunden nach der Pressekonferenz sollte ich Augenzeuge des ›Wunders‹ werden. Bis dahin empfand ich nur Genugtuung. Sie überlagerte den Dauerstress der Wendetage. Ich war sicher, die Fluchtwelle würde abebben. Unser Kalkül war, wer frei reisen und ohne Diskriminierung ausreisen, d. h. der ungeliebten DDR den Rücken kehren will, braucht nicht mehr fluchtartig das Land zu verlassen, ohne zu wissen, was ihn ›drüben‹ erwartet. Inzwischen würden wir uns als Reformer empfehlen.

In diese Vision am Ende des Tages, die eher selbstbeschwichtigende Illusion war, schrillte mein Telefon in Wandlitz. Es war ein Mitarbeiter der Bezirksleitung der SED. Am Grenzübergang Bornholmer Straße passiere etwas Merkwürdiges: Viele Menschen hätten sich dort angesammelt. Aber die Grenzer würden sie nicht durchlassen. ›Das kann doch nicht sein‹, sagte ich und unterdrückte hochkommenden Ärger (›Schon wieder eine Panne. Wer hat denn da bei der Information an die Grenzer Mist gebaut …‹).

Ohne Kenntnis von der Sperrfrist war ich sicher, dass der Regierungsapparat alle notwendigen Vorkehrungen vor meiner Verlautbarung getroffen haben musste. Den Anrufer bat ich, noch einmal zu prüfen, ob die Blockade inzwischen vielleicht doch schon behoben ist, und mich erneut anzurufen. Wenig später klingelte abermals das Telefon. Nichts habe sich geändert, höre ich. Die Menschenmenge sei noch größer geworden. Aber niemand werde durchgelassen.

Ich entschließe mich, sofort nach Berlin zu fahren und notfalls an Ort und Stelle dafür zu sorgen, dass die Grenze geöffnet wird. Wo Wisbyer- und Bornholmer Straße die Schönhauser Allee kreuzen, gibt es einen Stopp. Eine Kette von Trabis und Wartburgs, Kühlerhaube in Richtung Grenzübergang, verstopft bereits die Bornholmer Straße. Kein Durchkommen.

Ich nehme Kurs auf den Übergang Heinrich-Heine-Straße. Als ich dort aussteige, kommt ein Zivilist auf mich zu und skandiert in Melde-Tonlage: ›Genosse Schabowski, seit kurzem lassen die Grenzer die Leute passieren. Es hat kein besonderes Vorkommnis gegeben.‹ Der Zivilist ist vermutlich einer von Mielkes Mannen, die er in Grenznähe postiert hatte.

Es war schon ein Witz: 28 Jahre hatte es gebraucht, bis der Betonriegel weg ist. Die Grenze ist offen, und ein Stasimann kann kein ›besonderes Vorkommnis‹ dabei entdecken.

Ich empfinde in diesem Augenblick nur eine ungeheure Erleichterung. Die Gefahr der Eskalation scheint abgewendet. Von hinten trete ich an die Menge heran, die allmählich nach Westberlin flutet. Die Stimmung ist freudig, erwartungsvoll, trotz des Gedränges irgendwie unaufgeregt. Die Menschen ziehen mit gezücktem blauen Personalausweis an den Grenzern vorbei. Die DDR scheint noch nicht verloren …

Viel später sollte ich erfahren, dass die Grenzer, zumindest an einigen Berliner Passierstellen, in jenen Abendstunden unter dem Druck und den Zurufen der Berliner auf eigene Kappe den Durchlass gestartet hatten.

Rumpelnd und knirschend war unser Wendeversuch bisher abgerollt. Ebenso war der 9. November über die Bühne gegangen. An einer Katastrophe waren wir nur eben vorbeigeschrammt. Als eigentliches Wunder bleibt, dass an der fallenden Mauer kein Schuss fiel und kein Blut geflossen ist.

Am 13. August 1961 war das triste Stück politischer Architektur hochgezogen worden, um die DDR zu stabilisieren. Am 9. November 1989 begannen wir den Mauerabriss, um die DDR zu retten. Der größere Irrtum war es zu glauben, man könne mit 28-jähriger Verspätung den rapiden Verfall der SED-Macht durch die Maueröffnung stoppen. Es waren zwei konträre Versuche, die den gleichen Zweck verfolgten. Beide schlugen fehl. Die Frage nach der Lebenstauglichkeit einer sozialistischen Ideologie- und Zwangsgesellschaft hatte sich beantwortet.«[73]

In einem anderen Gespräch, das ich im gleichen Jahr 2004 mit ihm führte, meinte Schabowski: »Sie werden immer wieder finden, dass ich bei der Erklärung der Ereignisse im Jahr 1989 auf die Rolle der ungarischen Kommunisten hinweise. 1989 hat bestimmte Veränderungen im Kopf bewirkt. Das begann in der Tat mit der Öffnung der ungarischen Grenze Anfang Mai 1989. Am 2. Mai wurde die Grenze geöffnet, ich war Mitglied des Politbüros. Gyula Horn sagte, die DDR-Spitze habe geschäumt.

Ich muss etwas richtig stellen, bei aller Bedeutung, die ich diesem ungarischen Schritt beimesse. Die Führung, das Politbüro, Erich Honecker – ich kann nicht sagen, dass er schäumte. Sondern es war eine Reaktion der Betroffenheit und Betretenheit, die sich bemerkbar machte in der Politbürositzung am 4. Mai. Verteidigungsminister Heinz Keßler teilte in eben dieser Politbürositzung mit, dass er mit den ungarischen Militärs gesprochen habe, und die hätten versichert, dass das eine Sache ist, die in erster Linie mit Gyula Horn zusammenhängt, aber wir als Militärs können euch versichern, die Grenze wird weiterhin von uns geschützt. Und so beruhigten wir uns wieder mit dem Gedanken: Da ist eben noch nicht dieses Leck, von dem man befürchten konnte, das die DDR ausläuft.

Dann kam eine zweite Reaktion, als Außenminister Oskar Fischer von Honecker beauftragt wurde, nicht bei den Ungarn nachzuhaken, sondern in Moskau, damit der Kreml die Ungarn zur Ordnung riefe, die Blockraison sozusagen durchgesetzt werden sollte. Das war doch die große Hoffnung. Dann kam es aber anders: Das Urteil aus Moskau lautete: Tut uns leid, wir können da nichts unternehmen, die Breshnew-Doktrin existiert nicht mehr. Gorbatschow hatte ja schon zwei Jahre zuvor erklärt, dass jedes Land für sich selbst verantwortlich wäre.

Nun muss man wissen, dass dieser Schritt zunächst mal etwas war, was die Ungarn betraf, aber Gorbatschow gab damit ein Zeichen, was möglich war, und zwar einige Monate später. Da entschlossen sich – bei zunehmender Zuspitzung der Familien-Verhältnisse – die Ungarn zu sagen: Wir kündigen den Vertrag mit der DDR auf. Der hieß bis dahin: Über Ungarn darf kein DDR-Bürger ausreisen.

Das galt nun nicht mehr.

Politisch war die Lage so: Honecker glaubte nicht daran, dass die DDR in Gefahr sei oder kommen würde. Krenz aber brachte gewisse Sympathien auf für Gorbatschow, und es entwickelte sich bei uns und auch bei Krenz doch ein bisschen die Vorstellung, dass die Existenz der DDR auf das Äußerste gefährdet war, wenn nicht in einem bestimmten Maße Reformen stattfinden. Und eine dieser Reformen war die Reisefreiheit. Es lief darauf hinaus, eine Basis für eine bessere Koordinierung mit Gorbatschows Reformkurs zu schaffen.

Wie das zu bewerkstelligen war, war uns im Sommer noch nicht klar, aber es reifte natürlich allmählich die Vorstellung: Es ist nur zu machen, wenn wir den Mann, also Honecker, absetzen, der sich in einer bestimmten Weise dem widersetzte.

Also: Wir wollten auch genau wissen, wie sieht es denn eigentlich aus mit dem ›Türmen‹ über die Grenze? Wie viel Abstimmung gegen die DDR mit den Füßen fand denn überhaupt statt? Um dann sagen zu können, so geht's nicht mehr weiter. Seit 1988 war uns doch schon klar, dass – egal, was wir machten – immer mehr die Frage des Reisenkönnens in den Vordergrund rückte. Und auch sich frei äußern zu können. Zudem wurde die Versorgungslage immer schlechter. Es ist bezeichnend, dass die Ablehnung der DDR insbesondere veranlasst war durch den Mangel an bürgerlichen Freiheiten.

Also haben wir uns die Frage gestellt: Wie kann es eine Art ›Bestandsgarantie‹ für die DDR geben? Die Bestandsrettung war ein Loch in die Mauer zu schlagen. Der Block löst sich auf. Wenn die Moskauer es nicht mehr verhindern können, lassen sie damit durchblicken: also ihr habt auch bei uns keinen Bestand mehr. Das führte nicht zu Konsequenzen.

Wer aber solche Überlegungen hatte, der muss sich selber fragen, ob er nicht bereits ein Verräter sei.

Aber so fing das an, und nahm dann zu in dem Maße, wie die Fluchtbewegung zunahm. Ob nun über Ungarn und später, noch peinlicher, die Fluchtbewegung, die sich in Prag vollzog. In dem Maße spitzte sich die Problematik zu.

Dann erlebten wir die Montagsdemonstrationen in Leipzig und überall. Jede Demonstration bestärkte uns in dem blasphe-

Egon Krenz, Erich Honecker, Heinz Keßler, dahinter der 1985 gefeuerte Berliner Bezirksparteichef Konrad Naumann, 1976

mischen Gedanken, den Generalsekretär abzusetzen. Eine Intrige gegen Honecker loszubrechen.

Am Sonntag vor der Politbürositzung, in der Honecker abgesetzt wurde, trafen wir uns im Haus von Harry Tisch in Wandlitz. Es war der 15. Oktober 1989. Wir konnten nicht sicher sein, ob Honecker schon informiert war – von wem auch immer. Wir mussten uns genau überlegen, wer könnte mitmachen, wer ist einflussreich genug, dass, wenn wir eine Handvoll haben, die anderen mitmachen würden. Das war eine ganz elementare Überlegung. Ich hatte inzwischen mit Tisch gesprochen, wie weit er in der Lage war und bereit war mitzumachen. Er war bereit.

Das hatte folgende Bewandtnis. Tisch fuhr am nächsten Tag nach Moskau zu einer Gewerkschaftsberatung. Krenz und ich nahmen ihm die Zusage ab, in Moskau Gorbatschow vom definitiven Termin der Absetzung Honeckers am nächsten Tag zu informieren. Damit wären endlich die Hemmnisse für die Einleitung des Reformkurses in der DDR beseitigt. Tisch verfuhr so. Gorbatschow hatte also Kenntnis vom Sturz Honeckers.

Es zogen schließlich auch jene mit, die nicht eingeweiht waren. Als Honecker begriff, dass es aus war, hob er nach kommunistischem Ritus die Hand für die eigene Absetzung. Aber der Generalsekretär wird vom Zentralkomitee gewählt. Das Politbüro konnte ihn de facto absetzen. Aber zu legalisieren war das vom ZK. Das waren 180 bis 200 Leute. Es stand zu befürchten, dass eine Mehrheit dieser Funktionäre Honecker treu war und seine Absetzung durch uns nicht billigen würde. Ich formulierte deshalb ein Abdankungspapier, das Honecker vor dem ZK verlesen sollte, um eine Debatte mit unsicherem Ausgang auszuschließen.

Krenz schlug ich vor, Honecker zu veranlassen, das Papier zu akzeptieren. Darin hieß es, dass Honecker aus gesundheitlichen Gründen sein Amt in jüngere Hände legen wolle. Ausdrücklich war namentlich nicht von einem Nachfolger die Rede, um den designierten Krenz durch eine Empfehlung des Abgesetzten nicht in Misskredit zu bringen.

Im ZK verlas Honecker zwar die Erklärung, aber mit einer wesentlichen Veränderung. Er benannte Krenz als seinen Nachfolger. Damit war Krenz vollends als Geschöpf und Günstling Honeckers abgestempelt und zugleich unsere Reformkompetenz diskreditiert. Lange vermutete ich einen Trick Honeckers, sozusagen die Rache des Pharao, um uns einen Strich durch die Rechnung zu machen. Doch es war nur platte Unbedarftheit im Spiel. In einem Presse-Interview mit Krenz las ich, dass er sich von Honecker habe überreden lassen, seinen Namen in das Papier zu setzen.

Krenz wird Generalsekretär, Modrow als Ministerpräsident designiert, amtiert aber noch nicht am 9. November. Der Auftrag zum Aufsetzen eines neuen Reisegesetzes war unser erster an die Regierung unmittelbar nach der Amtsenthebung Honeckers. Ende Oktober informierte ich Walter Momper, den Regierenden Bürgermeister von Berlin-West bei einem ersten Zusammentreffen, dass sich der Senat darauf einstellen könne, dass DDR-Bürger in einigen Wochen uneingeschränkt würden ausreisen und reisen können.

Wir gingen davon aus, dass die Regelung im Dezember 1989 kommt. Wir versprachen uns davon viel mit Blick auf das bevorstehende Weihnachtsfest. Doch der am 6. November veröffentliche Entwurf des Gesetzes löste Proteste aus. Den Text hatten Funktionäre in den Ministerien formuliert. Die von uns angestrebte radikale Lösung überstieg wohl ihren Horizont. Das betraf Gummiparagrafen, die die Menschen an unseren Absichten zweifeln ließen. Es kam zu Streik-Ankündigungen. Dann drohte uns die Prager Führung, die Grenze dichtzumachen. Sie befürchtete, dass mit dem Reisegesetz ihre eigene Opposition mobilisiert werden würde. Wir gerieten also erneut unter Druck. So beauftragten wir nach kurzer telefonischer Verständigung die Regierung, durch eine Verordnung die Reisefreiheit zu verfügen. Sie konnte sofort ohne Parlamentsprozedur in Kraft treten.

Natürlich rechneten wir mit einer großen Reisewelle, aber das würde sich einpegeln. Wie auch die Ausreise, also das Verlassen der DDR. Die Leute würden ja die Erfahrung machen, dass dies ein bleibendes Recht war. Sie stünden nicht mehr unter dem Zwang, alles aufgeben zu müssen, um aus der DDR herauszukommen. Sie würden auch feststellen, dass man im Westen nicht unbedingt auf sie wartete. Die eigenen vier Wände in der DDR würde man nicht so leicht gegen einen Platz in einem Flüchtlingscamp eintauschen wollen. Schließlich setzten wir auf einen Vertrauensbonus, sobald unsere Reformen auch auf anderen Feldern greifen würden.

In der ZK-Sitzung am 9. November verlas Krenz die neue Regelung. Es gab keine nennenswerte Diskussion. Als ich mich kurz vor Schluss der Beratung – durch Gespräche mit Journalisten hatte ich einige Zeit nicht im Saal verbracht – zu Krenz setzte, informierte er mich über den Text der Verordnung. Wir einigten uns, dass ich sie auf der Pressekonferenz mitteile. Krenz: Das wird ein Knüller! Auf dem Weg zur Pressekonferenz überlas ich das Papier noch einmal. Der Kern – Ausreise- und Reisefreiheit ohne Einschränkungen und Gummiformulierungen – stimmte.«[74]

In Gerüchten geht immer wieder von einem ominösen »Zettel« die Rede, von dem Schabowski gleichsam Regieanweisungen abgelesen habe. Verschwörungstheoretiker gehen sogar soweit zu behaupten, eine fremde Macht habe ihn ferngesteuert. Solche Mythen entstehen immer, wenn es für große, in diesem Falle weltpolitische Entscheidungen ganz banale Erklärungen gibt. Diese scheinen der gewaltigen Bedeutung des Vorgangs nicht angemessen. Also wird ein Geheimnis hineingedeutet, wo möglicherweise keines existiert. Ich fragte also Schabowski auch nach dem »Zettel«.

»Es gab keinen Zettel, der mir zugesteckt wurde. Der Tisch im Pressesaal hatte eine Brüstung. Dahinter lagen meine Notizen über den Verlauf der ZK-Tagung und der Entwurf der Reiseverordnung. Als das Thema aufkam, wollte ich die Verordnung aus meinen diversen Zetteln herausfischen. Dabei half mir mein Referent. So ist wohl der spekulationsträchtige Eindruck entstanden, es sei mir etwas zugesteckt worden.«

Ob ihm damals bewusst war, dass sein Auftritt den Anfang vom Ende der DDR bedeutete?

»Nein. Ich dachte, wir bekommen das in den Griff. Dabei bauten wir auch auf Kooperation mit der Bundesrepublik. Aber unsere Zeit war abgelaufen. Dass es so schnell gehen würde, hatte man damals wohl auch in Bonn nicht angenommen.«

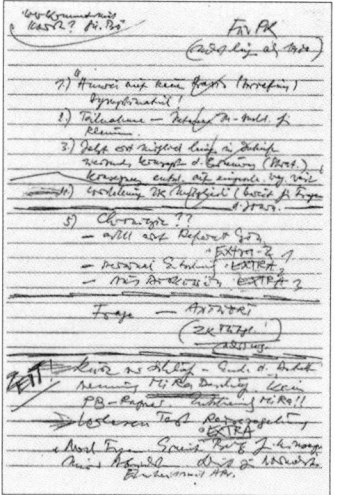

Es gab einen Zettel von Schabowski, allerdings ist zu vermuten, dass dieser zumindest im unteren Teil von ihm nicht vor, sondern erst nach der Pressekonferenz angefertigt wurde

Und was war mit dem Schießbefehl?

Ausnahmslos alle meine Interviewpartner erklärten gleichermaßen Dankbarkeit wie Verwunderung darüber, dass nicht ein einziger Schuss in jenen Tagen und Wochen fiel. Es gab Tote durchaus, das darf in diesem Kontext einmal gesagt sein, nämlich jene Personen, die die Waffe gegen sich selbst richteten, darunter ein Minister, drei Chefs von Bezirksverwaltungen des MfS und drei Sekretäre von SED-Kreisleitungen. Aber es gab nirgendwo ein Blutbad à la Peking oder Bukarest. Und das, obwohl Waffenkammern in jedem größeren Betrieb, in dem Einheiten der Kampfgruppen bestanden, existierten. Es gab Arsenale in jeder Dienststelle der Volkspolizei, des MfS, des Zolls, nicht zu reden von denen der Nationalen Volksarmee und der Grenztruppen.

Gab es nicht auch einen Schießbefehl, der jeden Grenzsoldaten dazu vergatterte, »Grenzdurchbrüche« mit der Waffe zu verhindern? Den Begriff »Schießbefehl« lehnten die Ex-Funktionäre ab. Es habe einen solchen nie gegeben, und wenn man die Gerichtsverfahren studiert, in denen es um Mauertote ging – auch Krenz war angeklagt und wurde wegen »Totschlags« in vier Fällen zu sechs Jahren und sechs Monaten verurteilt –, so konnte tatsächlich nie die Existenz eines solchen »Befehls« in Schriftform belegt werden. Es habe, so heißt es, eine »Waffengebrauchsbestimmung« gegeben wie in anderen zivilisierten Staaten auch. Und jene in der Bundesrepublik hatte fast identischen Wortlaut, damit insinuierend, dass der eine beim anderen abgeschrieben habe.

Ja, ich glaube auch, dass die Vorfälle an der Grenze die Verantwortlichen in der DDR zunehmend verärgerten, und nicht nur, weil es dem internationalen Ansehen schadete. Klaus-Dieter Baumgarten, Chef der Grenztruppen, deutete es in seinen Erinnerungen an. »Ich wusste, dass jeder Grenzer bei Dienstantritt hoffte, er möge verschont bleiben von einem Vorkommnis in seinem Abschnitt. Nur wenn nichts geschah, konnte er erleichtert zurückkehren. Wieder ein Tag, an dem der Kelch an ihm vorübergegangen war. Ich als sein Chef machte ebenfalls drei Kreuze, wenn das Schrillen des Telefons in der Nacht ausblieb, weil Ungeplantes ausgeblieben war. Im übrigen wurde niemand bestraft, der den Belastungen in solchen Momenten nicht gewachsen war und es unterließ, die Schusswaffe einzusetzen. Trotz jahrelanger Suche der Staatsanwaltschaft nach entsprechenden Belegen fand man nicht einen einzigen Fall, dass ein Grenzsoldat dafür ins Militärgefängnis kam, weil er nicht geschossen hatte. Es hat ihn nicht gegeben.«[75]

Baumgarten war sich nicht nur des Drucks bewusst, unter dem er und seinesgleichen standen, sondern auch der Folgen. »Ich weiß, wie sich die Beteiligten und Betroffenen gefühlt haben. Mancher trägt an dieser Last, die ihm das Gesetz und der Dienst aufgebürdet haben, bis zum Ende seiner Tage. Mancher wird krank, bedarf der psychologischen Betreuung.«[76] Und gleich Krenz und den anderen von mir dazu Befragten erklärte auch das Mitglied des Bundeswehrverbandes Baumgarten vor Gericht und in seinen 2008 erschienen Memoiren: »Zu keiner Zeit wurde Angehörigen der Grenztruppen befohlen, Grenzverletzer vorsätzlich zu töten oder Leben und körperliche Unversehrtheit über das Maß des – entsprechend der konkreten Lage – Notwendigen hinaus zu gefährden.«[77]

»Entsprechend der konkreten Lage« – welch dehnbarer Begriff. Ich verstehe, weshalb Betroffene bei solch sachlich gewiss korrekten Aussagen emotional reagieren und das zynisch nennen.

Egon Krenz sagte mir, und auch diese Tonbandabschrift befindet sich noch immer in meinem Besitz, dass durch einen Zufall eine Katastrophe hätte eintreten können, auch wenn er am 3. November in seiner Eigenschaft als Vorsitzender des Nationalen Verteidigungsrates explizit verboten hatte, beim Eindringen von Demonstranten ins Grenzgebiet die Schusswaffe einzusetzen. »Wenn dieser Befehl nicht existiert hätte, weiß ich nicht, wie die Befehlslage an der Grenze gewesen wäre, denn die Leute hatten ja den Befehl, die Grenze zu schützen.

Also es wäre für Schabowski meiner Meinung nach eine ganz schlimme Sache geworden, wenn der hier eine gewaltsame Aktion ausgelöst hätte, die ja im Bereich des Möglichen war.

Auf der westlichen Seite war man darauf vorbereitet. Der Regierende Bürgermeister Walter Momper hatte viel klarer als wir gesehen, was passieren konnte. Die Grenzöffnung wäre nur durch militärische Mittel zu verhindern gewesen. Das hätte ein schlimmes Blutbad gegeben. Dies habe ich auch am 10. November dem Botschafter der UdSSR, Kotschemassow, gesagt. Er schwieg daraufhin.«[78]

Er, Krenz, habe am Morgen, bei Beginn der Fortsetzung des 10. Plenums, den Grenzsoldaten, den Genossen des MdI und des MfS für die große Ruhe und ihr besonnenes Verhalten gedankt, mit denen sie die Nacht gemeistert hätten.

Das habe auch der Bundespräsident getan, werfe ich ein, allerdings persönlich. Richard von Weizsäcker wäre am 11. November auf dem Potsdamer Platz gewesen, wo ihm ein Oberstleutnant der Grenztruppen Meldung gemacht habe: »In meinem Abschnitt keine besonderen Vorkommnisse.«

Krenz merkt die Anspielung. In jenen Tagen hat sich nicht einer der Spitzenfunktionäre der DDR an der Grenze sehen lassen. Und liest man die erschienenen Erinnerungen ehemaliger

Bundespräsident Richard von Weizsäcker bedankte sich bei den DDR-Grenzern für ihr besonnenes Verhalten, Bild *berichtete*

Grenzoffiziere beklagen sie unisono, dass sie sich alleingelassen fühlten, die politischen Chefs schienen sie im Regen stehenzulassen. Für ein System, das auf Subordination gründet und wo der Befehl die wichtigste Form der Kommunikation ist, kann dies tödlich sein. »Am Wochenende kam Richard von Weizsäcker, flankiert von Berlins Regierendem Bürgermeister Walter Momper, durch einen Mauerspalt am Potsdamer Platz auf unsere Grenzer zu. Der Bundespräsident befand sich etwa zehn bis 15 Meter auf DDR-Territorium. Illegal sozusagen. Er schüttelte demonstrativ einigen Genossen die Hände und dankte ihnen für besonnenes Handeln und gute Zusammenarbeit. Kameras und Mikrofone hielten diesen Vorgang fest, als er Blumen und freundliche Worte verteilte.

Leider erfolgte eine solche Bekundung durch Vertreter der DDR-Regierung und aus der Führung des Ministeriums für Nationale Verteidigung nicht. Niemand von unseren führenden Politikern kam hierher und sprach mit den Grenzern. Selbst wenn in Weizsäckers Geste politisches Kalkül gewesen sein sollte, woran ich keinen Zweifel habe, kam sie bei unseren Leuten gut an. Tausende Grenzer sahen das im Fernsehen und werteten den Handschlag als Ausdruck ehrlicher Wertschätzung ihres Dienstes«, schreibt Generaloberst Klaus-Dieter Baumgarten, Chef der Grenztruppen der DDR.

Die ZK-Tagung endet gegen 13 Uhr, Modrow und Schabowski informieren im Auftrag von Krenz die Vorsitzenden der anderen Blockparteien und die Spitzen der in der Volkskammer vertretenen Massenorganisationen, Krenz bereitet sich auf die Kundgebung im Lustgarten vor, um etwa 150.000 Menschen die Reiseordnung und das Plenum zu erläutern, auf dem man ein Aktionsprogramm und die Durchführung einer Parteikonferenz beschlossen hat.

Als er das erklärt, schallen ihm Pfiffe entgegen – die Parteibasis will keine Konferenz, sondern einen Sonderparteitag, der alle Gremien an der Spitze wählt. Man will neue, unverbrauchte, unbelastete Personen.

Pfiffe gibt es auch zur selben Stunde auf dem Platz vor dem Schöneberger Rathaus. Sie gelten vornehmlich Kanzler Kohl, der seinen Besuch in Warschau vorzeitig beendet hat, um sich am Ort des Geschehens zu zeigen. Er will nicht zu spät kommen, denn Gorbatschows inzwischen geflügelter Satz gilt überall und für jeden. Die Kundgebung hatte der Präsident des Abgeordnetenhauses Jürgen Wohlrabe organisiert, einst von Herbert Wehner als »Übelkrähe« tituliert. »Rund 50.000 Menschen hatten sich auf dem John-F.-Kennedy-Platz versammelt. Die Zusammensetzung des Publikums überraschte mich. Ich hatte eher ältere Berliner erwartet, Leute mit Kerzen in der Hand, die sich noch an den Mauerbau und John F. Kennedys legendären Auftritt 1963 erinnerten, und ich hatte auch mit Berlin- und Deutschlandfahnen gerechnet. Stattdessen waren hier vornehmlich junge Leute in Jeans und Lederjacke zusammengekommen. Etwa die Hälfte der Teilnehmer kam offensichtlich aus der DDR. Die Friedensbewegung der 80er Jahre, das war die Freiheitsbewegung der Jugend. Auf den Transparenten stand: ›Gorbi, Gorbi‹ und ›Im Westen nichts Neues?‹ Die Stimmung war von Beginn an eher aggressiv gegenüber dem Kanzler, einige riefen ›Annaberg‹ und ›Bitburg, Bitburg‹.«[79] Das ging gegen Kohl, der am Vortag zu einem fünftägigen Staatsbesuch nach Polen gereist war, wo am Wochenende der Besuch eines Gottesdienstes auf dem Annaberg in Oberschlesien geplant war – dort hatten 1921 deutsche Freikorps polnische Widerständler blutig niedergeschlagen. Und Bitburg stand für den Soldatenfriedhof, auf dem er 1985 gemeinsam mit Reagan einen Kranz niedergelegt hatte. Die Visite war beidseits des Atlantiks umstritten, denn auf dem Friedhof lagen auch viele Angehörige der Waffen-SS …

»Ich begrüßte unter großem Jubel alle Gäste aus der DDR: ›Das freie Reisen ist ein Menschenrecht. Die DDR-Bürger haben es sich gestern genommen, dieses Menschenrecht. So wie sie sich in den letzten Wochen das Recht genommen haben, die Bevormundung abzuschütteln und ihr Land selbst zu gestalten. In der DDR wird jetzt ein faszinierendes Kapitel deutscher Geschichte geschrieben. Dieses Kapitel der Geschichte, das wird vom Volk der DDR selbst geschrieben. Wir beglückwünschen die Bürgerinnen und Bürger der DDR zu ihrer friedlichen und demokratischen Revolution‹«, so Momper.

»Ich wollte den Menschen in der DDR mit diesen Worten Selbstvertrauen und Stolz vermitteln. Gefühle, die ihnen vierzig Jahre lang systematisch ausgetrieben worden waren. Hinter mir, wo der Kanzler und die Kabinettsmitglieder standen, bemerkte ich heftigen Unmut. ›Volk der DDR – unglaublich, unglaublich‹, hörte ich.

Ich fuhr fort: ›Wir im Westen, wir bewundern den Mut, und wir bewundern die Disziplin der demokratischen Bewegung in der DDR. Die demokratische Kultur der Bürger der DDR ist unverbraucht. Sie zeugt von sozialer Verantwortung und der Abneigung gegen die Ellenbogengesellschaft. Davon werden sich bei uns manche eine Scheibe abschneiden können.‹

An dieser Stelle hielt es den Kanzler nicht mehr. ›Lenin spricht, Lenin spricht‹, zischte er empört hinter meinem Rücken. Für den Rest meiner Rede beruhigte er sich nicht mehr.«[80]

Am Tag darauf kommt es zu einem telefonischen Kontakt zwischen Krenz und Kohl. Wie mir Krenz bestätigte, ging die Initiative vom Kanzler aus. Ihm, Krenz, war nach der Kundgebung im Lustgarten »die Bitte von Kohl« übermittelt worden, dass dieser am morgigen Samstag gegen 9 Uhr ihn anrufen wolle. Danach fährt Krenz zu Kotschemassow in die Sowjetbotschaft. Der warnt ihn bei der Verabschiedung auf dem Flur: »Beachten Sie, Genosse Krenz, dass nicht alle Genossen des Politbüros, denen Sie vertrauen, auch Ihnen vertrauen. Ich versuche, einige Hitzköpfe zu beruhigen. Bedenken Sie aber bitte auch, dass ich zwar der sowjetische Botschafter bin, es gibt aber noch andere sowjetische Institutionen in der DDR.«[81]

Ich frage Krenz Jahre später, ob ihm bewusst gewesen sei, was diese Mitteilung bedeutet habe. Er machte eine wegwerfende Handbewegung. Er sei dreißig Jahre lang in der Politik gewesen, Intriganten gäbe es überall. Er habe sich jedenfalls darüber keine Gedanken gemacht, dazu fehlte ihm auch die Zeit. Das liest man auch in seinen Aufzeichnungen. »Kurz vor Mitternacht bin ich in Wandlitz. Ich komme rechtzeitig, um meiner Frau Erika zu gratulieren. Sie begeht am 11. November ihren 50. Geburtstag. Fast dreißig Jahre sind wir inzwischen glücklich verheiratet. Um Mitternacht stoßen wir an. Ich sage ihr, dass ich in einigen Stunden wieder ins Zentralkomitee müsse. Sie hat Verständnis, dass ich auch an ihrem 50. Geburtstag nicht zu Hause sein werde.«[82]

Und, wie sei das erste Telefonat mit dem Kanzler gewesen, will ich von Krenz wissen. Er korrigiert mich. Es sei bereits das zweite gewesen. Kohl habe ihn bereits am 26. Oktober, morgens 8.30 Uhr, angerufen und mit ihm vergleichsweise unverbindlich geplaudert, vor allem sei es ihm zunächst um die Herstellung eines persönlichen Kontaktes gegangen, etwa so wie mit Gorbatschow, mit dem er inzwischen wiederholt schon telefoniert hätte. (Nach diesem Gespräch mit Krenz, so erinnert sich Kohl in seinem 2010 erschienenen Buch »Ich wollte Deutschlands Einheit«, habe ihn Gorbatschow wegen einer ganz anderen Sache angerufen. »Ich erzählte ihm, dass ich soeben mit Krenz gesprochen hätte. ›Was hat er denn gesagt?‹, wollte Gorbatschow wissen. Ich sagte ihm: ›Krenz will Reformen, aber mit der DDR einen eigenen Weg gehen, also nicht den Polens, Ungarns oder der Sowjetunion.‹ Als der sowjetische Generalsekretär dazu schwieg, habe ich gewusst, dass Egon Krenz nicht sein Mann war.«)

Er, Krenz, habe Schalck dazugebeten, so wie das Honecker mitunter mit ihm gehalten habe, wenn er mit Kohl telefoniert hatte. (»Wenn Kohl und Honecker miteinander telefonierten, hat Honecker mich manchmal hinzugezogen. Ihm ging es darum, dass ich seine Antworten an Kohl direkt mithörte. Dabei fiel mir jedes Mal auf, dass Kohl im persönlichen Gespräch lockerer wirkte als im Fernsehen.«)

Und sie hätten brav ab 9 Uhr vor dem Telefon in seinem Büro im Zentralkomitee gewartet. Nichts sei passiert. Schalck habe dann nach etwa einer Stunde in Bonn angerufen. Ob der Kanzler keine Verbindung bekommen habe, erkundigte er sich, was natürlich ein Scherz war: Zwischen dem Bundeskanzleramt und Honeckers Büro, welches seit drei Wochen das von Krenz war, existierte eine Standleitung. Der Kanzler nähme an einer Sondersitzung des Kabinetts teil, hieß es, er würde sich aber umgehend melden.

Umgehend war 10.13 Uhr.

Kohl begrüßt als erstes die »Öffnung der Grenzen«. Der Begriff »Mauerfall« wird erst viel, viel später kreiert, auch in den Medien spricht man lediglich davon, dass die Mauer durchlässig geworden sei und dergleichen. Krenz hat ein feines Ohr. »Der Kanzler ist in Hochstimmung. Für ein sachliches Gespräch ist dies nicht sehr vorteilhaft. Er spricht in Schlangensätzen und vollendet kaum einen Satz richtig. ›Ich habe den dringenden Wunsch, dass ich in einer sehr nahen Zukunft mit Ihnen zusammentreffe … Wobei ich Ihnen gleich sage, ich komme auf keinen Fall nach Ostberlin.‹ Er wolle mit mir intensiv reden, das tun, was die »Diplomaten eine *tour d'horizon* nennen. Wir beide sind keine Diplomaten, sondern in einem offenen und direkten Gespräch (wollen wir) einmal überlegen, was geht und was nicht geht.‹

Er schlägt vor, dass Minister Seiters zu mir nach Berlin kommt, um unser Gespräch vorzubereiten. Kohl will mit mir schon den konkreten Termin des Besuchs von Seiters besprechen. Das auszumachen ist eigentlich Sache unserer Unterhändler.

Bevor ich mich auf ein Termingespräch einlasse, komme ich auf das aktuelle Grundproblem zurück. Ich danke ihm, dass er die Grenzöffnung so hoch bewertet. Sachlichkeit, Berechenbarkeit und guter Wille, sage ich, müssten auf beiden Seiten vorhanden sein. ›Ich wäre sehr dafür, Herr Bundeskanzler, wenn wir vor allem bestimmte Emotionen ausräumen, bei Leuten, die nun am liebsten alles über Nacht beseitigen möchten. Die Grenze durchlässiger zu machen, bedeutet ja noch nicht, die Grenze abzubauen. Ich wäre Ihnen dankbar, wenn Sie in dieser Beziehung beruhigend einwirken könnten.‹«[83]

Und wie reagierte Kohl auf diese deutliche Ansage, fragte ich Egon Krenz.

Er sei gegen »jede Form der Radikalisierung«.

Krenz meint dem Kanzler noch sagen zu müssen, dass die Wiedervereinigung nicht auf der Tagesordnung stehe, worauf Kohl zutreffend erklärt, er sei auf die Verfassung der Bundesrepublik vereidigt, und in der stehe das Selbstbestimmungsrecht der Deutschen, sich zu vereinen. Aber das sei momentan nicht das Thema. »Im Moment muss uns am meisten beschäftigen, dass wir zu vernünftigen Beziehungen zueinander kommen. Und dass die Menschen dies auch akzeptieren.«[84]

Am Montag, dem 13. November, findet sich rechts oben auf der ersten Seite des *Neuen Deutschland* die mit Kohl verabredete Pressemitteilung. »Egon Krenz stimmte der Überlegung von Bundeskanzler Kohl zu, dass jetzt jede Radikalisierung ausgeschlossen werden müsse. Der Generalsekretär unterstrich, sie sei gerade an der Grenze zwischen der DDR und der BRD und zu Berlin (West) gefährlich. Es sei ein Gebot der Vernunft, von allen beteiligten Seiten auftretende Fragen besonnen und in gemeinsamer Verantwortung zu klären. Er unterstrich, es liege im Interesse der beteiligten Seiten, aufgebrochene Emotionen einzudämmen und bei bestimmten Leuten Illusionen auszuräumen.

Egon Krenz hob hervor, dass die Wiedervereinigung nicht auf der Tagesordnung steht. Bundeskanzler Kohl, der sich auf das Grundgesetz der BRD berief, unterstrich die Notwendigkeit, gemeinsame praktische Schritte in einer sachlichen Atmosphäre zu beraten. Er schlug vor, dass Bundesminister Rudolf Seiters am 20. November dieses Jahres zu Gesprächen nach Berlin kommt. Egon Krenz stimmte dem zu.«[85]

Allerdings schien niemand in jenen Tagen auch nur einen Gedanken an die Zukunft der Grenzsoldaten zu verschwenden. Ich fragte nach und blätterte in Zeitungen von damals. Wurde das Grenzregime mit Schusswaffengebrauchsbestimmung aufrechterhalten, gelockert oder aufgehoben?

Trotz der Grenzöffnung blieben die internationalen Verträge gültig. Die Westgrenze der DDR, auch wenn sie in Bezug auf Westberlin und die Bundesrepublik am 9. November ihre Bedeutung verlor, war unverändert die Trennlinie von Warschauer Pakt und NATO, und in Berlin war noch immer das Viermächteabkommen verbindlich. Die Grenztruppen der DDR zählten etwa 40.000 Mann, die auf rund 2.500 Kilometer Grenze verteilt waren; an den Ostgrenzen waren naturgemäß weniger Soldaten stationiert als im Westen. »An manchen Orten wurden Grenzsicherungsanlagen zerstört und den Grenzern Gewalt angedroht. Die Gefahr nahm zu, dass Objekte der Grenztruppen besetzt würden. Oft lagen Einzelobjekte am Rande von Ortschaften oder in Wäldern. In diesen Gebäuden befanden sich 60 bis 100 automatische Schützenwaffen, Panzerabwehrwaffen, mitunter auch Flammenwerfer und automatische Granatwerfer sowie Tonnen von Munition, Minen und Sprengstoff. Diese Objekte und Führungsstellen mussten zuverlässig gesichert werden«, erinnerte sich Grenzerchef Klaus-Dieter Baumgarten, dessen Rücktrittsgesuch vom neuen Verteidigungsminister, Admiral Theodor Hoffmann, mit der Begründung abgelehnt worden war, dass die Truppe jetzt

Gern gesehene Gäste bei den DDR-Grenztruppen: die Vorsitzenden der Blockparteien. Rechts Manfred Gerlach (LDPD), der nach dem Rücktritt von Egon Krenz als Staatsratsvorsitzender amtieren wird, in der Mitte Ernst Goldenbaum (DBD) und daneben Heinrich Homann (NDPD), 1975

»straff geführt werden« müsse.[86] »Zum einen musste ich wieder Ruhe und Ordnung in der eigenen Truppe herstellen, die Grenzer motivieren. Viele sahen im Dienst keinen Sinn mehr und wollten aus dem aktiven Wehrdienst entlassen werden. Weihnachten und der Jahreswechsel standen vor der Tür und verstärkten diese Bestrebungen. Auch forderten zunehmend Betriebe und Einrichtungen die Rückkehr ihrer Wehrpflichtigen, um die Produktion zu sichern. Dabei war manche Einheit bereits durch den Einsatz von Grenzern in der Volkswirtschaft um die Hälfte ihres Bestandes reduziert.«[87]

Bis zum 26. November, in den ersten zwei Wochen nach der Öffnung, gingen 17,6 Millionen über 95 Grenzübergänge, davon waren mindestens die Hälfte provisorisch, in den Westen. Statistisch gesehen jeder DDR-Bürger, was gewiss nicht zutraf. Viele waren mehrmals »drüben«. Dem standen 15,1 Millionen Einreisen von Bundesbürgern gegenüber.

Am 14. Dezember beschloss der Ministerrat die Auflösung der Hauptabteilung VI des MfS, nunmehr AfNS, des Amtes für Nationale Sicherheit. Das war die Truppe, die an der Grenze bislang die Passkontrolle vorgenommen hatte, aktuell zählte sie knapp 12.000 Mann.

Bereits am 30. November war per Ministerratsbeschluss die Sperrzone beseitigt worden. Lediglich der bisherige Schutzstreifen galt nunmehr noch als Grenzgebiet. Für Berufssoldaten wurde die 45-Stunden-Woche eingeführt, die Zeiten des Grenzdienstes wurden verkürzt und überflüssige Maßnahmen im Garnisonsdienst – etwa der obligatorische Frühsport – abgeschafft. Für die Feiertage zu Weihnachten und Silvester galt eine großzügige Urlaubsregelung.

»Der *Grenzschutz der DDR* – so die neue Bezeichnung – sollte auf der Grundlage der Verfassung und Gesetze der DDR, des Völkerrechts und der Verträge mit den Nachbarstaaten die politischen und wirtschaftlichen Interessen des Staates an der Land- und Seegrenze sowie auf den Flug- und Seehäfen durchsetzen.

Unter Berücksichtigung der neuen politischen und militärpolitischen Bedingungen war die *militärische Komponente* der Sicherung der Staatsgrenze durch die Grenztruppe nicht mehr zeitgemäß. Die Aufgabe, wie sie seit vielen Jahren bestand und an Bedeutung sogar zunahm – nämlich bereit und fähig zu sein, zum Schutz der Staatsgrenze selbständig oder im Zusammenwirken mit den anderen bewaffneten Kräften aktive Gefechtshandlungen zu führen – fand keine Erwähnung mehr und spielte demzufolge auch keine Rolle in den weiteren perspektivischen Überlegungen.

Strukturell sollte es so aussehen, dass – wie schon an der Staatsgrenze West, im Grenzkommando Mitte, an der Küste und an der Staatsgrenze zur VR Polen und zur CSSR – Grenzkreis- und -bezirkskommandos gebildet werden sollten. Darunter würde es die Ebenen Grenzabschnittsposten, -abschnittskommandos und -einsatzkommandos geben.

Diese Überlegungen fanden ihren Niederschlag im Beschluss des Ministerrates der DDR vom 2. März 1990 über Veränderungen im Grenzregime und die Formierung des Grenzschutzes der DDR. In Übereinstimmung mit Artikel 7, Absatz 1 der Verfassung der DDR werde die territoriale Integrität und Unverletzlichkeit der Staatsgrenze der DDR gewährleistet, hieß es dort. Das erfordere die Durchsetzung der Ordnung und Sicherheit an der Staatsgrenze und im grenzüberschreitenden Verkehr gemäß den geltenden Rechtsvorschriften. Das Grenzregime sei so zu gestalten, wie das zwischen Staaten mit gutnachbarlichen Beziehungen üblich wäre. Wörtlich hieß es: ›Aus den Führungsorganen, Einheiten und Einrichtungen der GT der DDR, einschließlich der Grenzbrigade Küste und der Passkontrolle, ist ein einheitliches, zentral geführtes und territorial strukturiertes, ziviles Grenzschutzorgan zu formieren und bis zum 31. Dezember 1990 in den Bestand des Ministeriums für Innere Angelegenheiten einzugliedern.

Der Grenzschutz ist in Stärke von maximal 28.000 Angehörigen aus Berufspersonal und einem geringen Anteil an Wehrpflichtigen zu formieren.«[88]

Das alles wurde im Laufe der Ereignisse alsbald Makulatur. Am 21. September 1990 verfügte der Minister für Abrüstung und Verteidigung mit Befehl 49/90 die Auflösung der Grenztruppen der DDR. In den fast 44 Jahren seit 1946 hatte dort etwa eine halbe Million Ostdeutscher gedient.

Das Krenz-Telefonat aus Sicht Helmut Kohls

Das Telefongespräch am 11. November – auf Bitte Kohls geführt und realisiert nach Rückruf aus Ostberlin – dauerte eine Viertelstunde. Das Protokoll trägt den Vermerk: *BK, 212 – 35400 De 39 Bd. 1. – Vermerk des MD Teltschik, 13. November 198928. Hs. vermerkt: »Über H. Dr. Duisberg Herrn Chef BK z. K. dann zdA Teltschik 15/11«. Abgezeichnet: »Duisberg 17/11« und »Seiters«. – Gesprächsdauer: 10.10 bis 10.25 Uhr.*

»Staatsratsvorsitzender Krenz begrüßte den Bundeskanzler und wies darauf hin, dass die Atmosphäre bereits bei dem ersten Gespräch sehr gut gewesen sei, heute dagegen sei die Technik sehr hinderlich gewesen. (Ursprünglich war das Telefonat für 9.00 Uhr verabredet.)

Der Bundeskanzler erwiderte die Grüße des Staatsratsvorsitzenden und unterstrich die besondere Bedeutung der Entscheidung der DDR-Führung, die Grenzen zu öffnen. Diese Entscheidung des Staatsratsvorsitzenden begrüße er sehr. Dies freue ihn sehr, erwiderte der Staatsratsvorsitzende. Der Bundeskanzler unterstrich, dass diese Entscheidung sehr zur Verbesserung der Atmosphäre beitrage. Es sei nicht das Ziel der Bundesregierung und auch nicht sein persönliches Ziel, das möglichst viele Menschen die DDR verlassen würden. Sein Wunsch sei es, dass die Menschen in ihrer Heimat blieben, jedoch jederzeit reisen dürften.

Herr Krenz sei sicherlich seiner Auffassung, dass sie jetzt vor einem wichtigen Zeitabschnitt stünden, der von beiden Seiten viel Vernunft, Besonnenheit, aber auch Gelassenheit erfordere.

Es sei deshalb sein dringender Wunsch, mit dem Staatsratsvorsitzenden in naher Zukunft zusammenzutreffen.

Heute müsse er nach Polen zurückkehren, um seine Gespräche fortzuführen. Dies sei wichtig, da er jeden Eindruck vermeiden wolle, Polen jetzt geringer zu achten.

Er schlage vor, das Ende nächster Woche Herr Seiters den Staatsratsvorsitzenden aufsuche, um den gemeinsamen Rahmen für die Zusammenarbeit abzustecken. Er sei dann bereit, einen Termin kurz darauf für ein gemeinsames Treffen zu vereinbaren, das jedoch nicht in Ost-Berlin stattfinden könne. Es sei ihm dabei auch sehr daran gelegen, den neuen Ministerpräsidenten kennenzulernen.

Bei diesem Zusammentreffen werde es vor allem auch erst einmal darum gehen, eine gemeinsame tour d'horizon, wie man in der diplomatischen Sprache zu sagen pflegt, durchzuführen. Er sei daran sehr interessiert und wolle dazu auch ausreichend Zeit zur Verfügung haben. Man müsse gemeinsam darüber sprechen, was jetzt möglich sei und was nicht. Deshalb wäre es jetzt erst einmal wichtig, dass Herr Seiters zu Gesprächen nach Ost-Berlin kommen werde.

Staatsratsvorsitzender Krenz bedankte sich beim Bundeskanzler für die hohe Einschätzung der Entscheidung über den freien Reiseverkehr. Diese Entscheidung dokumentiere die Politik der Erneuerung, die jetzt in der DDR eingeleitet worden sei. Bei der praktischen Durchführung dieses Reiseverkehrs komme es jetzt in besonderer Weise auf die Tatkraft und auf den guten Willen bei den Organen an, die für die praktische Verwirklichung verantwortlich seien. Man sei sich sicherlich darüber einig, dass die Grenzen blieben, jedoch jetzt durchlässiger würden. Sie hätten viele Vorschläge vorbereitet und seien dabei, zusätzliche Übergänge zu öffnen.

Er sei sehr dafür, dass jetzt bestimmte Emotionen ausgeräumt würden, die mit der Absicht geschürt würden, über Nacht alles abschaffen zu wollen. Die Grenzen blieben bestehen und würden nicht abgeschafft werden. Er sei deshalb sehr dankbar, wenn der Herr Bundeskanzler zur Beruhigung beitrage.

Der Bundeskanzler erklärte, dass er dies schon gestern in seinen Reden in Berlin getan hätte. Es komme jetzt darauf an, jede Form von Radikalisierung zu vermeiden.

Jede Form von Radikalisierung, wiederholt Krenz. Er sei sich sicherlich mit dem Bundeskanzler absolut darin einig, dass gegenwärtig die Wiedervereinigung nicht auf der politischen Tagesordnung stünde.

Der Bundeskanzler erwiderte, dass in diesem Punkt ihr Verständnis auseinanderginge. Er sei auf das Grundgesetz vereidigt und habe in dieser Frage sicherlich eine andere Grundauffassung als der Staatsratsvorsitzende. Die Wiedervereinigung beschäftige uns jedoch im Augenblick nicht am meisten.

Staatsratsvorsitzender Krenz erklärt, dass er zu Beziehungen auf allen Gebieten bereit sei und sie intensivieren wolle. Dies gelte für den Bereich der Wirtschaft, der Wissenschaft, der Technologie, des Umweltschutzes, der Kultur wie auch für den humanitären Bereich. Er begrüße, dass Herr Seiters Ende der nächsten Woche zu ihm kommen werde. Es gebe dabei nur eine Schwierigkeit, dass am Freitag und Samstag nächster Woche die Volkskammer tagen und die neue Regierung wählen werde. Er selbst werde am Donnerstag in der CSSR sein.

Vielleicht wäre es besser, wenn Herr Seiters am Montag in acht Tagen kommen könnte.

Der Bundeskanzler erwiderte, dass sie dies gleich vereinbaren könnten. Herr Seiters werde am 20. November 1989 nach Ost-Berlin kommen. Dies sollten beide Seiten heute auch gleich veröffentlichen. Im Übrigen biete er dem Staatsratsvorsitzenden an, wenn irgendetwas geschehe, dann sollten sie sofort miteinander telefonieren und den Kontakt aufnehmen. Die Situation sei gegenwärtig sehr aufgeregt, und vieles könne geschehen. Er biete dem Staatsratsvorsitzenden an, dass dieser dann jederzeit sofort zum Telefon greifen könne.

Dies sei sehr wichtig, erwiderte der Staatsratsvorsitzende. Er sei auch sehr froh, dass der Bundeskanzler nach Polen reise. Polen sei für sie ein wichtiger Nachbar. Er solle seinen Gesprächspartnern über dieses Gespräch berichten und Grüße ausrichten.

Bei ihren Gesprächen mit Herrn Seiters und mit dem Bundeskanzler sollten sie dann Punkt für Punkt der Zusammenarbeit durchgehen. Dabei seien die Fragen des Reiseverkehrs besonders wichtig. Es wäre nicht gut, wenn sich die Dinge dramatisch entwickeln würden.

Der Bundeskanzler habe sicher die Sitzung des ZK-Plenums verfolgt. Die Führung sei weiter verjüngt worden. Er wolle noch einmal sagen, dass er zu radikalen Reformen bereit sei. In diesem Zusammenhang hätten sie bereits eine Reihe von

Vorleistungen gemacht, die vom Bundeskanzler gefordert worden seien. Er begrüße es sehr, dass es zwischen ihnen eine gute Atmosphäre gebe. Er erwarte und bitte jetzt um die Vorschläge des Bundeskanzlers zu den Fragen, die die Beauftragten bereits vorab diskutiert hätten.

Der Staatsratsvorsitzende wünschte dem Bundeskanzler eine erfolgreiche Kabinettsitzung und ebenso Erfolg für seine Polen-Reise. Anschließend verabredeten der Staatsratsvorsitzende und der Bundeskanzler, was sie veröffentlichen sollten. Der Bundeskanzler erklärte, dass sie sagen sollten, dass sie ein intensives Gespräch geführt hätten, dass er die Öffnung der Grenzen besonders begrüßt habe; dass sie das Gespräch fortsetzen und die telefonische Verbindung aufrechterhalten wollten; dann sollten sie sagen, dass Herr Seiters am 20. November zu Gesprächen mit dem Staatsratsvorsitzenden und dem neuen Ministerpräsidenten nach Ost-Berlin kommen werde und dass bald danach sie selbst zu einem Gespräch zusammentreffen werden, jedoch außerhalb Ost-Berlins. Ein Treffen außerhalb der Hauptstadt sei in Ordnung, erwiderte lachend der Staatsratsvorsitzende.

Er sei mit den Vorschlägen des Bundeskanzlers für die Veröffentlichung einverstanden.«[89]

Die Sicht Moskaus

Die Führung in Moskau, welche sich überfahren fühlt und erst nach der ersten Verärgerung die Grenzöffnung billigt, versucht wieder die Initiative zurückzuerlangen. Der DDR-Botschafter in der sowjetischen Hauptstadt ist dabei mehr als nur ein stiller Beobachter, wie seinen nachgelassenen Aufzeichnungen zu entnehmen ist. Gerd König, zudem ZK-Mitglied, erlebt auch die Vorgeschichte dieses 9. November aus Moskauer Perspektive.

»Unsere Angst, zehntausende von DDR-Bürgern oder mehr würden nicht mehr zurückkehren, war nicht kleiner, sondern größer geworden. Diese Angst, gepaart mit allen Problemen der damaligen Krise, mangelnder politischer Weitsicht und staatsmännischer Erfahrung, Unentschlossenheit, bürokratischem Gezerre zwischen den beteiligten Ministerien, langem Streit um einzelne Formulierungen und dem ständigen Druck der Straße verhinderten eine für die Mehrheit akzeptable Lösung des Problems.

Angesichts dieser Situation traf das Politbüro am 7. November 1989 eine sehr widersprüchliche Entscheidung. Eigentlich bestand die Absicht, die Lage an der Grenze zur CSSR zu entlasten. Die vorgesehenen Maßnahmen beschäftigten sich jedoch vorwiegend mit der Behandlung des Problems in den Medien, Forderungen gegenüber der Bundesregierung oder mit Bitten an die CSSR. Nach den Vorstellungen des Politbüros sollte weder die Grenze der DDR mit der BRD geöffnet noch die Grenze der DDR mit der CSSR geschlossen werden. Wie unter diesen Bedingungen eine Entlastung an der Grenze eintreten sollte, blieb das Geheimnis des Politbüros. Allerdings sollte der Teil des Reisegesetzes, der sich mit der ständigen Ausreise von DDR-Bürgern befasste, vorgezogen werden.

Über diese Entscheidung des Politbüros informierte Außenminister Fischer noch während der Sitzung des Politbüros den sowjetischen Botschafter Kotschemassow. In dem Vermerk über dieses Gespräch hieß es unter anderem: ›Genossen Krenz ist die

Meinung von Genossen Gorbatschow sehr wichtig, sowohl hinsichtlich des gesamten Problems als auch hinsichtlich der Absichten zum Reisegesetz. Die DDR wäre für Unterstützung dankbar.‹ Diese wenigen lakonischen Zeilen entsprechen kaum der Brisanz der damaligen Situation. Der Vermerk gibt nicht mehr her, aber ich nehme an, da ausdrücklich auf das ›gesamte Problem‹ verwiesen wurde, dass Oskar Fischer weitaus mehr darlegte und sehr nachdrücklich auf den Ernst der Lage hingewiesen hatte.

Leider ist nicht dokumentiert, ob das wirklich erfolgte.

Auf Grund meiner Erfahrungen mit Botschafter Kotschemassow möchte ich glauben, dass auch er den Ernst und die Dringlichkeit der Bitte verstanden hatte. Ob er aber wirklich alle sich daraus ergebenden Konsequenzen für das gesamte Grenzregime der DDR, auch für die Grenze mit Westberlin und der damit verbundenen Verantwortung der UdSSR wirklich erfasst hatte, bleibt offen. Kotschemassow schlug als zusätzliche Maßnahme vor, auch die ehemaligen Verbündeten (USA, Großbritannien, Frankreich) einzubeziehen, um diese zu veranlassen, Druck auf die BRD auszuüben. Daraus könnte man schließen, dass Kotschemassow wenigstens bewusst war, dass in dieser Situation die westlichen Alliierten in die Lösung der Probleme einbezogen werden sollten. Es gibt auch keinen Zweifel, dass er darüber unverzüglich Moskau informierte.«[90]

DDR-Botschafter König, der bis zum 3. Oktober 1990 auf seinem Posten in der Sowjetunion blieb, bemerkte eine Reihe von »Ungereimtheiten«, wobei er sich bei der Bewertung auch später diplomatisch zurückhielt. Als Journalist muss ich mich einer solchen Übung nicht befleißigen und kann es deutlicher formulieren: zum Berliner Dilettantimus gesellte sich Moskauer Schlendrian.

»Die Festveranstaltung des ZK der KPdSU und der Regierung der UdSSR aus Anlass des Jahrestages der Oktoberrevolution fand bereits am Sonnabend, dem 4. November, abends im Kreml statt. Der 7. November, der eigentliche Feiertag, war ein Dienstag, der Montag galt im ganzen Land als arbeitsfreier Tag. Wahrscheinlich war auch der 8. November noch ein Feiertag. So ergab sich ein langes Wochenende, dass auch von der Führung zur Erholung genutzt wurde. Sie wollte, wie immer bei solchen Anlässen, nicht gestört werden. In den Ministerien gab es Diensthabende, die entscheiden mussten, ob in dringenden Fällen die Führung informiert wird oder nicht. Die Erfahrung besagte, dass man das nach Möglichkeit unterlassen sollte.

Wie mir der stellvertretende Außenminister Aboimow später erzählte, habe er den Diensthabenden, den 1. Stellvertreter des Ministers für Auswärtige Angelegenheiten Kowaljow, am 7. November nachmittags von den Absichten der DDR und der Bitte um eine schnelle Antwort informiert. Wie die Information des sowjetischen Botschafters wirklich aussah, ist nicht bekannt. Kowaljow hielt die Bitte offensichtlich nicht für so wichtig, dass sie sofort weitergeleitet werden müsste. Vielleicht war sein Argument, das Reisegesetz sei eine interne Angelegenheit der DDR und müsse von ihr selbst entschieden werden, wegen der meisten von der DDR vorgesehenen Maßnahmen berechtigt und ausreichend, um die sofortige Weiterleitung an die Führung zu verhindern.

Man kann Kowaljow auch nicht für das verantwortlich machen, worüber am 7. November niemand sprach, nämlich über die Öffnung der Grenze. Trotzdem hatte Kowaljow den Ernst der Lage unterschätzt. Angesichts der im sowjetischen Außenministerium vorliegenden kritischen Informationen über die Krise in der DDR und der wachsenden Besorgnis Gorbatschows und Schewardnadses über die Entwicklungen in der DDR hätte er der Bitte von Krenz, die Meinung Gorbatschows zum gesamten Problem zu erfahren, mehr Aufmerksamkeit schenken müssen. So ging wertvolle Zeit verloren.

Unklar blieb, ob Oskar Fischer den sowjetischen Botschafter am 8. November über die Reiseverordnung informiert hatte, wie Egon Krenz behauptete. Laut Krenz habe Stoph ihm am 9. November bestätigt, dass der Entwurf der Reiseverordnung mit Moskau abgestimmt sei. Ich erinnere mich, dass wir der Reiseverordnung erst am Nachmittag des 9. November auf dem Plenum des ZK zustimmten. Fischer hätte den sowjetischen Botschafter erst danach informieren können, und in Moskau hätte die Information erst am Abend vorgelegen. Das wäre möglich gewesen. Eine Abstimmung halte ich jedoch für völlig unmöglich. Nach meinen Informationen hatte das sowjetische Außenministerium, trotz des Drängens der sowjetischen

Botschaft in Berlin, auf die Bitte der DDR vom 7. November bis zum 10. November nicht reagiert.

Nach der Öffnung der Grenze spielte man den Ahnungslosen und Überraschten. Zunächst suchte man in Moskau einen Schuldigen für die versäumte Information Gorbatschows und des Politbüros. Dafür spricht das erste Telefongespräch Kotschemassows mit Egon Krenz am 10. November. Er teilte aufgeregt mit, dass man in Moskau beunruhigt über die Lage an der Berliner Mauer sei, wie sie sich in der Nacht entwickelt hatte. Krenz zeigte sich verwundert. Nach seiner Meinung wurde im Prinzip doch nur um Stunden vorgezogen, was am 10. November ohnehin vorgesehen war. Außenminister Fischer hätte doch die Reiseverordnung mit ihm abgestimmt.

Kotschemassow entgegnete, dass das nur zum Teil stimme. In dem Gespräch ging es nur um die Öffnung von Grenzübergängen zur BRD. Das sei eine ausschließlich interne Angelegenheit der DDR. Die Öffnung der Grenze in Berlin berühre jedoch auch die Interessen der Sowjetunion sowie der westlichen Alliierten. Die DDR hätte sie mit ihnen und dem Westberliner Senat abstimmen müssen.

Die Mauergalerie in Berlin mit dem bekannten Bild vom Bruderkuss zwischen Breshnew und Honecker, Aufnahme 2010

Der Botschafter stimmte jedoch Krenz zu, dass die Grenzöffnung nur durch militärische Mittel zu verhindern gewesen wäre, was ein Blutbad ergeben hätte. Die Bemerkung Kotschemassows, in der Reiseverordnung sei nur von der Öffnung von Grenzübergängen zur BRD die Rede gewesen, deutet eher darauf hin, dass der Botschafter und die Sowjetunion über die Reiseverordnung nicht informiert wurden, weil in dem Beschluss des ZK vom 9. November in Punkt 2c festgestellt wurde, dass ständige Ausreisen ›über alle Grenzübergangsstellen der DDR zur BRD bzw. zu Berlin (West) erfolgen‹ können. In seinen Erinnerungen stellt Kotschemassow die Vorgänge jener Tage völlig anders dar. Danach habe er von der Öffnung der Grenze nichts gewusst. Obwohl er sich fast täglich mit Krenz getroffen habe, hätte jener nie mit ihm darüber gesprochen.

Man kann den Eindruck gewinnen, er unterstelle Krenz eine bewusste Täuschung der Sowjetunion. Er bestätigte jedoch eine Abstimmung mit Krenz über die Öffnung einiger Übergänge an der südwestlichen Grenze mit der BRD.

Über sein dokumentiertes Treffen mit Oskar Fischer am 7. November verlor er kein Wort. Die Behandlung dieser Information in Moskau und das Verhalten von Kowaljow stellt er anders dar als ich. Er bringt sie offensichtlich mit einem anderen Vorgang in Zusammenhang – mit der Öffnung der Übergänge am Brandenburger Tor, die erst viel später erfolgte.

Natürlich hat Kotschemassow Recht, wenn er feststellt, dass man einen solchen wichtigen und prinzipiellen Schritt wie die Öffnung der Grenze zu Westberlin zuvor der Volkskammer hätte vorlegen müssen. Auch die Kritik, dass eine solch entscheidende Frage nicht mit der Sowjetunion, den drei Westmächten sowie mit der Bundesrepublik und Westberlin abgestimmt wurde, ist berechtigt.

Andererseits klingt das sehr demagogisch. Kotschemassow war bestens über die Vorgänge im Politbüro, im ZK der SED, dem Ministerrat der DDR und einzelnen Ministerien informiert. Er kannte die Situation in der DDR und speziell das Problem der ständigen Ausreisen im Detail.

Genauso gut kannte man die Probleme in Moskau. Warum hat man nicht von selbst die Initiative ergriffen und eine aktive Abstimmung mit allen Betroffenen begonnen? Wie heute behauptet wird, habe doch Schewardnadse selbst am 3. November im Politbüro der KPdSU einen solchen Gedanken geäußert. Kotschemassow wusste auch, in welcher chaotischen Situation sich die Führung der SED befand, unter welchem Druck der Straße sie stand und in welcher Hektik Entscheidungen getroffen werden mussten. Die Weichen für die Ereignisse am 9. November wurden doch nicht erst am 7. November gestellt.

Es bleibt eine Tatsache: Als die DDR die Meinung Gorbatschows sowie des Politbüros der KPdSU und die Unterstützung der Sowjetunion dringend benötigte, schwieg man in Moskau. Nach meinen Informationen hatte es zwischen dem 7. und 9. November keine Kontakte mit Moskau in dieser lebenswichtigen Angelegenheit gegeben.«[90]

Der DDR-Diplomat ist sich sicher, dass Moskau für die mitverschuldete Panne einen Sündenbock suchte, der aber – wie üblich – nur in Berlin sitzen konnte. Gorbatschow & Co., kurz: die Führungsmacht, machten – wie alle ihre Vorgänger seit Stalin – keine Fehler. Deshalb musste Kotschemassow Krenz rüffeln. Doch als Moskau mitbekam, dass die Grenzöffnung ohne Zwischenfälle vor sich gegangen war, verlegte man sich aufs Gegenteil und beglückwünschte »alle deutschen Freunde zu dem mutigen Schritt«[91].

In der Berliner Sowjetbotschaft saß in jener Nacht Igor Maximytschew. Er war Kotschemassows Stellvertreter, oder wie es protokollarisch korrekt heißt: Erster Gesandter. Morgens 8 Uhr am 10. November klingelte sein Dienstapparat. Am anderen Ende der Leitung – in Moskau war es bereits 10 Uhr – Wassilij Swirin, Leiter der DDR-Abteilung im Außenministerium. »Was ist bei euch eigentlich los? Alle Presseagenturen der Welt sind wie von Sinnen. Sie behaupten, die Mauer sei weg!«[92]

Auf die Ausführungen Maximytschews reagierte er mit der keineswegs untypischen Frage eines Politikers der östlichen Führungsmacht: »War das denn alles mit uns abgestimmt?«

Maximytschew antwortete vorsichtig: »Anscheinend ja«, fügte aber vorsichtshalber hinzu, dass diese Frage in Moskau wohl besser zu überprüfen sei.

Diese Nachforschung habe zu einem negativen Ergebnis geführt, berichtete der Diplomat weiter. Sein Chef Kotschemassow, der in der Zwischenzeit zum Dienst erschienen war, sei deshalb kurze Zeit später vom stellvertretenden Außenminister Aboimow beauftragt worden, »Erläuterungen von den deutschen Genossen einzuziehen«, wer denn nun eigentlich der SED-Führung erlaubt habe, die Grenze zu öffnen.

Tatsächlich hatten »die deutschen Genossen« am 7. November im Politbüro beschlossen, dass Außenminister Fischer neben der CSSR vor allem den sowjetischen Botschafter über die Absicht informieren sollte, dass man eine Durchführungsbestimmung zur ständigen Ausreise sofort in Kraft zu setzen beabsichtigte. Das hatte Fischer am Mittag des 7. November getan und Kotschemassow über die Drohung Prags in Kenntnis gesetzt, die Grenze schließen zu wollen, wenn die DDR ihr Flüchtlingsproblem nicht mit eigenen Mitteln löse. Da eine solche Grenzschließung das Fass zum Überlaufen gebracht hätte, so entnahm Maximytschew dem Bericht Kotchemassows über dessen Treffen mit Fischer, habe sich das Politbüro schnell etwas einfallen lassen.

Die von DDR-Außenminister Fischer vorgestellte Regelung habe sich – so Maximytschew – in einem wesentlichen Punkt von der am gleichen Nachmittag im MfS ausgearbeiteten und mit Fischers Stellvertreter Ott abgestimmten Regelung unterschieden. Fischer habe lediglich von der Einrichtung eines Sondergrenzüberganges für Ausreisewillige im Süden der DDR gesprochen, und nur dafür die Zustimmung der sowjetischen Führung bis spätestens zum Morgen des 9. November erbeten. Die Möglichkeit von Privatreisen habe Fischer überhaupt nicht erwähnt. Dem begrenzten Charakter entsprechend nannten die Mitarbeiter der sowjetischen Botschaft die Vorstellungen Fischers »Projekt Loch-in-der-Grenze«.

Darüber setzte Kotschemassow seinen Chef Schewardnadse in Moskau telefonisch in Kenntnis und bat um eine Weisung. Der Minister, so Maximytschew weiter, habe folgendermaßen reagiert: »Wenn die deutschen Freunde eine solche Lösung für möglich halten, werden wir wahrscheinlich keine Einwände anmelden.« Er wolle dennoch die zuständigen Abteilungen des Außenministeriums die Angelegenheit prüfen lassen. Auch die Botschaft solle der Sache auf den Grund gehen.

Die endgültige Antwort werde, so Schewardnadse laut Maximytschew, wunschgemäß bis spätestens übermorgen, das heißt am 9. November, DDR-Außenminister Oskar Fischer übergeben.

Am 8. November seien die Mitarbeiter der sowjetischen Botschaft zusammengekommen, um die von Fischer vorgetragene Idee (»Projekt Loch-in-der-Grenze«) zu beraten. Es habe die Meinung vorgeherrscht, man sei »überhaupt nicht berechtigt, einem souveränen Staat vorzuschreiben, was er zu tun oder zu lassen hat, besonders während einer selbstverschuldeten Krise«. Bei allem Respekt: Dass sich die DDR in einer existentiellen Krise befand, war unstreitig. Aber so zu tun, als hätte diese nichts mit Moskaus jahrzehntelanger Politik zu tun, ging völlig an der Realität vorbei. Eine solche Feststellung wurzelte einzig in jener Arroganz, mit der Großmächte mit ihren Verbündeten umgehen: Sie betrachten sie nur so lange als nützliche Vasallen, wie sie eben diesen Zweck erfüllen.

Einer der Botschaftsräte verstieg sich sogar zu der Behauptung, »diese vorherige Konsultation mit uns zeuge lediglich von der Feigheit von Krenz, der sich durchaus im Klaren war, dass die geplante Maßnahme praktisch auf die Grenzöffnung hinauslaufe, was unabsehbare Folgen haben würde. Daher sein Wunsch, die Verantwortung mit uns zu teilen.«

Valentin Koptelzew, damals Sektorleiter für die DDR in der von Valentin Falin geleiteten Internationalen Abteilung des ZK der KPdSU, urteilte ein wenig selbstkritischer. Die fünf Tage währenden Revolutionsfeierlichkeiten in der Sowjetunion hätten ein »absolutes Blackout auch für die Führung« bedeutet. Nach seiner Erinnerung war in der Anfrage aus Berlin zwar nicht ganz klar, wo die Grenze passierbar gemacht werden sollte, ob nur zwischen der DDR und der Bundesrepublik oder auch zwischen der DDR und Westberlin. Aber »da die Obrigkeit – Gorbatschow, Schewardnadse und auch unsere Bosse im ZK – schon unerreichbar waren und irgendwo feierten, ging das wie ein Fußball zwischen dem Apparat des ZK und dem Außenministerium auf der Ebene der Stellvertreter hin und her. Keiner wollte seinem Chef irgendeine Entscheidung vorlegen, um ihn nicht mit einer so unangenehmen Anfrage der DDR-Freunde zu stören.«[93]

Valentin Koptelzew entwarf darum die denkbar kürzeste Antwort des Außenministeriums. »Man sollte einfach sagen, das liegt im souveränen Bereich der DDR, über das Regime ihrer Grenze zu entscheiden.«

Aber genau da lag es nicht – ich verweise an die an anderer Stelle im Buch zitierten Erklärungen der sowjetischen Militärs zur Souveränität der DDR.

Koptelzew erinnert sich an die Reaktion auf seinen Vorschlag: »Da haben sich alle Höheren mächtig gefreut!«

Gegen Mittag an jenem 9. November, so Maximytschew, habe der stellvertretende Außenminister Aboimow Kotschemassow grünes Licht gegeben, dass dieser Krenz eine positive Antwort erteile. Selbst wenn er davon ausgegangen sei, es habe sich um das »Projekt Loch-in-der-Grenze« gehandelt, dem er Zustimmung gab, überschritt er damit seine Kompetenzen.

Maximytschew verfolgte die Pressekonferenz Schabowskis am Bildschirm in der Botschaft. Als das Stichwort »Westberlin« fiel, war er zutiefst irritiert, wie er später erklärte. »Krenz und Genossen« hätten »die mit uns erzielte Absprache verdreht«, mithin die sowjetische Seite über ihre wahre Absicht getäuscht.

Das, so scheint mir, ist der postume Versuch, sich von der eigenen Mitverantwortung – Mitschuld scheint mir angesichts des positiven Ausgangs der Geschichte das falsche Wort – zu befreien und vor den sowjetischen Kollegen zu rechtfertigen. Denn wenn die »Irritation« so groß gewesen wäre, wie Maximytschew im Nachhinein behauptet, dann hätten sie umgehend im DDR-Außenministerium bzw. der Botschafter bei Krenz vorstellig werden müssen und nicht erst auf einen Anruf aus Moskau gewartet.

Rückblick: Für *Bild* in der DDR unterwegs

Die Zeitung war verpönt, auch in der DDR. Meine spätere Sekretärin Anne Rudolf, die bis zur »Wende« im ZK gearbeitet hatte, eine sehr verlässliche und kompetente Frau, erzählte mir, dass Erich Honecker die *Bild* nur »Revolverblatt« nannte. Die auflagenstärkste Zeitung der Bundesrepublik lag jedoch stets in dem Stapel Westzeitungen, der morgens in seinem Vorzimmer immer auf ihn wartete.

Ich vermute mal, dass ihn weniger die großen Überschriften und die in Boulevardblättern übliche Aufbereitung von Nachrichten störte, sondern wohl mehr die in den Zeitungen des Springer Verlages vorgeschriebene Haltung zur »DDR«. In den ersten Jahrzehnten gab es dieses Kürzel nicht einmal, später wurde es prinzipiell nur mit Anführungszeichen benutzt. Darüber wurde im Hause Springer nicht einmal diskutiert.

Ich weiß nicht, ob der Hamburger Springer Verlag nach Abschluss des Grundlagenvertrages zwischen den beiden deutschen Staaten 1972, in dessen Folge auch die Arbeitsmöglichkeiten von Journalisten geregelt worden waren, wie andere Verlagshäuser auch die Akkreditierung eines Korrespondenten der *Bild* in Ostberlin beantragt hatte. Ich war erst Anfang des Jahres '89 zur Zentralredaktion gestoßen. *Bild* hatte damals keinen ständigen Korrespondenten in der DDR. Was ich hingegen aus meinen Akten bei der Stasi-Unterlagenbehörde (BStU) weiß: Der Antrag von *Bild* ans DDR-Außenministerium vom September '89, einen ständigen Korrespondenten zuzulassen, war damals abgelehnt worden. Erst nach der »Wende« wurde dies gestattet. Man bot uns einen Bungalow für 12.000 DM im Monat in Pankow an, was Springer als zu teuer ablehnte. Da sparte man jeden Pfennig, hingegen spielte Geld beim Spitzenpersonal keine Rolle: Chefredakteur Peter Bartels etwa ließ sich gelegentlich mit dem Hubschrauber aus seinem Haus in der

Lüneburger Heide in die Redaktion zur Arbeit fliegen. Und bei seiner Berufung – er wurde paritätisch Chef neben Hans-Hermann Tiedje – ließ er sich dessen Büroräume mit privatem Ruheraum und Bad auf der gegenüberliegenden Seite des Flurs spiegelbildlich nachbauen. Bartels bemerkte beim Nachmessen jedoch, dass sein Refugium einige Zentimeter kürzer war als das von Tiedje, worauf die ganze Wand versetzt werden musste. Als ich jedoch nach Bezug meines Korrespondentenbüros in Ostberlin eine Waschmaschine beantragte, wurde diese aus Kostengründen verweigert. Ich könne meine schmutzige Wäsche ja auch in Westberlin reinigen lassen ...

Nach der Ablehnung des angebotenen Quartiers im Diplomatenviertel in Niederschönhausen präsentierte man uns Wohnungen in der Leipziger Straße und auf der Fischerinsel, die uns aus verschiedenen Gründen auch nicht zusagten. Schließlich hieß es, wir könnten in der Kronenstraße ein Büro bekommen, das Haus werde allerdings erst gegen Jahresende fertig. Ich besichtigte mit meiner Frau und den Kindern den Rohbau, die sagten gleich unisono: Nee, wir bleiben in Hamburg. Ich aber nahm die vier Räume im dritten Stock mit den 78 Quadratmetern, die von der *Bild* für monatlich 2.700 DM angemietet wurden. Kurz vorm Ende der DDR habe ich das Papier in einen persönlichen DDR-Mietvertrag

Das spartanisch eingerichtete Büro des in der DDR akkreditierten Korrespondenten der Bild *in der Kronenstraße 70*

Leipziger Frühjahrsmesse 1989, zum letzten Mal mit Staats- und Parteichef Erich Honecker, hier am Stand der Salzgitter AG. Peter Brinkmann hinter Egon Krenz stehend, 16. März 1989

umwandeln lassen, von dem ich heute profitiere. Ich wohne nämlich noch immer dort.

Mit meiner offiziellen Akkreditierung in der DDR am 1. Januar 1990 und dem Einzug in diese Bürowohnung verschwanden bei Publikationen aus dem Hause Springer die Gänsefüßchen. Nun hieß es nicht mehr »DDR«, die drei Initialen kamen fortan nackt und bloß als DDR daher.

In den Jahren zuvor war ich, wie das seinerzeit von den meisten Westzeitungen praktiziert wurde, als »Reisekorrespondent« in der DDR unterwegs. In jedem Jahr fuhr ich im März und im September nach Leipzig zur Messe, dort mietete ich mich stets bei der selben Dame ein, die – was ich damals ahnte, heute aus meinen Akten verlässlich weiß – über alle meine Schritte aufmerksam wachte und berichtete. Aber darüber errege ich mich auch heute nicht. Denn meinen Gesprächspartner im Außenministerium hatte ich in aller Offenheit gesagt, unser Auftrag – also der von uns Westjournalisten – bestünde darin, die DDR überflüssig zu machen und die Einheit anzustreben. Die Antwort war ebenso eindeutig: »Sehen Sie, lieber Herr Brinkmann, und unser Auftrag besteht darin, genau dies zu verhindern.« Damit waren die Fronten geklärt

*Leipziger Herbstmesse 1989, Rundgang mit Ministerpräsident
Willi Stoph, hier am Stand der Hoechst AG. Der Korrespondent
der* Bild *unter dem Mikrofongalgen, 3. September 1989*

und allen Beteiligten klar, was das für Konsequenzen hatte.
Insofern verstand ich die hysterische Erregung nie, die manchen meiner Kollegen befiel, als er in den 90er Jahren Akten-
ordner in der Gauck-Behörde mit Berichten über sich fand.
Über mich entdeckte ich bis dato drei Konvolute: eine Samm-
lung in Schwerin – die dortige Bezirksverwaltung war wegen
der Nähe zu Hamburg für die in der Hafenstadt ansässige Zentrale der *Bild* zuständig –, in Leipzig und in Berlin. So what …

Wenn ich in den Leipziger Kneipen unterwegs war und –
im Sinne Luthers und mit journalistischer Neugier – dem Volk
aufs Maul schaute, bekam ich die Stimmung mit, die im Lande
herrschte. Sie wurde von Jahr zu Jahr schlechter. Nur die Offiziellen schienen davon nichts zu spüren, und die Inoffiziellen,
die mich auf Schritt und Tritt observierten, auch nicht. Ich fuhr
jedes Mal mit der Gewissheit nach Hause: Es wird nicht mehr
lange dauern.

Im Frühjahr 1989 fuhr ich wieder nach Leipzig. Die Spannung war zum Greifen, alle schienen noch gereizter und ge-
dämpft-aggressiver als in den Jahren zuvor. Die nach Honeckers Staatsvisite im Westen aufgekommenen Hoffnungen
und Erwartungen hatten sich nicht erfüllt. Im Gegenteil. We-

nige Wochen zuvor, Anfang des Jahres '89, hatte Honecker sogar damit gedroht, dass die Mauer noch lange stehen würde.

Zwar hat man sich wieder Mühe gegeben, die Messefassade zu tünchen, die Regale in den Geschäften zu füllen und Normalität zu suggerieren, doch wenn man aus der Innenstadt fuhr, war der Mangel in den Geschäften und der Missmut der Menschen nicht zu übersehen. Die Lunte am Pulverfass glimmte.

Johannes Rau traf sich gleich am ersten Messetag, einem Sonntag, mit Honecker. Das *Neue Deutschland* vermeldete das am 13. März auf der ersten Seite und berichtete auch von dessen Pressekonferenz, zu der ich nicht gegangen war. Der Ministerpräsident von NRW hatte dort mit sichtlichem Stolz verkündet, dass dies bereits seine zehnte Begegnung mit dem SED-Generalsekretär und DDR-Staatsratsvorsitzenden gewesen sei. Hauptgegenstand seines Gespräches seien die bilateralen Beziehungen zwischen NRW und DDR gewesen, wobei er darauf verwies, dass 31,5 Prozent des bundesdeutschen Handels mit der DDR von seinem Bundesland realisiert würde. Für das kommende Jahr, also 1990, habe er mit Honecker ein Volumen von etwa einer halben Milliarde D-Mark »ins Auge gefasst«. Die Verhandlungen darüber würden unmittelbar nach der Frühjahrsmesse beginnen … Und dann hieß es abschließend in der ungekürzten *ADN*-Meldung, die von Honecker in Auftrag gegeben und von ihm autorisiert worden war: »Zum Reiseverkehr informierte der Ministerpräsident darüber, dass nach Angaben Erich Honeckers die Zahl der Reisen von DDR-Bürgern nach der BRD sowie Berlin (West) derzeit rund fünf Millionen im Jahr betrage und im Januar und Februar diesen Jahres um vier Prozent zugenommen habe.«

Das nannte man »Spiel über die Bande« und sollte Normalität und Dynamik unterstreichen, was aber – in der Rückkopplung – bei DDR-Bürgern, die weder Rentner, Spitzensportler, Künstler oder Dienstreisende und bar jeglicher Westverwandtschaft waren, verständlicherweise nicht gut ankam. Ich habe noch die wütenden Kneipenkommentare von Leipzigern im Ohr.

Insofern überrascht es mich kaum, was ich auf der »Montagsdemonstration« am 4. September in Leipzig erlebe. Nun war das nicht die erste Bekundung dieser Art: Seit Beginn der

80er Jahre gab es im Zusammenhang mit der forcierten Raketenrüstung der Großmächte und der Stationierung von Pershing II und Cruise Missiles in Westeuropa sowie sowjetischen SS-20 in der DDR und in der Tschechoslowakei sogenannte »Friedensgebete« in der Leipziger Nikolaikirche. Diese weiteten sich immer mehr aus, sehr zum Ärger der Obrigkeit, zumal sich dort nicht nur Friedensbewegte zum Gebet versammelten, sondern auch Ausreisewillige und Oppositionelle. Nach polizeilichen Übergriffen und Verboten war nach der Kommunalwahl am 7. Mai 1989 der Protest unterm Dach der Kirche wieder aufgeflammt. Die Resultate waren wie gewohnt gefälscht worden, was diesmal aber erstmals nachgewiesen wurde. Bei der öffentlichen Auszählung hatten in sehr vielen Wahllokalen insbesondere junge Leute die Nein-Stimmen mitgezählt, diese dann addiert und mit den offiziell bekanntgegebenen Zahlen verglichen. Da wurde der Schwindel offenbar.

Montag für Montag trafen sich nun einige Hundert Menschen in der Nikolaikirche im Leipziger Stadtzentrum, um nach der Andacht außerhalb des Gotteshauses ihren Protest zu bekunden. Endete am Montag, dem 8. Mai, der Zug von etwa 600 Demonstranten in einem Polizeikessel, so war am 4. September der Zug nicht mehr zu stoppen. Das lag gewiss auch an der Präsenz vieler westlicher Journalisten, die von den Friedensbewegten, Öko-Aktivisten, Oppositionellen und Ausreisewilligen zuvor informiert worden waren. Letztere hatten in den vergangenen Wochen – nicht zuletzt unter dem Eindruck der in Ungarn geöffneten Grenze und der Botschaftsbesetzungen – den Ton angegeben: »Wir wollen raus!«

Am 4. September bin ich vor der Nikolaikirche. Es heißt, nach dem Friedensgebet 17 Uhr wollen wieder Ausreisewillige demonstrieren, obgleich die Polizei die Kirche weiträumig absperrt. Dann kommen sie aus der Kirche, entfalten Losungen, Männer in Zivil – ganz bestimmt Mitarbeiter der Staatssicherheit – gehen hart dazwischen, entreißen den jungen Leuten die Transparente. Ein *ZDF*-Filmteam ist auch vor Ort und dreht. (Am Abend – und in den folgenden Jahren immer wieder – laufen diese Bilder im Fernsehen und künden von der Hilflosigkeit der Staatsmacht.) Ich stehe daneben, schaue zu, bin empört. Doch die »Stasi« fasst mich nicht an, sie beobachtet mich. In meiner Akte findet sich folglich der Hinweis: »Am 4.9.89 hielt sich Brinkmann vor der Nikolaikirche auf und beobachtete die dortigen Demonstrativhandlungen. Meinungsäußerung gegenüber dem Hinweisgeber: die Stasi habe sich wieder unmöglich benommen, die Sache wäre für das Westfernsehen organisiert worden.« Der Hinweisgeber ist eine Geberin: meine Vermieterin, eine ehemalige Stukkateurin, die ihre schmale Rente mit Messegästen und deren Observation aufbessert. Ich bin nicht ihr einziger Gast aus dem Westen.

Als der Zug der Demonstranten sich in Bewegung setzt, um zur unweit gelegenen »Runden Ecke«, dem Sitz der Bezirksverwaltung des MfS, zu marschieren, bilden sich Ketten der Volkspolizei. Sie riegeln die Straßen ab. Ich ahne nichts Gutes und will hinter die Polizeilinien. Dort ist man sicher, falls es hart zur Sache gehen sollte. So bitte ich den »Genossen Offizier«, mich doch bitte durch die Postenkette gehen zu lassen. Es wird mir erlaubt. Nun stehe ich zwischen zwei Reihen Volkspolizisten in ihren Knobelbechern. Sie sind gänzlich unbewaffnet, die Arme halten sie auf dem Rücken verschränkt. Ich drücke auf den Auslöser meiner Kamera: Volkspolizisten von hinten. Ein Kollege fotografiert die Reihe von vorn. So

Am Montag, dem 4. September 1989, hinter der Leipziger Nikolaikirche (l.) und der Polizeikette, mache ich dieses Foto ...

gerate ich ungewollt anderntags mit einem *dpa*-Foto in westdeutsche Zeitungen.

Mittags um 12 Uhr – es war der erste Tag der Herbstmesse – hatte ich ein Gespräch mit Wolfgang Biermann, dem quirligen Direktor des Kombinats Carl Zeiss Jena. Er kennt die aktuelle Ausgabe der *Bild* nicht, dort steht unter meinem Namen:

»»Die Lage in unserem Staat ist so wie unsere Straßen und Häuser – alles kaputt! Hier ist nichts mehr zu machen‹, sagt mir Heinz, Aufzugsmonteur und während der Messezeit mein Taxifahrer in Leipzig. Mit seinem Wartburg Baujahr 1970 fährt er mich vom Leipziger Messegelände in die Stadt. Und erzählt mir den neuesten Witz: ›Warum will Erich Honecker im Krankenhaus keinen Blumentopf haben? Er kann das Wort ›Gießen‹ nicht mehr hören.‹« Im hessischen Gießen befindet sich das Notaufnahmelager für DDR-Ausreiser.

»Noch nie war die Stimmung so mies wie 1989. Selbst die schwarz-rot-goldenen Fahnen mit Hammer und Zirkel hängen schlaff und lustlos aus den Fenstern der grauen Häuser in der Messestadt. Es gibt nur ein Thema: Ungarn. ›Die Partei ist ratlos, die Regierung schweigt und Honi ist todkrank. Wir wissen nicht weiter und alle sind in Gedanken bei der Planung ihres

... und gerate dabei auf das Bild, das der Kollege von dpa *in eben jenem Moment schoss*

123

nächsten Urlaubs – nach Ungarn natürlich‹, schimpft Heidi, eine hübsche Leipzigerin, im ›Gambrinus‹, einer Bierkneipe in der Innenstadt. Und ihr Freund Herbert, ein Elektromonteur, sagt mir: ›Son Scheiß, ich war vor sechs Wochen in Ungarn und bin zurück. Montag hole ich mir das nächste Visum. Hier bist du nichts, wirst du nichts.‹

Ingo, ein Ingenieur, erzählt mir: ›Ich verdiene 1.200 Mark. Das ist wie Klopapier. Es gibt nichts zu kaufen. Ein Fernseher kostet über 5.000 Mark, ein Trabi um 20.000 Mark und dann musst du auch noch 15 Jahre warten. Verreisen kann ich nicht, der Staat gibt mir entweder kein Visum oder kein Geld. Wozu also hierbleiben und arbeiten? Es ist alles deprimierend.‹

Noch ist Ungarn offen und jeder denkt an den nächsten Urlaub. Reformen? ›Was denn?‹, fragt mich Udo, ein Lehrer mit Parteiabzeichen am Revers. ›Den Polen geht es noch schlechter als uns, die Russen beneiden uns, die Ungarn sind schon kapitalistisch. Wohin führt der Weg der DDR? Wir müssen so bleiben, unser Weg des Sozialismus muss weitergegangen werden. Sonst könnten wir uns doch gleich mit euch wiedervereinigen.‹

Er trinkt sein Bier danach allein.

Die anderen in der Kneipe schweigen. Es gibt darauf nichts zu sagen. Dann flüstert mir einer zu: ›Das ist die Partei. Die sind stur und bleiben stur. Und deswegen wollen und müssen wir weg hier, solange es noch geht. Die DDR ist ohne Perspektive.‹

Seit Jahren fahre ich nun zur Messe. Aber eine derartige politische und moralische Krise habe ich noch nie erlebt. ›1961 war es ähnlich‹, sagen die Alten. ›Aber seit Honecker geht es bergab. Er hat jede Privatinitiative im Keim erstickt. Und es ist keiner zu sehen, der uns Hoffnung geben könnte. Wer ein Amt im Staate hat, riskiert doch nicht mit einer lockeren Reformlippe seine Zukunft.‹

Und so zeigt sich auch Ministerpräsident Willi Stoph (er eröffnete gestern statt des erkrankten SED-Chefs Honecker die Messe) stur. Auf dem Stand von Hoechst sagte Franz Bertele, unser Vertreter in Ost-Berlin, zu Stoph: ›Junge Leute wissen in ihrer Sorge und Not keinen anderen Weg als den in die Vertretung. Dieses Problem ist in der DDR entstanden und muss von der DDR selbst gelöst werden.‹ Stoph: ›Wir verweisen auf das

Prinzip der Nichteinmischung in unsere inneren Angelegenheiten und auf unsere Souveränität.‹ Punkt, aus und basta. Mehr nicht. Ein hoher SED-Parteifunktionär sagte es mir deutlicher: ›Die lassen wir da drin verhungern. Sollen sie euch doch für Jahre auf den Geist gehen. Uns geht das nichts an.‹

Doch Ungarn macht auch die Genossen nachdenklich. Nur Ideen haben sie keine. Ungarn ist überall. Selbst in den Bars der Messestadt. Dort, wo junge Mädchen aus allen Teilen der DDR die ›Bundis‹ suchen, um sie für 300 Mark West aufwärts ›abwärts‹ zu verwöhnen. Heidi, drall und brünett: ›Das Westgeld ist mein Startkapital für mein Fitnessstudio im Westen. Lass seine Adresse hier, ich bin bald drüben.‹

Und wo es früher nur ›Tschüss‹ hieß, rufen die jungen DDR-Bürger heute: ›Bis bald, ich rufe dich an, wenn ich es geschafft habe.‹ – ›Ja, such schon mal nach einer Wohnung für mich.‹«

Aber ich vermute: Selbst wenn der Kombinatsdirektor Biermann meinen *Bild*-Beitrag gekannt hätte, wäre unser Gespräch nicht anders verlaufen. Ich hatte mich von Hamburg bei ihm zum Interview angemeldet, er hatte zugestimmt. Dann fand ich mich vor seiner Koje auf dem Messegelände ein, dort wartete bereits ein Kollege vom *Spiegel*. Eine Frau erschien, zeigte auf ihn und sagte: »Sie nicht. Nur Brinkmann.«

Drinnen thronte Biermann an einem Schreibtisch, davor ein Konferenztisch – drei Stühle links, drei rechts –, an der Wand ein Honecker-Porträt. Der Wirtschaftsboss gab sich knurrig. Ich solle mich keiner Illusion hingeben, sagte er, er habe dem Gespräch nur deshalb zugestimmt, weil er mal sehen wolle, wie diese Schmierfinken von der Bildzeitung aussehen. Und wenn ich nur ein Wort über dieses Gespräch schriebe, würde er dafür sorgen, dass ich das Territorium der Deutschen Demokratischen Republik niemals wieder betreten dürfe – weder zu Lande, zu Wasser noch zur Luft.

»10 Minuten«, sagte er.

Ich schaltete das Diktiergerät aus, klappte das Notizbuch zu und fragte: »Wie geht es Herrn Honecker gesundheitlich?«

Darauf war er nicht gefasst. Nach einer Weile sagte er: »Dem geht es gut.«

Als die zehn Minuten vorüber waren, bewilligte er mir noch einmal zehn. Er wurde immer lockerer und zog genüsslich an seiner Marlboro. Am Ende hatte er vierzig Minuten mit mir geplaudert. Dann drückte er einen Klingelknopf unter seiner Schreibtischplatte, das Gespräch habe ihm gefallen, sagte er. Ein Mann erschien und überreichte mir eine Tüte. Darin war ein Fernglas. Ich wehrte ab. Damit käme ich nicht durch die Grenze, sagte ich. Doch Biermann nahm eine Visitenkarte, schrieb darauf »Persönliches Geschenk für Herrn Brinkmann« und reichte mir generös die Karte: »Damit kommen Sie ganz bestimmt durch die Zollkontrolle.« Er sollte Recht behalten. Der Feldstecher steht bis heute irgendwo in einer Kammer in der Kronenstraße. Unausgepackt.

Nach der »Wende« meldete sich Biermann bei mir wieder. Er war aus der DDR abgehauen. Dort lief ein Ermittlungsverfahren wegen »Untreue zum Nachteil sozialistischen Eigentums« – er sollte Produkte aus seinem Unternehmen im Wert von 280.000 Mark verschenkt haben, lautete der Vorwurf. Biermann machte ein Reiseunternehmen in der Xantener Straße in Westberlin auf, dort hatte er auch eine Wohnung bezogen, wir trafen uns gelegentlich. Dann übersiedelte er ins Saarland. Wir verloren uns aus den Augen. 2001 verstarb er an einem Herzinfarkt …

Bei der Rückfahrt von der Messe am 5. September 1989 weiche ich von den erlaubten Transitwegen ab. Dreimal werde ich gestoppt und zur Autobahn geschickt. Aber bei der nächsten Abfahrt kurz hinter Magdeburg verlasse ich die Autobahn erneut und fahre über die Dörfer. Ich spreche mit Bauern, Kellnern, Arbeitern. Die Reportage steht bereits am 7. September in der *Bild*. Die Headline hatten die Hamburger gemacht: »Ich war in der DDR gestern. Es gab kein Fleisch. Keine Kartoffeln. Aber Äpfel.« Für die beschriebenen Zustände sind andere verantwortlich. Ich schildere nur, was ich sehe, im blatttypischen Stakkato.

»Mein Magen knurrte. Ich wollte ein knusperiges Hähnchen, einen ›Broiler‹, wie es hier in der DDR heißt. In Gommern, gleich hinter Magdeburg, stoppte ich vor dem Gasthof ›Gold-Broiler‹.

›Tut mir leid‹, sagte die Kellnerin. ›Nur Selters und Bier können Sie haben.‹

›Brot?‹

›Nein, heute nicht.‹

Die DDR, sechs Wochen vor der Jubelfeier zum 40. Geburtstag: Beim Fleischer kein Fleisch, beim Bäcker kaum Brot und im ›Konsum-Laden‹ sind Milch und Kartoffeln ausgegangen.

Gommern ist kein Einzelfall. In Colditz bei Leipzig gab es zur Messezeit nur Fisch und Eisbein. In Schwerin fehlten letzte Woche Fisch und Brot, in Magdeburg Gemüse. In der Messestadt Leipzig war das Angebot weitgehend auf Gulasch, Haxe und Schnitzel beschränkt.

Der TV-Sender *RTL* zeigte Dienstagabend Geschäfte in der Karl-Liebknecht-Straße in Leipzig, deren Roll-Läden heruntergelassen waren. Ein Anwohner: ›Niemand weiß, ob sie je wieder hochgezogen werden. Entweder sind die Pächter im Westen, oder sie haben geschlossen, weil sie nichts zu verkaufen haben.‹

In den Zeitungen der DDR nehmen die Klagen über Versorgungsmängel zu. Das ›Informationsbüro West‹: ›Mal fehlen die Lastwagen, um die Geschäfte zu beliefern, mal sind sie uralt, mal einfach kaputt.‹

Fehlt der Bäcker um die Ecke, gibt es kein Brot. Fehlt Milch, war der Melker auf dem Lande wieder einmal krank. Im Schlachthof gibt es zu wenig Metzger, also werden zu wenige Tiere geschlachtet. Im Konsum und in den HO-Läden bleiben die Regale leer.

Die Auswanderungswelle über Ungarn verschärft die Lage: Jeder, der geht, reißt ein Loch in die Versorgungskette.

Nur eines gibt es in der DDR im Überfluss: Äpfel. Die meisten werden privat geerntet …«

Am Montag nach der Messe, am 11. September, waren die West-Journalisten abgereist, und die Staatsmacht schlug nach dem »Friedensgebet« zu. Es gab »Zuführungen« und Schnellverfahren. Dennoch gingen in den folgenden Wochen die Montagsproteste weiter, und von Mal zu Mal schlossen sich mehr Menschen dem Zug an, der sich stets vor der Nikolaikirche formierte. Nunmehr skandierte die Masse aber »Wir bleiben hier!« und »Wir sind das Volk!«. Das war eine klare

Kampfansage an die selbstherrliche Staats- und Parteiführung.

Diese wirkte ohnehin wie gelähmt, seit Honecker den Bukarester Gipfel Anfang Juli mit einer Gallenkolik verlassen musste und Mitte August in Berlin unters Messer kam. Man entfernte ihm die Gallenblase und einen zufällig entdeckten Tumor am Dickdarm. »Allerdings übersahen sie eine zweite Krebsgeschwulst an der Niere, sie sollte erst im Januar 1990 operativ entfernt werden«, erinnerte sich sein Leibwächter Bernd Brückner. »Der Krebsbefund im Sommer '89 wurde schon anderntags in der *Bild* vermeldet, was, wie ich meine, wieder einmal ein Eigentor des ›kleinen Erich‹ (*das ist Erich Mielke – P. B.*) war. Der hatte in seinem Konspirationswahn veranlasst, dass die Krankenakten der führenden Genossen unter geheimen Nummern geführt wurden. Irgendeiner vom medizinischen Personal der Charité, dem das bekannt war und der zudem mitbekommen hatte, dass Honecker im Hause war, konnte den Zahlencode auf der Akte sofort zuordnen. Er wird diese spektakuläre Nachricht für klingende Westmünze verkauft haben.«[94] Honecker war monatelang auf der politischen Bühne nicht präsent, Wirtschaftssekretär Günter Mittag amtierte, aber entschied nichts, die anderen Politbüromitglieder trauten sich ebenfalls nicht zu entscheiden. Dabei hatten sich inzwischen alle gesellschaftlichen Probleme zu einem gordischen Knoten geschürzt, die sich offenkundig nur durch einen Schwertstreich lösen ließen.

Am 31. August hatte sich der Chef der Leipziger Bezirksverwaltung des MfS, Manfred Hummitzsch, bei einer Dienstberatung mit Minister Mielke noch zuversichtlich gegeben. Die Lage sei kompliziert, aber wir beherrschen sie, sagte er.

Daran zweifelt nicht nur Krenz, der über diese Tage und über die Oppositionellen selbstkritisch urteilt: »Ob alle von ihnen wirklich einen reformierten Sozialismus wollen? Das Politbüro stellt sich nicht einmal diese Frage. Wir sitzen weiter auf hohem Ross. Statt mit den kritischen Geistern zu reden, beharren wir auf Dogmen, die das Leben überholt hat. Das SED-Politbüro schweigt weiter.«[95]

In der DDR haben sich politische Bewegungen und Gruppierungen wie »Neues Forum« und »Demokratie jetzt!«

formiert. Im Gründungsaufruf vom 12. September 1989 (»Aufruf zur Einmischung in eigener Sache!«) von »Demokratie jetzt!« hatte es geheißen: »Der Sozialismus muss nun seine eigentliche, demokratische Gestalt finden, wenn er nicht geschichtlich verloren gehen soll. Er darf nicht verloren gehen, weil die bedrohte Menschheit auf der Suche nach überlebensfähigen Formen menschlichen Zusammenlebens Alternativen zur westlichen Konsumgesellschaft braucht, deren Wohlstand die übrige Welt bezahlen muss.« Zwölf Namen standen darunter, zwölf Berliner Persönlichkeiten aus der kirchlichen Sammlungsbewegung zur demokratischen Erneuerung der DDR: Ulrike Poppe, Wolfgang Ullmann, Konrad Weiß, Hans-Jürgen Fischbeck. Später stießen noch Katrin Göring-Eckardt, Regine Hildebrandt, Wolfgang Tiefensee, Almuth Berger und weitere Erneuerer hinzu.

Ende des Monats reist Egon Krenz zum Staatsbesuch nach China. Dort feiert man, wenige Tage vor dem 40. Jahrestag der DDR, ebenfalls die 40. Wiederkehr der Staatsgründung. Honecker ist dazu gesundheitlich nicht in der Lage, denn so gut, wie Biermann behauptet hatte, geht es ihm keineswegs. Honecker wäre gewiss gern gereist, zumal er von Moskau wegen Gorbatschow enttäuscht ist und inzwischen auf Peking setzt. Die neue Zuneigung ist älteren Datums und steht in keinem kausalem Zusammenhang mit der gewaltsamen Niederschlagung der Revolte der Studenten auf dem Platz des Himmlischen Friedens in Peking Anfang Juni 1989. Dort hatten einige tausend junge Leute einen Hungerstreik durchgezogen, weil sie unzufrieden waren: über die Politik der chinesischen Führung im allgemeinen und im besonderen. Sie wollen mehr Demokratie, Presse- und Reisefreiheit. Das Militär und die Polizei hatten damals den Platz gewaltsam geräumt.

Entgegen den Berichten in westlichen Medien, in denen von einem »Massaker« auf dem Tian'anmen die Rede ging, war auf dem Platz nicht ein einziger Mensch gestorben. Wohl aber war es in den Zufahrtsstraßen zu gewalttätigen Auseinandersetzungen gekommen. Die jungen Leute hatten Barrikaden errichtet und versucht, mit Molotowcocktails die Marschkolonnen aufzuhalten, die zum Platz des Himmlischen

Frieden rollten. Es gab, wie immer in solchen Fällen, unterschiedliche Angaben über die Zahl der Opfer. Während offiziell rund 200 tote Soldaten und Zivilisten, darunter 36 Studenten, sowie mehr als 3.000 Verletzte angegeben wurden, meldete die Nachrichtenagentur *UPI* mit Berufung auf das chinesische Rote Kreuz mehrere Tausend Tote. Amnesty International schrieb nach Jahresfrist, dass es unmöglich sei, exakte Feststellung zu treffen, die von AI veröffentlichten unterschiedlichen Quellen sprachen von einigen hundert bis zu mehreren tausend Toten ...

Die Reise der DDR-Staatsdelegation zum 40. Jahrestag war lange vor den Ereignissen im Juni vereinbart, allerdings warfen diese natürlich einen Schatten auf die Reise von Krenz. Er wurde medial im Westen gleichsam in Mithaftung genommen, und später machte die Drohung von der »chinesischen Lösung« die Runde. Dagegen setzte er sich – wie es in einem Rechtsstaat eben möglich ist – zur Wehr. Erfolgreich. So hatte die seinerzeitige Familienministerin der rot-grünen Koalition Christine Bergmann in einem Interview mit der *Zeit* gesagt: »Schließlich hat uns Egon Krenz im Herbst 1989 mit dem Platz des Himmlischen Friedens gedroht.«

Dass dies nicht zutraf, befand auch Hajo Schumacher im *Spiegel*: »Tatsächlich hatte Krenz in verschiedenen Gesprächen damals, unter anderem mit Bundeskanzler Helmut Kohl und dem nordrhein-westfälischen Ministerpräsidenten Johannes Rau, betont, er wolle ›politische Probleme politisch lösen‹. Auch Michail Gorbatschow und der damalige UdSSR-Botschafter in der DDR, Wjatscheslaw Kotschemassow, bestätigten, Krenz habe, anders als Honecker, Gewalt abgelehnt.«[96]

Das Landgericht Hannover untersagte der ostdeutschen Bundesministerin, jenen unzutreffenden Satz zu wiederholen. Andernfalls drohten ihr 500.000 DM Ordnungsgeld oder ersatzweise Haft. »Dass ich vor einem bundesdeutschen Gericht Recht bekomme, ist für mich eine völlig neue Erfahrung. Auch die Medien wissen damit nicht so richtig umzugehen«, zeigte sich Krenz überrascht.[97]

Ich selbst erfuhr von diesem Vorgang durch meine Sekretärin Anne Rudolf. Die sehr qualifizierte, verlässliche Frau arbeitete im *Bild*-Büro in der Kronenstraße, nachdem sie ihren Job im ZK aufgrund der Liquidierung des SED-Appartes verloren hatte. Sie hatte, wie sie mir später erzählte, Egon Krenz auf seiner heiklen Mission nach Peking begleitet. Bereits auf dem Rückflug in das krisengeschüttelte Heimatland habe er ihr in den Block diktiert: »Es darf keine Gewaltanwendung in der DDR geben. Also keine chinesische Lösung.« Ich verstand nunmehr, warum Krenz sich mit Vehemenz und Anwälten gegen jeden Versuch wehrte, ihn in die Nähe gewalttätiger Despoten zu rücken. Eine militante Haltung widersprach seinem pommerschen Naturell, und er hatte die Ablehnung einer »chinesischen Lösung« zum frühestmöglichen Zeitpunkt dokumentiert. Dazu war er im übrigen nicht einmal gehalten. Erstens war Honecker der Chef, Krenz hätte dergleichen nicht anordnen können, zweitens jedoch kam eine solche Option in seiner politischen Klaviatur nicht vor.

Anne Rudolf musste im Flugzeug auch noch eine politische Erklärung aufnehmen. Krenz hatte im Flieger die Zeitungen gelesen, die ihm die Botschaft beim Abflug nach Berlin übergeben hatte. Im *Neuen Deutschland* vom 2. Oktober, auf dessen erster Seite von seinem Treffen mit Deng Xiaoping berichtet wurde und der erste Weltmeistertitel für Heny Maske (»Henry Maske der erste DDR-Boxweltmeister«) vermeldet worden war, fand sich auf der zweiten Seite eine Meldung, dass die Botschaftsbesetzer in Prag und Warschau »ausgewiesen« worden seien. Darunter stand ein Zweispalter mit der holpernden Überschrift: »Sich selbst aus unserer Gesellschaft ausgegrenzt«. Darin wurde der wenig überzeugende Versuch unternommen zu begründen, »warum wir diese Leute über die DDR in die BRD ausreisen lassen«. Das Übelste an diesem Kommentar, und das veranlasste Krenz sofort zu einer Stellungnahme, die Anne Rudolf aufnahm, war jener Satz: »Man sollte ihnen […] keine Träne nachweinen.«[98]

Der namentlich nicht ausgewiesene Autor: Honecker.

Krenz: »Ich bin darüber schmerzlich enttäuscht. Ich habe erlebt, wie Mütter und Väter, Freunde, Verwandte und Arbeitskollegen bittere Tränen vergossen haben. Jede Träne war eine Anklage gegen uns. Dieser Kommentar ist nicht mehr der politische Anspruch der DDR. Jetzt darf nicht mehr ein Tag vergehen, ohne zu handeln.«[99]

Die Honeckersche Idiotie, die Züge aus Prag nicht direkt nach Bayern sondern zuvor über DDR-Gebiet in die Bundesrepublik rollen zu lassen, führt zu den erwarteten Zusammenstößen. Am 4. Oktober kracht es vor und im Dresdner Hauptbahnhof. Das ist nur folgerichtig. Am 22. September hatte – was Krenz erst nach seiner Rückkehr aus Peking erfahren sollte – Honecker in einem Fernschreiben die 1. Sekretäre der SED-Bezirksleitungen aufgefordert, gegen die von der »bundesdeutschen Propaganda« – womit Journalisten wie ich gemeint sind – organisierten »konterrevolutionären Gruppen« vorzugehen. Die »feindlichen Aktionen« müssten »im Keim erstickt« werden.

Für Leute wie Krenz läuten die Alarmglocken. Es drohe, so scheint es, ein neuer 17. Juni – das ist seit 1953 Trauma der DDR-Führung. So oder so.

Im Gespräch erzählte mir Krenz später: »Honecker war physisch in den Wochen vor dem 18. Oktober einfach nicht da. Er war krank, lag im Krankenhaus. Falsch ist, dass sich schon zu dieser Zeit ein Verschwörerkreis gebildet hatte, wie das die Westpresse immer gern darstellt. Richtig ist, dass ich auf dem Rückflug aus China ein Memorandum diktierte, das sich kritisch mit den Verhältnissen in der DDR beschäftigte. Mir war klar: Es musste etwas geschehen.

Dieses Papier wurde nach meiner Ankunft von meinen politischen Freunden noch einmal überarbeitet. Ich gab es dann Wolfgang Herger (*Leiter der Abt. Sicherheit im ZK – P. B.*), Siegfried Lorenz (*1. Sekretär der Bezirksleitung Karl-Marx-Stadt der SED – P. B.*) und Günter Schabowski. Honecker bekam es am 8. Oktober. Honecker lehnte ab, darüber zu diskutieren.«[100]

In seinen Erinnerungen beschrieb Krenz diesen Vorgang noch ein wenig detaillierter, als er im Gespräch mit mir über den wohl entscheidenen Tag berichtete. Er hielt sich an jenem Sonntag nach dem Republikgeburtstag in Berlin-Lichtenberg in der Normannenstraße auf, wo die militärischen Spitzen der DDR sich über die gewaltsamen Zusammenstöße und Übergriffe am Vortage verständigten.

»Als Mielke die Beratung schließen will, unterbreche ich ihn: ›Ich habe eine Erklärung ausgearbeitet. Ich werde dem

Generalsekretär vorschlagen, dass sie am Dienstag im Politbüro behandelt wird und möchte mich mit euch darüber verständigen. Wer dabei sein will, kann bleiben.‹

Alle bleiben. Als ich die sechs Seiten verlesen habe, spenden sie Beifall.

Ich bekräftige die Erklärung. ›Mit Gewalt ist nichts zu machen!‹

Die Anwesenden stimmen zu. Das ist für mich ein wichtiger Moment. Ich bin mir mit den leitenden Generälen einig, dass anstehende Konflikte nur politisch gelöst werden.

Von diesem Moment an wird es keine gewaltsamen Auseinandersetzungen mehr geben.

Rudi Mittig (*Mielkes Stellvertreter – P. B.*) informiert sofort die Chefs der Bezirksverwaltungen des Ministeriums für Staatssicherheit, dass sich die Sicherheitskräfte bei politischen Demonstrationen zurückhalten. Gewalt solle nur dann angewendet werden, wenn die Sicherheitskräfte angegriffen würden.

Herger und ich wissen, dass wir unsere Kompetenzen bereits überschritten haben. Wir sind nicht befugt, Befehle ohne Weisung des Generalsekretärs zu erteilen. Und diese haben wir nicht. Zusammen mit Erich Mielke gehe ich kurz vor 11 Uhr in dessen Arbeitszimmer. Über WTsch rufe ich Honecker an. Ich erreiche ihn in seiner Wohnung.

›Erich‹, sage ich, ›ich schlage dir vor, sofort ein Fernschreiben an die Bezirksleitungen zu schicken. Die Partei muss mobilisiert werden.‹

Honecker fragt: ›Was soll da drin stehen?‹

Ich lese ihm den von Herger ausgearbeiteten Entwurf vor. Honecker ist einverstanden, hat aber Änderungswünsche. Statt ›Demonstrationen‹ will er das Wort ›Krawalle‹ haben. Meinen Einwand, Krawalle seien etwas anderes als Demonstrationen, lässt er nicht gelten. Ich fürchte, alle politischen Demonstrationen würden dadurch pauschal als Krawalle eingestuft werden.

Honecker will das Gespräch beenden.

Ich sage ihm noch: ›Ich habe eine Beschlussvorlage für die Sitzung des Politbüros am Dienstag ausgearbeitet. Da es um Grundfragen unserer Politik geht, möchte ich, dass du sie vorher liest und auf die Tagesordnung setzt.‹

Kurz angebunden erwidert er: ›Schick sie mir her.‹

Ich fahre ins Zentralkomitee. Sonntagsstimmung, nur wenige Abteilungen sind besetzt. Ich bitte meinen Sicherheitsoffizier, sofort nach Wandlitz zu fahren, um dem Generalsekretär den Entwurf der Erklärung zu übergeben. Er ist noch nicht zurück, da ruft Honecker mich schon an. Er fährt mich grob an: ›Deine Erklärung ist Unsinn. Sie ist eine Korrektur unserer bewährten Politik. Du greifst mich auch persönlich an. Von dir hätte ich das am allerwenigsten erwartet. Ich setze das Ding nicht auf die Tagesordnung.‹

Ich entgegne: ›Erich, ich trete nicht gegen dich auf. Es geht mir um unsere Sache.‹

›Was du vorlegst, ist eine Kapitulationserklärung. Die kommt auf keinen Fall auf die Tagesordnung.‹ Ohne mich zu Wort kommen zu lassen, ordnet er barsch an: ›Komm morgen früh zu mir.‹

Ich lege den Hörer auf. Ich bin desillusioniert, sprachlos, will jedoch nicht kapitulieren. Die notwendige Aussprache im Politbüro *muss* stattfinden. Bis zu diesem Telefonat hoffte ich noch, Honecker dafür gewinnen zu können.

Jetzt hat er mit mir erkennbar gebrochen.«[101]

Im Vier-Augen-Gespräch am nächsten Morgen, so erzählte mir Krenz, habe ihm Honecker drei Punkte vorgehalten. Erstens würde Krenz gegen ihn arbeiten, zweitens dieser die Partei spalten, und drittens: » Er sagte mir, dass er seine Personalentscheidungen, was mich betreffe, noch einmal überdenken werde.«[102]

Trotzdem oder vielleicht gerade deshalb legte Krenz auf der Politbürositzung am 17. Oktober das Papier vor. Stoph stellte den Antrag zur Ablösung, am Tag darauf stimmte das Zentralkomitee dem Rücktritt »aus Gesundheitsgründen« zu, wobei diese in der Geschichte der kommunistischen Bewegung übliche Begründung für eine erzwungene Demission vermutlich nie so berechtigt war wie in Honeckers Falle.

In einem späteren Gespräch mit mir wird Krenz dies als Fehler und Inkonsequenz bezeichnen. Honecker hatte einen großen persönlichen Anteil an der Krise, in die die SED die Gesellschaft geführt hatte. »Es war eine der vielen Halbwahrheiten des Oktobers und Novembers, dass wir auf der 9. Tagung nicht klar ausgesprochen haben, was später die Parteibasis forderte: Erich Honecker wird wegen schwerer Verstöße gegen das Statut der SED von seiner Funktion entbunden und aus dem ZK der SED ausgeschlossen.«[103]

Am 24. Oktober ließ sich Krenz von der Volkskammer zum Staatsratsvorsitzenden wählen, womit er automatisch auch Vorsitzender des Nationalen Verteidigungsrates wird. Somit hat er nach einer Woche alle Ämter auf sich vereint, die Honecker abgeben musste. Die Begründung lautet, dass es in der schwersten Stunde des Staates nötig sei, die Macht zu konzentrieren. Krenz muss es wohl auch so gesehen haben, sonst hätte er widersprochen.

Die Ständige Vertretung der Bundesrepublik bei der DDR und auch Bonn schätzen ein, dass die SED politisch und ideologisch wieder die Offensive erlangen will und keine Abstriche von ihrem Macht- und Führungsanspruch gestattet. Ihr Ziel sei und bleibe der weitere Ausbau des Sozialismus in der DDR, die Bewahrung von Ruhe und Ordnung, die Beseitigung ökonomischer Defizite, jedoch nicht um den Preis einer Veränderung der gesellschaftlichen Verhältnisse, meint Ministerialdirigent Claus-Jürgen Duisberg im Bundeskanzleramt. Allein die Ankündigung eines neuen Reisegesetzes reiche nicht aus, den bestehenden Druck in der DDR abzubauen. Krenz wird als kompromissloser Mann eingeschätzt, der mit aller Härte den Machtanspruch der SED verfolgt und dazu nötigenfalls alle verfügbaren Machtmittel einsetzt. Er sei kein Reformer und erst recht kein Revolutionär, ist man sich am Rhein einig.

Die weitere Entwicklung ist für die Bundesregierung deshalb schwer kalkulierbar. Wenn bis Weihnachten Reformen ausbleiben, sei mit einer Übersiedlerzahl von 150.000 Personen unter dreißig Jahren zu rechnen, meint man. Der Kanzler will den Kessel nicht weiter anheizen, sieht aber Schwierigkeiten voraus. Umso wichtiger ist ihm ein festes Bekenntnis zum nordatlantischen Bündnis und zur Europäischen Gemeinschaft. Der Westen müsse zusammenstehen – und helfen. Ansonsten haben Abrüstung und Reformbewegung in Osteuropa keinen Nährboden.

Präsident George Bush verfolgt die strategischen Interessen der USA in Europa, deshalb braucht er in dieser Phase einen engen Schulterschluss mit Kohl. Bush lädt darum den Bundeskanzler zu einem Besuch nach Camp David ein. Dort war noch kein deutscher Kanzler vor ihm.

Aufmerksamkeit erregen in Bonn Äußerungen des Außenministers der USA zur deutschen Frage, weil sich hier unterschiedliche Linien andeuten. In einer Ansprache am 16. Oktober bezeichnet James Baker das Streben der Deutschen nach Selbstbestimmung in Frieden und Freiheit als ihr legitimes Recht. Er spricht jedoch nicht von der Möglichkeit der Wiedervereinigung (*reunification*), sondern von der Versöhnung (*reconciliation*), die auf der Grundlage der westlichen Werte erfolgen müsse. Steht etwa dahinter der Gedanke, die DDR könne als selbstständiger Staat fortbestehen, wenn das kommunistische System beseitigt sei? Hält die amerikanische Administration etwa die Reformierbarkeit des Sozialismus für wahrscheinlicher als dessen Zusammenbruch? Das wäre zu jenem Zeitpunkt eine gravierende Fehleinschätzung.

Präsident Bush dagegen spricht von der Möglichkeit der Wiedervereinigung, die allerdings eine Verständigung unter den Westmächten voraussetze.

Wie der Gang der Geschichte zeigt, waren das alles nur Nebelkerzen. Das geostrategische Ziel der Amerikaner ist klar, es wird seit 1945 konsequent verfolgt: Russen raus aus Zentraleuropa! Deshalb wurden alle Überlegungen in der Bundesrepublik – etwa der Deutschlandplan der SPD von 1958 – als störend empfunden und eliminiert. Eine deutsche Wiedervereinigung kann aus Sicht Washingtons nur mit dieser Maßgabe erfolgen. Mit dem Wissen von heute lässt sich darum sagen: Die Herstellung der staatlichen Einheit war nicht das Ziel, sondern eher ein Nebenprodukt der Politik der USA zu Beginn der 90er Jahre …

Am 24. Oktober erörtert Bundesminister Rudolf Seiters in Bonn mit den Botschaftern der drei Mächte die Situation. Keiner von ihnen glaubt so recht daran, dass sich die neue Führung in der DDR lange halten werde. Sir Christopher Mallaby, Botschafter der Krone in Bonn seit 1988, hält Krenz für einen »Opportunisten«, Vernon Walters ihn allenfalls für einen Übergangskandidaten. Und Serge Boidevaix bezweifelt, ob Krenz mit der Ankündigung einer neuen Ausreiseregelung die Lage stabilisieren könne. Für Seiters ist jeder Schritt zu mehr Freiheit ein Schritt zur Überwindung der deutschen Teilung. Gleichwohl hat die Bundesregierung aber auch das Problem der Flüchtlingsintegration in die bundesdeutsche Gesellschaft im Auge. Wenn sie nicht aufpasse, entstehe Sozialneid, der jeder Wiedervereinigungsbewegung nur abträglich sein könne, erwähnt der Kanzleramtsminister.

Für Helmut Kohl ist nach seinem ersten Telefonat mit Egon Krenz am 26. Oktober klar: Der neue SED-Generalsekretär bleibt im Grunde bei der alten Linie. Ein Durchbruch zu einer umfassenden Reformpolitik ist für Kohl nicht in Sicht, eine Reiseregelung sei nicht mehr als eine Geste guten Willens, sagt er. Beide vereinbaren zunächst den Besuch von Kanzleramtsminister Seiters in der zweiten Novemberhälfte, Seiters und Krenz'

Wiederholung möchte Kohl vermeiden: keinen roten Teppich in Bonn für Krenz, den Mann des Übergangs, wie damals 1987

Beauftragter Schalck-Golodkowski sollen aber schon jetzt eine Begegnung ihrer Chefs vorbereiten.

Seiters ist seit Ende April 1989 Bundesminister für besondere Aufgaben und in diesem Amte Nachfolger von Wolfgang Schäuble. Anders als dieser machte er bislang wenig Gebrauch von der vertraulichen Verbindung zu Schalck-Golodkowski, er ist kein Kanalarbeiter. Nach seiner Visite in Bonn informiert Schalck am 7. November Krenz, dass Seiters finanzielle Hilfe nur dann zur Verfügung stellte, wenn die SED oppositionelle Gruppen zuließe und freie Wahlen zusagte.

Die Bundesregierung sei dann bereit, die von der neuen SED-Führung angestrebte grundlegende Sanierung der DDR-Wirtschaft zu unterstützen. Doch nicht in Gestalt mittelfristiger Liquiditätshilfen in Höhe von acht bis zehn Milliarden D-Mark, gestreckt über fünf Jahre, wie Schalck vorgeschlagen hatte. Das, so interpretiert man dieses Ansinnen, käme einer »reinen Systemfinanzierung« gleich.

Und genau die will Bonn nicht.

Nach Erkenntnissen des BND schwankt nämlich in den letzten Wochen die Stimmungslage in der DDR zwischen Hoffnung auf Veränderungen, Ratlosigkeit über die weitere Entwicklung, Schadenfreude, dass der SED-Führung die Menschen weglaufen, und Selbstvorwürfen, bisher nicht den Mut aufgebracht zu haben, Reisefreiheit zu geben. Die meisten Ostdeutschen wollen gesellschaftliche Veränderungen und fordern Demokratie und Freiheit. Nein, eine Stabilisierung des bisherigen politischen DDR-Regimes ist weder in ihrem, schon gar nicht im Sinne Bonns.

Der Kanzler wendet sich gegen einen Deutschlandplan. Die Entwicklung sei nicht vorhersehbar, äußert er gegenüber Präsident Mitterrand bei den deutsch-französischen Konsultationen Anfang November in Bonn. Kohl wartet die Entwicklung zunächst ab. Im Moment genießen bei ihm die bevorstehende Polenreise, der geplante Gipfel zwischen Bush und Gorbatschow sowie Fortschritte bei der europäischen Integration Vorrang. Auch darf das deutsch-französische Verhältnis nicht leiden. Aus Sicht des Bundeskanzleramtes haben die Beziehungen im Frühherbst 1989 merklich an Schwung verloren. Als Ursachen macht Ministerialdirigent Axel Hartmann Unsicherheiten der französischen Haltung gegenüber der deutschen Frage, ausbleibende Erfolge bei der gemeinsamen Sicherheits- und Verteidigungspolitik aus (Stichworte: Aufbau einer deutsch-französischen Brigade, Entwicklungsstand der europäischen Integration, nuklearpolitische Zusammenarbeit). Wesentlicher Baustein ist die bevorstehende Entscheidung des Europäischen Rats über den Beginn einer europäischen Wirtschafts- und Währungsunion. Sie kann aber nach Einschätzung des Kanzlers nicht das Endziel dieser Entwicklung sein. Kohl will den Einstieg in die Diskussion um die politische Union. Frühestens Ende 1990 soll dazu eine Regierungskonferenz einberufen werden, die sich auch mit der institutionellen Weiterentwicklung, vor allem den Kompetenzen des Europäischen Parlaments, befasst. Die nächsten Europawahlen im Jahre 1994 können seiner Auffassung nach nicht abgehalten werden, ohne dem Europäischen Parlament mehr Kompetenzen zu geben.

US-Präsident Bush, der schon seit Juli mit dem Gedanken einer Gipfelbegegnung spielt, kündigt dem Kanzler Ende Oktober ein Treffen mit Gorbatschow Anfang Dezember auf Malta mit dem Hinweis an, er beabsichtige nicht, detaillierte Verhandlungen zu führen. Er schraubt bewusst die Erwartungen herunter, um den Erfolgsdruck zu mindern: Das amerikanische Interesse ziele auf Veränderungen im sowjetischen Machtbereich.

»Was ist die DDR ohne Sozialismus? – Ich sagte: Deutschland«

Eine 80-köpfige Delegation hochrangiger Vertreter aus Politik und Wirtschaft begleitet Bundeskanzler Kohl am 9. November in die polnische Hauptstadt. Im Anschluss an ein erstes Vier-Augen-Gespräch mit dem seit Ende August amtierenden Premierminister Tadeusz Mazowiecki trifft sich Kohl mit Ex-Gewerkschaftsführer Lech Walesa. Dieser war bei der Wahl des Ministerpräsidenten im Sejm Mazowiecki unterlegen, sollte aber Ende 1990 zum Staatspräsidenten gewählt werden.

Während in Warschau Kohl beim Festbankett mit Mazowiecki sitzt, hält Schabowski in Berlin seine Pressekonferenz ab. Eduard Ackermann, Kohls Adlatus, leitet die bewusste Reuters-Meldung nach Warschau weiter, die Regierungssprecher Hans (» Johnny«) Klein dem speisenden Kanzler reicht. Der ist skeptisch und lässt sich beim Dinnieren nicht weiter stören.

In der Nacht entscheidet er sich nach diversen Konsultationen, den Staatsbesuch zu unter-, nicht abzubrechen, um nach Berlin zu reisen. Offenkundig wirkt das Kanzler-Trauma nach: Adenauer war nach der Grenzschließung am 13. August 1961 nicht sofort nach Berlin gereist, was ihm bis zum Ende seiner Tage anhing. Kohl will darum umgehend vor Ort sein, wenn die Mauer fällt.

Mazowiecki empfängt Kohl am Morgen und vermittelt den Eindruck, als sei nichts Besonderes geschehen, nach der Begrüßung geht er zum politischen Tagesgeschäft über. Kohl hingegen spricht die aktuellen Ereignisse in Berlin an.

Nach einem Telefonat mit Staatspräsident Wojciech Jaruzelski, der über Kohls angekündigte anderthalbtägige Unterbrechung des Staatsbesuchs keineswegs begeistert ist, fliegt der Kanzler nach Berlin.

In Bonn konferiert am Nachmittag Bundesminister Rudolf Seiters mit den Botschaftern der drei Mächte. Zur gleichen Stunde lässt Gorbatschow dem Kanzler durch Botschafter Kwizinskij eine mündliche Nachricht zukommen, die Horst Teltschik telefonisch im Schöneberger Rathaus entgegennimmt. Gorbatschow lässt den Bundeskanzler wissen: a) Moskau steht zu der Entscheidung der DDR-Führung, den Menschen freie Ausreise zu gewähren, b) es gebe in Deutschland unverändert zwei souveräne Staaten, c) er bittet den Kanzler, einer Destabilisierung vorzubeugen.

Die Fortsetzung seines Polenbesuchs ist für Kanzler Kohl nun doppelt schwierig. Einerseits muss er Befürchtungen der Polen entgegentreten, die Bundesregierung werde jetzt nur noch die Entwicklung in der DDR im Auge haben und darüber die Beziehungen zu den europäischen Nachbarstaaten vergessen. Andererseits, und das weiß Kohl, bekommen die tief sitzenden Ängste wegen der polnischen Westgrenze neue Nahrung. Zwar haben die DDR und Polen 1950 einen Vertrag geschlossen, der den Grenzverlauf an Oder und Neiße verbindlich festlegt, womit die ehemaligen deutschen Ostgebiete – Teile Pommerns, die Neumark und Schlesien – gemäß Potsdamer Abkommen Polen zugeschrieben wurden. Das war von Teilen der westdeutschen Bevölkerung aber nie akzeptiert worden: Wie würde sich im Falle einer Vereinigung, sprich Ende der DDR, die künftige Bundesregierung dazu verhalten? Würde sie diese polnischen Territorien wieder zur Disposition stellen?

Kohls Rezept, als er am 12. November wieder in Warschau eintrifft, lautet: beruhigen und den Polen mit Geld Sicherheit anbieten. In einer Unterredung mit Staatspräsident Jaruzelski sagt er diesem, Polen könne sich auf Kredithilfen des Internationalen Währungsfonds verlassen. Er habe nicht die Absicht, die Lage zu destabilisieren, aber: Sein Ziel sei die Überwindung der Teilung Deutschlands unter dem europäischen Dach, einen deutschen Nationalstaat wie unter Bismarck werde es nicht mehr geben. Einen großer Teil der Bevölkerung in der Bundesrepublik akzeptiere die polnische Westgrenze, wie sie heute bestehe.

Die DDR, wirft Jaruzelski ein, habe die Grenzen Polens anerkannt. Ob Kohl einen Friedensvertrages anstrebe?

Der Kanzler antwortet darauf ausweichend.

Auch Mazowiecki macht dem Kanzler bewusst: Die Polen beschäftigt das Grenzproblem am stärksten. Der Kanzler verweist darauf, dass ihm durch das Bundesverfassungsgericht die Hände gebunden seien. Er könne (und wolle auch) nicht auf einen Teil Deutschlands verzichten, solange Deutschland als Ganzes nicht wieder hergestellt sei. Daher bitte er um Geduld und Mazowiecki fordert er auf, dieses Thema einschließlich der Reparationsfrage in der nachfolgenden gemeinsamen Pressekonferenz nicht anzusprechen. Der Kanzler fürchtet mögliche Präzedenzwirkungen für andere Länder, wenn jetzt das Thema »Reparationen« in die öffentliche Diskussion geriete.

Ich treffe mich, Jahre später, mit Rudolf Seiters zum Interview, der in jener Zeit eine Schlüsselrolle spielte: Er war von 1989 bis 1991 in der Nachfolge von Wolfgang Schäuble Bundesminister für besondere Aufgaben. Er erzählt mir:

»Im Juli/August bin ich im Urlaub in Österreich, als sich die Dinge in Ostberlin, in Prag und in Ungarn zuspitzen. Die ersten Flüchtlinge sind schon in der Prager Botschaft.

Kaum war ich in meinem Urlaubsort in Österreich angekommen, habe ich dann aufgrund der Zuspitzung der Lage die Ständige Vertretung in Ostberlin wegen Überfüllung schließen müssen. Es war wirklich eine qualvolle Enge.

Am 19. August bin ich nach Ostberlin geflogen, um mit den Flüchtlingen zu verhandeln. Die DDR-Bürger vertrauten nicht mehr auf irgendwelche Zusagen von Rechtsanwalt Wolfgang Vogel bzw. der DDR-Regierung. Mein Standpunkt war klar: Das Problem mit den Flüchtlingen ist in der DDR entstanden, also muss die DDR auch das Problem lösen. Und damit das auch klar war, haben wir immer wieder den DDR-Offiziellen erklärt: Wir schicken keine Flüchtlinge auf die Straße, und wir bauen keine Mauern um unsere Botschaft!

Die Gespräche waren daher immer sehr unerfreulich und verliefen auch alle ohne Ergebnis. Ich bin nach den Gesprächen im DDR-Außenministerium dann zu den Flüchtlingen gefahren. Hier wurde mir der Gegensatz zwischen der starren und uneinsichtigen Haltung der alten Männer in der DDR-Führung, besonders von Vize-Außenminister Werner Krolikowski, und der ruhigen Festigkeit der Flüchtlinge besonders deutlich.

Die Flüchtlinge sagten immer: Wir bleiben hier, wir gehen nicht zurück. Das hat mich sehr beeindruckt und sehr bewegt. Und ich habe dann in Bonn berichtet, die DDR-Führung wird ihre Position nicht durchhalten können.

Wir wussten, dass die Bilder, die um die Welt gingen (*aus den besetzten Botschaften – P. B.*), einen immer stärkeren Druck auf die DDR-Führung ausüben würden. Und wir wussten auch, dass die wirtschaftliche Lage der DDR besorgniserregend war und die DDR ihrerseits nicht an einer absoluten Zuspitzung uns gegenüber interessiert sein konnte. DDR-Staatssekretär Alexander Schalck-Golodkowski hat jedenfalls in den Gesprächen mit Bundesinnenminister Wolfgang Schäuble und mir immer wieder die schwierige wirtschaftliche Lage angedeutet oder dargestellt. Die DDR brauchte dringend Devisen. Das wussten wir. Wir haben in unseren Gesprächen der DDR daher immer ein Angebot gemacht, das weit über finanzielle Hilfen hinausging. Aber dieses Angebot war an die Bedingung geknüpft: Haltet euch an die vereinbarten Ziele der KSZE, beachtet die Reformbewegungen in den anderen RGW-Staaten. Und die KSZE-Bedingungen waren deutlich: Pluralismus, freie Wahlen und Menschenrechte.

Vom Abbau der Mauer haben wir nicht gesprochen. Wir haben die ›Politik der kleinen Schritte‹ fortgesetzt und intensiviert. Mit dem Ergebnis, dass die Zahl der Besucher aus der DDR in der Bundesrepublik dramatisch zunahm. Wir haben daher mit der DDR-Führung auch über ein verändertes Reisegesetz gesprochen. In all unseren Gesprächen kam immer das Thema ›Reiseverkehr‹, also indirekt auch die ›Mauer‹, vor.

Als dann im August/September 1989 die großen Flüchtlingsströme nach Ungarn einsetzten und auch unsere Botschaft in Prag von DDR-Bürgern überflutet wurde, wussten wir: das können die in Ostberlin nicht durchhalten. Ein Wechsel der Politik muss erfolgen. Anfang Oktober war mir das 150-prozentig klar.

Am 30. September 1989 waren wir in Prag. Die DDR-Führung machte genau hier den entscheidenden Fehler: Sie ließ ihre eigenen Bürger in ihren eigenen Zügen über ihr eigenes Territorium ausreisen. Ich wusste – und wir alle wussten –, dass diese Reise im Grunde zu einem Triumphzug für die Flüchtlinge werden musste. Und so kam es ja auch. Nun wusste ich: Ein Staat, dem die Jugend davonläuft, hat keine Zukunft. Die Hilflosigkeit und die totale Ratlosigkeit der DDR-Führung wurde in diesen Tagen deutlich sichtbar.

Am 29. September morgens um 10 Uhr war im Kanzleramt entschieden worden, dass Außenminister Hans-Dietrich Genscher und ich nach Prag fliegen sollten. Unser Erscheinen sollte den Flüchtlingen die Sicherheit geben, dass sie auf das Wort vertrauen konnten. Die DDR war dann auch einverstanden, dass wir in den Zügen selbst mitfahren sollten. Im ersten Zug Genscher, im zweiten Zug ich. Dann sind wir nach Prag geflogen. Als wir dort ankamen, kam die erste schlechte Nachricht: Die DDR hatte ihre Zusage, dass wir in die Züge dürften, zurückgezogen. Ich hab dann mit Horst Neubauer (*seit 1988 Leiter der Ständigen Vertretung der DDR in Bonn – P. B.*) telefoniert und protestiert, es sei ein Bruch der Absprachen. Aber er blieb dabei.

Dann haben wir uns zu einer Besprechung zurückgezogen und beredet, wie und wer diese Entscheidung den Flüchtlingen im Garten des Palais Lobkowitz mitteilen wird. Einen Text haben wir nicht besprochen. Es ging darum, den Flüchtlingen mitzuteilen: Ihr könnt ausreisen, und wir sind hier, damit ihr uns vertraut usw.

Es war ein regnerischer Tag. Wir sind in die Botschaft gegangen, die Treppe hoch, und auf den Treppenstufen rechts und links saßen und lagen die Menschen, wir zwängten uns hindurch, man konnte physisch das Vertrauen, das die Leute uns, den Vertretern der Bundesregierung, entgegenbrachten, spüren. Obwohl sie gar nicht wussten, mit welcher Botschaft wir kamen, das war ja nicht durchgesickert, sie wussten nicht, was wir dort sagen würden. Das war der dringende Wunsch von Hans-Dietrich Genscher gewesen, nichts zu verlautbaren, bevor wir nicht in Prag angekommen seien, um nicht irgendwelche Verunsicherungen oder offenen Fragen aufzuwerfen. So geschah es.

Danach aber begann die andere Arbeit. In den Gesprächen mit Schalck-Golodkowski sprachen wir über das Reisegesetz, über Mindestumtausch, das Begrüßungsgeld, den Devisenfonds. Es war also schon mächtig viel im Gange. In dieser Phase wussten wir, dass die DDR unglaublich unter Druck stand. Wir hatten allerdings kein Interesse daran, dass die DDR ausblutet. Das war auch eine Gratwanderung. Die Signale, die wir gegeben haben, waren auf der einen Seite absolute Solidarität mit den Flüchtlingen, auf der anderen Seite klare Positionen im Grundsatz der KSZE, freie Wahlen, Pluralismus, Bereitschaft zur Zusammenarbeit mit der DDR weiterhin in Fragen der wirtschaftlichen Kooperation, der Erweiterung der Reisemöglichkeiten und Besuchserlaubnisse, Angebot auf größere wirtschaftliche Hilfe, wenn die DDR das tut, was jetzt in Europa anstand.

Das Wort ›Wiedervereinigung‹ ist schon gefallen. Aber keiner von uns hat gewusst, dass sie so konkret bevorsteht. Wir haben durchaus schon an ein Zwischenstadium mit konföderativen Strukturen gedacht, es war ja auch gar nicht die Rede von sofortiger Wiedervereinigung, es war ja ein Prozess, ein zeitlicher Plan, der durch die Ereignisse der nächsten Wochen aber überholt worden ist.

Ich hatte damals ein Gespräch mit Eagleburger, dem Vize-Außenminister der USA. Er fragte mich: Was ist die DDR ohne Sozialismus? Ich sagte: ›Deutschland.‹

Das unterschied doch die DDR von allen anderen Staaten, dass sie kein eigenes Staatsgebilde war wie die Polen, Ungarn und all die anderen Staaten.«[104]

Mielke mit Brinkmann
auf der Brücke vorm Palast

Am 23. November 1989 stehe ich wieder vorm Gebäude des Zentralkomitees. Seit gestern schneit es, der Winter hält früh Einzug. Die Fahrzeuge zermahlen den Schnee auf den Straßen zu dunkelbraunem Matsch. Das *Neue Deutschland*, das sich in der Unterzeile noch immer »Organ des Zentralkomitees der Sozialistischen Einheitspartei Deutschlands« nennt, berichtet auf der ersten Seite über den Generalsekretär, dass dieser am gestrigen Mittwoch morgens gegen 6 Uhr bei Bergmann-Borsig war. Auf einer Betriebsdelegiertenkonferenz habe man die Delegierten für den Sonderparteitag gewählt und mit dem Generalsekretär, der drei Stunden im Werk unterwegs war, über die Lage diskutiert. Der Beitrag war programmatisch überschrieben: »Ohne SED gibt es bei uns keinen Sozialismus«.

Drinnen im ZK wird in vielen Räumen gestritten. An einer Zusammenkunft um 18 Uhr nehme ich teil.

»Lenin blickte stumm von der weiß getünchten Wand in den Saal 100 des ZK-Gebäudes der SED. Vielleicht ganz gut, dass er nicht hören musste, was zum ersten Mal im Machtzentrum der SED gesagt wurde: ›Der real existierende Sozialismus ist zu einem Verbrechen an der Menschheit geworden.‹

Zwischenrufe, Wut, Verzweiflung – die Genossen der Staatspartei wissen nicht mehr weiter. Donnerstagabend hörten etwa 600, was Siegfried Lorenz vom Politbüro über die Erneuerung der SED gesagt hatte.

Die Stimmung war explosiv. Ein Arzt der Volkspolizei brachte es auf den Punkt: ›Mit diesen drei Buchstaben S – E – D ist im Volk zu viel Aversion verbunden. Daher muss eine neue Partei unter anderem Namen mit einer ganz anderen Führung her.‹

Bernd Klose, Wissenschaftler an der Humboldt-Universität: ›Auf allen Ebenen herrscht völlige Konzeptionslosigkeit, große

Konfusion. Wir plappern jetzt nur noch nach und geben es als unser Aktionsprogramm aus, was uns das Volk auf der Straße jeden Tag vorsagt. Genossen, es schwimmt uns alles davon.‹

Schweigen, als ein Genosse in den Saal brüllte: ›Ich habe vor dreißig Jahren der Partei die Wahrheit gesagt und saß dafür fünf Jahre im Zuchthaus. Wann bekomme ich endlich Gerechtigkeit?‹

Donnernder Beifall, als Lorenz bekanntgab, dass die zentrale Parteikommission den bisherigen Wirtschaftschef Günter Mittag aus der SED ausgeschlossen hat und gegen Honecker ein Verfahren mit dem Ziel des Ausschlusses eingeleitet wird. Nur wenige nehmen die beiden in Schutz.

Frage aus dem Publikum: ›Was hast du, Genosse Lorenz, eigentlich in den letzten vier Jahren gegen die verbrecherische Politik der Führung unter Honecker unternommen?‹

Weit kam Lorenz nicht mit seiner Antwort, dann kamen die Zwischenrufe: ›Aufhören, es reicht. Du hast die Wende nicht begriffen.‹

Ein Militärarzt: ›Viele Funktionäre kommen zu mir mit Selbstmordgedanken. Vor allem Politoffiziere. Sie wurden verdummt, stehen jetzt vor dem Trümmerhaufen ihres Lebens.‹

So geht es über Stunden. Am Schluss sind sich alle einig: Die SED wird nach freien Wahlen mit größter Wahrscheinlichkeit in die Opposition gehen.

Und Egon Krenz wird es auf dem Parteitag sehr schwer haben. ›Er steckt zu tief mit drin‹, sagte einer.«[105]

Ich stecke auch »zu tief« drin, wie ich am 20. April 1993 erfahren werde. Fünfzehn Jahre lang bin ich vom MfS observiert worden, wie ich bei meiner ersten Akteneinsicht in Berlin feststellte. Die Spionageabwehr, HA II, heftete sich jedesmal an meine Fersen, wenn ich die Grenze passierte. Hauptproblem mit mir: »Kontakte zu feindlich-negativen Kräften in der DDR, Durchführung von nicht genehmigten Befragungen«. Jetzt, im November 1989 erledigt sich das. Am 17. November war das MfS per Ministerratsbeschluss zum Amt für Nationale Sicherheit (AfNS) geworden, die Änderung des Namens ging einher mit einer Korrektur der Aufgaben. Bespitzelungen, denen auch ich ausgesetzt war, sollten eingestellt werden.

Manche Berichte (»Die Besuchsstrukturen des BILD-Reporters lückenlos aufklären. Wen trifft er, warum trifft er sich, was macht er?«) waren auch Russisch ausgefertigt. Offenkundig hielt man mich für so wichtig, dass man »die Freunde« meinte unterrichten zu müssen.

Noch während der Herbstmesse 1989 hatte man geschrieben: »Ein eigenwilliger, der SED feindlich gegenüberstehender Journalist. Hat hervorragende Beziehungen, kennt viele Leute. Vorsicht im Umgang, lässt sich nicht beeindrucken und beeinflussen. Weiter beobachten. Verdacht auf Spionagetätigkeit.«

Der Bericht ging auch ans ZK der SED. Danach wurde das Papier bearbeitet. Jetzt lautete der Auftrag nur noch: »BILD-Reporter, sorgfältig beobachten, keinen Moment aus den Augen lassen, aber nicht behelligen.«

Das tat man denn auch, als ich Anfang Oktober im Ostberliner Interhotel »Metropol« abstieg, um über den 40. Jahrestag der DDR zu berichten. Das Haus an der Friedrichstraße galt als »Stasi-Hotel«: die Zimmer verwanzt, die netten Mädchen in der Keller-Bar arbeiteten als Zuträger.

Ich war mit dem Wagen angereist. Als ich morgens mit der Redaktion in Hamburg telefonierte, erfuhr ich, dass meine Kollegen Achim Melde und Richard Voelkel an der Grenze abgewiesen worden waren. Ich solle es auch mal testen.

Ich fuhr mit der S-Bahn vom Bahnhof Friedrichstraße hinüber und wechselte auf dem Bahnhof Kochstraße unweit des Springer-Hochhauses die Fahrtrichtung. Im Bahnhof Friedrichstraße stieg ich wieder aus. Mir schien, dass ungewöhnlich viele Uniformierte unterwegs waren. Ich beobachtete, das einigen Reisenden an der Schleuse die Einreise verweigert wurde.

Ich heftete mir demonstrativ meine Akkreditierung »40 Jahre DDR« an die Jacke und reihte mich in die Warteschlange vor dem Kontrollhäuschen ein. Plötzlich kam ein Offizier auf mich zu und sagte: »Bitte, kommen Sie« und lotste mich an der Warteschlange vorbei durch die Kontrollen. Nach ein paar Minuten war ich wieder im nur wenige hundert Meter entfernten Hotel. Ich rief die Redaktion in Hamburg an. Politikchef Lothar Schindlbeck war am Apparat.

»Die sortieren aus, lassen nicht alle durch, mich aber haben sie bevorzugt abgefertigt. Ich weiß nicht warum.«

Lothar Schindlbeck bestätigte meine Beobachtung. »Es werden immer mehr Journalisten abgewiesen. Probiere es noch einmal. Ich will wissen, ob sie dich wieder reinlassen.«

Diesmal reiste ich mit dem Wagen über den Grenzübergang Heinrich-Heine-Straße aus. Gleich hinter der Grenze drehte ich auf dem Moritzplatz eine Runde und fuhr zurück. Unbehelligt durfte ich passieren. Wie schon geschrieben: 1993 erfuhr ich den Grund.

Vormittags fand die Militärparade auf der Karl-Marx-Allee statt, am Abend nahm ich an den Feierlichkeiten im Palast der Republik teil. Am Nachmittag stand ich nur drei Schritte hinter Michail Gorbatschow, als er am Mahnmal Unter den Linden sagte, was der Dolmetscher Helmut Ettinger zu dem geschichtsträchtigen Satz verdichtete: »Wer zu spät kommt, den bestraft das Leben.«

Bei der Festveranstaltung saß ich auf der obersten Empore im Großen Saal. Festakt. Honecker hielt seine Rede, Ministerpräsident Stoph, so schien mir, schlief wie immer, Gorbatschow saß ohne Regung auf seinem Platz.

Egon Krenz sagte mir im Oktober 1990, was hinter den Kulissen passiert war. Gorbatschow hatte zuvor Honecker in einem Vier-Augen-Gespräch klargemacht, dass seine Politik zu

Gorbatschow am 7. Oktober 1989 hinter der Neuen Wache: Wer zu spät kommt, den bestraft das Leben. Am rechten Bildrand, über Günter Mittag, Peter Brinkmann

Ende sei. Honecker sei danach ernst, blass und stumm gewesen.

Nach dem Festakt warteten draußen Tausende von jungen Leuten, um an der Tribüne Unter den Linden vorbeizuziehen. Nur wenige Hundert Meter weiter, machten sich ebenfalls Tausende von jungen Menschen bereit, um zu protestieren.

Ich war auf beiden Seiten. Sowohl vor den Polizeiketten als auch dahinter.

Zunächst schlich ich mich in den Zug der Prominenten. Nur zwei Meter hinter Honecker, seiner Frau Margot und Gorbatschow lief ich im Pulk. Dann setzte ich mich vor den Zug, direkt neben die Kamera des DDR-Fernsehens. Niemand drängte mich ab, holte mich raus, keiner fragte.

Ein großes Polizeiaufgebot schirmte den Palast ab. Die Demonstranten, die vom Alexanderplatz kamen, wurden von Polizisten am Weitergehen gehindert. Sie stoppten zwangsläufig an den beiden Spreebrücken und verteilten sich am gegenüberliegenden Ufer.

Kritisch drohte es zu werden, als sie massiv versuchten, über die Karl-Liebknecht-Brücke Richtung Brandenburger Tor zu laufen. Ich stand in diesem Moment auf der Brücke. Plötzlich kam ein Offizier auf mich zu und herrschte mich an: »Verlassen Sie diese Brücke, das ist Handlungsraum der Volkspolizei.«

Ich schaute ihn an und bat mit ruhiger Stimme um seinen Dienstausweis. Das irritierte ihn, er war das offenkundig nicht gewohnt. Er nestelte eine Klappkarte am Lederriemen heraus und hielt sie mir kurz unter die Nase. Ehe ich Name und Dienstrang erhascht hatte, war das Dokument auch schon verschwunden und ich hörte erneut: »Verlassen Sie diese Brücke, das ist Handlungsraum der Volkspolizei.«

Darauf fasste ich meinen ganzen Mut zusammen (hinter mir am Geländer reihten sich bereis auffällig viele junge Leute in Einheitskleidung auf), holte meinen Presseausweis hervor und hielt ihm diesen vors Gesicht: »Bitte verlassen Sie diese Brücke, das ist Handlungsraum der freien Presse.«

Der Offizier war nun gänzlich irritiert. Man sah es an der Stirn, wie es in seinem Kopf arbeitete. War ich ein Provokateur oder vielleicht doch ein Vorgesetzter? Wie sollte er damit umgehen? Offenkundig drohte Ärger, und dem wollte er aus dem

Blu 26 Ost-Berlin / Mielke   Foto
Brinkmann

Der Minister für Staatssicherheit höchstselbst greift vor Ort ein,
um den Palast (im Hintergrund rechts) zu sichern

Wege gehen. Tatsächlich, er machte auf dem Absatz kehrt und
verschwand.

Ich blieb zurück und wartete, was nun kommen würde.

Es kam ein kleiner Mann in Zivil, um den sich sofort etliche
Offiziere scharten. Den kannte ich. Ich riss die Kamera hoch
und drückte auf den Auslöser, das Blitzlicht warf einen grellen
Schein. Es sollte, wie sich später zeigte, das einzige Foto vom
Minister für Staatssicherheit sein, das diesen an jenem Abend
»an der Front« zeigte. Später bestritt er, aus welchen Gründen
auch immer, damals dort auf der Brücke gewesen zu sein. Mein
Bild überführte ihn der Lüge.

Wer ließ Journalisten sieben Wochen am Brandenburger Tor warten? Brinkmann!

In der »Nacht der Nächte« begann das unnormale Leben der DDR. Vier Tage später, am 13. November, tritt, schon lange vom Volk angemahnt, endlich das DDR-Parlament im Palast der Republik zusammen. Die Volkskammer beruft Premierminister Willi Stoph und den gesamten Ministerrat ab und wählt den Dresdner Parteichef Hans Modrow mit einer Gegenstimme zum Ministerpräsidenten. Er erhält den Auftrag zur Regierungsbildung, am 17. November soll er auf der nächsten, der 12. Volkskammertagung, eine Regierungserklärung abgeben und seine neue Mannschaft präsentieren. Viel Zeit hat er nicht. Nicht nur das Parlament ist aus dem verordneten Tiefschlaf erwacht.

Ich will unbedingt das erste Interview mit Modrow.

Zuvor hatte ich die lebhafte Debatte von der Pressetribüne der Volkskammer verfolgt. Dann die Wahl des Parlamentspräsidenten – der alte, Horst Sindermann, war demissioniert, worauf sich fünf Abgeordnete um das Amt bewarben. Den zweiten Wahlgang entschied mit knapper Mehrheit der Vorsitzende der Bauernpartei, Günter Maleuda. Der Chef der Liberalen, Manfred Gerlach, hatte 16 Stimmen weniger bekommen.

Ich schaute nach unten in den Plenarsaal, der sich langsam leerte. Unten standen noch Krenz und Modrow beieinander. Ich hängte meinen Presse-Ausweis für diese Volkskammer-Sitzung ab, ließ ihn in der Brieftasche verschwinden und eine Kamera im Pressezimmer im fünften Stock zurück. In die rechte Jackentasche steckte ich mein Aufnahmegerät.

Ich schlenderte die Treppen vom fünften in den dritten Stock hinunter, keine Wache hielt mich auf. Dann befand ich mich im Vorraum des Plenarsaales. Neben mir Abgeordnete, die ich nicht kannte und die mich nicht kannten. Niemand sprach mich an. Wo war Hans Modrow? Mein Jagdinstinkt trieb mich, das Reporterfieber loderte in mir. Plötzlich kam Modrow aus der Tür. Ich ging auf ihn zu. »Herr Modrow, Brinkmann, *Bild*-Zeitung …«

Er unterbrach: »Ich muss mal schnell wohin.«

»Ich komme mit«, sagte ich dreist. Modrow sollte mir nicht entwischen.

»Ist in Ordnung«, sagte Modrow.

Auf dem Weg zum stillen Örtchen und auch dort führte ich das erste Exklusiv-Interview mit dem neuen Ministerpräsidenten der DDR. Hans Modrow redete, mein Aufnahmegerät vor der Nase störte ihn nicht. Das Wichtigste sagte er zuletzt, als wir uns bereits anschickten, die Toilette zu verlassen. Ich fragte: »Wann öffnen Sie das Brandenburger Tor?«

Und Modrow antwortete: »Wir werden darüber demnächst sprechen. Vor allen Dingen muss ich mich mit meinen Leuten, die dafür Verantwortung tragen, beraten. Zurzeit ist es dafür noch zu früh.«

Das wichtigste Wort hieß: »demnächst«. Es hatte in meinen Ohren Bedeutung, signalisierte es doch, dass mindestens Modrow begriffen hatte, welchen Symbolwert das verstellte Bauwerk in der Mitte Berlins für die Westdeutschen besaß.

Der Coup war geglückt. Ich hatte mein Interview und obendrein eine Meldung, die in den Westmedien gewiss Resonanz haben würde. Meine Nachricht in der *Bild* am 14. November zog um die Welt: *Demnächst* werde das Brandenburger Tor geöffnet!

In der Folge reisten Hunderte von Journalisten an und warteten wochenlang vor dem Brandenburger Tor, dass es geöffnet würde. Die Wacht am Wahrzeichen Berlins kostete die Fernsehsender vermutlich ein Vermögen an Spesen. Denn es sollte noch sieben Wochen dauern, bis Kanzler Helmut Kohl und Ministerpräsident Hans Modrow gemeinsam mit den Berliner Bürgermeistern Walter Momper und Erhard Krack durchs Tor gingen und jene Bilder entstanden, auf die die Welt wartete.

Mit dem neuen Ministerpräsidenten Hans Modrow ging ich nach unserem Gespräch noch ein paar Schritte. Dabei trafen wir auf einen Bartmenschen, den er mir vorstellte. »Herr

DDR-Ministerpräsident Hans Modrow und Kanzleramtsminister Rudolf Seiters, hinter ihm Franz Bertele, Leiter der Ständigen Vertretung, 5. Dezember 1989

Brinkmann, passen Sie gut auf diesen jungen Mann auf. Der wird noch was.«

Der junge Mann hieß Matthias Platzeck, sollte schon bald am Zentralen Runden Tisch sitzen und als Grüner dem Modrow-Kabinett ab Februar 1990 angehören. Später, 2002, wurde er Ministerpräsident im Land Brandenburg.

In der Folgezeit gewann ich zu Hans Modrow ein nahezu freundschaftliches Verhältnis, das über Jahre anhielt. 2011 waren wir gemeinsam auf Kuba. Wir wollten beide zu Fidel. Wir schafften es beide nicht.

Korrigierte Kohl sich und seinen Kurs? Und falls ja: Was war die Ursache?

In seinen ersten öffentlichen und politischen Bekundungen nach dem Wechsel an der Spitze der DDR deutete nichts darauf hin, dass der Bundeskanzler Kurs auf die deutsche Einheit nahm. Er wollte Ruhe, Stabilität und Berechenbarkeit bei sich zu Hause und beim östlichen Nachbarn. Entsprach dies seiner politischen Grundhaltung, oder war es nur Taktik und Kalkül, um die Welt in Sicherheit zu wiegen? Vor allem die Russen.

Der DDR-Botschafter in Moskau, Gerd König, erinnert sich. »Die sowjetische Führung ging nach dem Rücktritt Honeckers und selbst nach der Öffnung der Grenze weiter davon aus, dass eine tiefgreifende Umgestaltung in der DDR und die Erhaltung der DDR als sozialistischer Staat möglich seien. Eine Voraussetzung dafür war, dass die Ereignisse in der DDR keinen unkontrollierten, unberechenbaren Verlauf nehmen und nicht im Chaos enden würden. Gorbatschow und die sowjetische Führung fürchteten sich vor einer Eskalation der Ereignisse, der Anwendung von Gewalt auf der Straße und vor möglichen Grenzdurchbrüchen. Hinter diesen Befürchtungen steckte die Sorge, dass in einer solchen Situation von der Sowjetunion ein militärisches Eingreifen gefordert werden könnte, was Michail Gorbatschow zu Recht strikt ablehnte.

In diesem Zusammenhang sind auch seine vielfachen Telefonate mit Egon Krenz, Helmut Kohl und anderen europäischen Staatsmännern zu sehen, die er nach der Öffnung der Grenze mit ihnen führte. Gorbatschow ging es vor allem darum, den erreichten Veränderungen und begonnenen Reformen in der DDR durch unüberlegte Schritte und ungeschickte Handlungen Dritter keinen Schaden zuzufügen.

Aus seinen Telefonaten mit Bundeskanzler Kohl gewann Gorbatschow offenbar die Überzeugung, dass auch der Kanzler an der Erhaltung der Stabilität interessiert sei und in dieser komplizierten Situation Augenmaß und Verantwortungsgefühl zeigen werde«, so Gerd König. »Gorbatschow und Schewardnadse forderten in diesen Tagen wiederholt Besonnenheit, Verantwortungsgefühl und Umsicht von den Politikern, keine Einmischung in die inneren Angelegenheiten der DDR, die Unverletzlichkeit der Grenzen und die Einhaltung bestehender Verträge. In der sowjetischen Presse wurde davor gewarnt, den Status quo in Europa zu verändern und Druck auf die sozialistischen Länder auszuüben.«[106]

Allerdings wurde im Apparat des ZK der KPdSU und in den beratenden außenpolitischen Gremien längst anders gedacht und gesprochen. König notierte nach einem Gespräch in der Internationalen Abteilung des ZK der KPdSU in der zweiten Novemberhälfte konsterniert, dort sei ihm erklärt worden, »dass niemand das Recht habe, die Interessen der UdSSR zu eng mit den Interessen des Weltsozialismus zu verbinden. Die sowjetischen Interessen in Deutschland sollten daher nicht zu eng mit dem Sozialismus auf deutschem Boden, also mit der DDR, verbunden werden. In den Vordergrund rückten die Fragen: Was gewinnt die Sowjetunion bei einer Vereinigung der beiden deutschen Staaten, und welchen Preis ist ein vereinigtes Deutschland bereit zu zahlen?«[107]

Sie schienen offensichtlich in die Botschaft eingeflossen zu sein, die der Gorbatschow-Berater Nikolai Portugalow am 21. November nach Bonn brachte. Der russische Ex-Journalist – er arbeitete in der Bundesrepublik, als dort Valentin Falin Botschafter war – reiste im Auftrag des Leiters der Internationalen Abteilung, eben jenes Valentin Falin. Portugalow wurde von Kohls Berater Horst Teltschik empfangen.

Wie Teltschik berichtet, übergab ihm Nikolai Portugalow eine Einschätzung der Entwicklung in der DDR. Dann habe der Russe weitergehende Überlegungen dargelegt, die er angeblich lediglich mit Valentin Falin abgesprochen hätte. Es ging um Fragen der Zusammenarbeit zwischen beiden deutschen Staaten. Wie Horst Teltschik schreibt, habe Portugalow dann aber auch über die Wiedervereinigung, den Beitritt der DDR zur EG, die Allianzzugehörigkeit des vereinigten Deutschland und die Möglichkeit eines Friedensvertrages gesprochen. Er, Teltschik, habe sich geradezu erschrocken, wie weit die Überlegungen der sowjetischen Seite zur deutschen Einheit bereits gingen.

Heute ist Teltschik davon überzeugt, dass seine Überlegungen aus dem Gespräch mit Portugalow bei Kanzler Kohl offenbar Wirkung gezeigt haben. Das Wissen, dass man in der Umgebung Gorbatschows bereits über die Vereinigung nachdenke, veranlasste Helmut Kohl, auch aus parteitaktischen Gründen, die Initiative an sich zu reißen. Er erteilte am 23. November Teltschik den Auftrag, ein Konzept für den Einigungsprozess zu erarbeiten, welches am 28. November 1989 im Bundestag von ihm vorgestellt werden sollte.

Die *Bild*, über den offensichtlichen Paradigmenwechsel in Moskau informiert und darum ahnend, dass sich der Zug in Richtung Einheit in Gang gesetzt hatte, schickte meinen Kollegen Eberhard Laib nach Moskau. Er sollte dort mit Portugalow sprechen und nachbohren.

Kohl nahm am 28. November seine Kurskorrektur vor. Dem Bundestag präsentierte er ein Zehn-Punkte-Programm. Das beschäftigte sich zwar mit Sofortmaßnahmen und dem Ausbau der Zusammenarbeit beider deutscher Staaten, es war von einer Vertragsgemeinschaft und der Schaffung konföderativer Strukturen die Rede, von Europas Einigung und der Forcierung des KSZE-Prozesses, aber der letzte Punkt war der entscheidende: Die Wiedergewinnung der staatlichen Einheit Deutschlands bleibt das politische Ziel der Bundesregierung.

Teltschik sprach von einem »Riesenerfolg«. In sein Tagebuch notierte er: »Wir haben unser Ziel erreicht: Der Bundeskanzler hat die Meinungsführerschaft in der deutschen Frage übernommen.«[108]

Dass Kohl und seine Ratgeber die ostdeutsche Meinung zu formen versuchten und nicht bloß auf sie reagierten, zeigt auch die Äußerung, die Teltschik am Tag von Kohls Rede gegenüber US-Botschafter Vernon Walters machte: In der DDR werde »zur Zeit zwar nicht viel über die Wiedervereinigung gesprochen, aber das könnte sich, da Millionen von Ostdeutschen die BRD besuchten, ändern«.[109]

Kohls Rede wurde nahezu konspirativ erarbeitet und auch so in die Öffentlichkeit gebracht. Als Einziger wurde US-Präsident Bush via Botschafter Walters vorher informiert, doch diesen erreichte – warum auch immer – das verschlüsselte elfseitige Schreiben erst, nachdem die Presse bereits darüber berichtete, weshalb Bush verärgert reagierte. Kohl glättete mit einem Telefonat die Wogen. Als Kanzler a. D. begründete er in seinen Erinnerungen die Geheimniskrämerei. »Hätte ich die zehn Punkte innerhalb der Koalition oder gar mit unseren Verbündeten (! – P. B.) abgestimmt, wären sie am Ende völlig zerredet worden. Jetzt war nicht die Stunde der Bedenkenträger, jetzt war die Stunde der Offensive.«

Während der Kanzler noch im Bundestag redete, hatte Teltschik den sowjetischen Botschafter Julij Kwizinskij informiert, was Moskau – so stand es zumindest am 29. November auf Seite 3 der *Iswestija* – dankbar als »ein Zeichen für die freundlicher gewordenen Beziehungen mit der BRD« quittierte.

Auch wenn bis in den Dezember hinein Moskau wiederholt scharfe Kritik an Kohls Kurs übte, war das, wie Botschafter Gerd König sarkastisch befand, nichts außer »Theaterdonner«. Gorbatschows harschen Worten folgten keine Konsequenzen. »Der Sowjetunion gelang es nicht, mehr noch, sie versuchte es gar nicht, den zehn Punkten Kohls etwas Gleichwertiges entgegenzustellen. Die Bundesregierung jedoch begann zügig und erfolgreich, die zehn Punkte mit Leben zu erfüllen.«[110]

Frankreich und Großbritannien zeigten sich – im Unterschied zur dritten westlichen Siegermacht – wenig begeistert über Kohls Zielvorgabe. »Gorbatschow bestätigte mir bei meinem Besuch in Moskau im September 1989, auch die Sowjetunion wünsche keine deutsche Wiedervereinigung. Dies bestätigte mich in meinem Entschluss, das damals schon rasante Tempo der Entwicklung zu bremsen«, so Margaret Thatcher in ihren Erinnerungen. »In diesem Sinne schrieb ich US-Präsident Bush, die deutsche Wiedervereinigung sei kein Thema, das derzeit behandelt werden müsse.«[111]

Thatcher schrieb weiter, dass Frankreichs Präsident Mitterrand noch besorgter als sie gewesen sei, er habe den Zehn-Punkte-Plan von Bundeskanzler Kohl »sehr kritisch« gesehen. »Deutschland, bemerkte er, habe in der Geschichte noch nie seine wahren Grenzen gefunden, denn die Deutschen seien ein Volk, das ständig in Bewegung und im Wandel sei«, erinnerte sie sich. »Auch wenn wir noch nicht herausgefunden hatten, wie wir den deutschen Moloch in die Schranken weisen konnten, so hatten wir doch offenbar beide den Willen dazu.«

Jedoch resümierte die britische Pemierministerin realistisch: »Allerdings muss man einräumen, dass sich seine Einschätzung, nichts könne die deutsche Wiedervereinigung aufhalten, als richtig erwies.«[112]

Hans Modrow hatte Horst Teltschik auch eingeseift, wie dieser in einem Gespräch mit dem Berliner *Tagesspiegel* zwanzig Jahre später offenbarte. Er habe die vom neuen DDR-Ministerpräsidenten ins Gespräch gebrachte »Vertragsgemeinschaft« in die zehn Punkte aufgenommen. »Wir wussten zwar nicht, was das ist‹, sagte Teltschik, ›doch wir wollten Modrow entgegenkommen‹. Tatsächlich habe der SED-Mann den ersten vier der zehn Punkte sofort zugestimmt. Modrows Hoffnung allerdings, dass die Menschen ihre DDR als souveränen Staat behalten wollten, erwies sich schon wenig später als Fehleinschätzung.«[113]

Im Mai 1999 traf ich mich, inzwischen für den *Berliner Kurier* tätig, mit Horst Teltschik in München. Das Interview fand in seinem Büro bei BMW statt – er war seit 1993 Vorstandsmitglied und amtierender Chef der firmeneigenen Herbert-Quandt-Stiftung. Für mich gehörte der Mann zu den besten analytischen Köpfen in Deutschland.

Für Teltschik erfolgte die Weichenstellung nicht erst im Herbst 1989. »Im Juni 1989 kam Michail Gorbatschow zu einem Staatsbesuch in die Bundesrepublik, ein Jahr zuvor war er in den USA gewesen. Das Sensationelle war, dass Gorbatschow die ›Gemeinsame Erklärung‹ unterschrieb, in der vom ›Selbstbestimmungsrecht der Völker‹ gemäß den auch von der Sowjetunion unterschriebenen Prinzipien der KSZE die Rede war. Es war damit das erste Dokument zwischen einer Bundesregierung und der sowjetischen Regierung, wo der Begriff ›Selbstbestimmung‹ drinstand.

Für mich war damit die Linie der Politik klar: Aufgrund des Liberalisierungsprozesses in Polen und Ungarn und vor allem in der Sowjetunion durch Perestroika und Glasnost musste dies auch Konsequenzen für die DDR haben. Wenn sie sich nicht diesem Prozess öffnete, würde sie sich isolieren. Und das würde die DDR als Staat nicht überleben.

Zweitens war meine Auffassung, dass es mit diesem Veränderungsprozess, der zwangsläufig früher oder später auch in der DDR einen Liberalisierungsprozess auslösen musste, eine Veränderung in der DDR geben würde. Unsere Konzeption bestand ja nicht darin, dass wir gesagt haben, unser Ziel ist es, morgen die Wiedervereinigung zu erreichen. Sondern unser strategisches Ziel war, einen Öffnungsprozess in der DDR – vergleichbar mit dem in der Sowjetunion, Ungarn, Polen – zu erreichen. Klares Ziel war dabei, die DDR *vorläufig* als Staat zu erhalten!

Unsere These war: Wenn dieser Prozess ökonomischer und politscher Reformen in Gang kommt, dann eröffnet sich die Chance, dass die Menschen in der DDR eines Tages entscheiden, wollen sie selbständig bleiben oder wollen sie wiedervereinigt werden.

Deshalb haben wir gesagt: probieren wir es mal, warum eigentlich nicht? Vielleicht gibt uns Gorbatschow mit seiner Unterschrift ja Luft und Zeit. Warum sollen wir das nicht mal in ein Dokument, dessen erklärtes Ziel auf beiden Seiten war, die deutsch-sowjetischen Beziehungen auf eine neue Basis zu stellen, auf eine völlig neue Grundlage zu stellen, hineinschreiben? Nämlich auf die Grundlage Zusammenarbeit, Dialog, Aufbau und gutnachbarlicher Beziehungen. Deutsch-sowjetische Beziehungen waren von zentraler Bedeutung. Für die Sowjetunion war dies eine ganz wichtige Vokabel.

Der sowjetische Botschafter in Bonn, Julij Kwizinskij, hat sofort verstanden, was wir da machten. Er sagte zu mir: ›Teltschik, so nicht!‹

Ich antwortete ihm: ›Sie wissen doch, was unser Verständnis von Selbstbestimmung ist. Sie können nicht erwarten, dass der Bundeskanzler plötzlich einer anderen Interpretation folgt.‹

Kwizinskij hat aber nicht gesagt: ›Ihr Trickser!‹ Denn er wusste: In dem Augenblick, wo das Papier unterschrieben ist, würden wir dies auch für unsere Politik nutzen. Das war keine Trickserei.«[114]

160

Dass sich Teltschik zehn Jahre nach dem Gezeitenwechsel nicht klüger gab als vordem, lässt sich im Archiv nachlesen. Wenige Wochen nach Gorbatschows Staatsbesuch in der Bundesrepublik und der Unterzeichnung der »Gemeinsamen Erklärung« hatte er nämlich in einem Interview gesagt: »Es gibt entscheidende, grundlegende Veränderungen. Wir erleben die revolutionäre Umgestaltung der sowjetischen Politik in Richtung auf mehr Gewaltenteilung, mehr Menschenrechte, mehr Rechtssicherheit, mehr Pluralität.

Eine solche Entwicklung haben wir immer als Voraussetzung angesehen für entsprechende Veränderungen auch in der DDR. Ich bin überzeugt, dass die deutsche Frage künftig verstärkt auf der Tagesordnung der West-Ost-Gespräche stehen wird. Die Sowjetunion hat erkannt, dass dieses Kapitel der europäischen Geschichte noch nicht zum Abschluss gekommen ist.

Das Selbstbestimmungsrecht wird (*in der* ›*Gemeinsamen Erklärung*‹ – *P. B.*) an zwei Stellen angesprochen ohne ausdrücklichen Bezug auf die deutsche Frage. Das Selbstbestimmungsrecht, das hier für alle Staaten und Völker gefordert wird, muss selbstverständlich auch für die Deutschen gelten. Und deshalb besteht jetzt die Chance, anknüpfend an diese Aussagen und im Kontext zum KSZE-Prozess, auch in der deutschen Frage weiterzukommen«, so Teltschik im *Bonner Generalanzeiger* vom 6. Juli 1989. »Die territoriale Einheit kann, aber sie muss das Ergebnis eines solchen Prozesses sein. Und hier, glaube ich, liegt der Kern der heutigen Politik.«

Auch wenn Teltschik am Ende seines Interviews diese Aussage relativiert (»Unser vorrangiges Ziel in der deutschen Frage sind die Menschenrechte. Die territoriale Frage steht nicht vor der Freiheit«), ist die Perspektive deutlich formuliert.

Bundeskanzler Kohl musste also am 28. November keine Kurskorrektur vornehmen. Man hätte nur die Zeichen richtig deuten müssen.

Wie mir aber Teltschik im Gespräch 1999 verriet, trug ihm jenes Interview im Juli 1989 im *Bonner Generalanzeiger* heftige Kritik ein, obgleich er die Feststellung, dass die deutsche Frage wieder auf der Tagesordnung der Politik stünde, einigermaßen »verschlüsselt« habe.

»Außenminister Genscher hat nach meiner Information FDP-Fraktionschef Mischnick angerufen, er müsste unbedingt etwas gegen mich beim Kanzler unternehmen. Mischnick hat daraufhin beim Bundeskanzler protestiert wegen meiner Äußerungen. Der Kanzler hat zu mir gesagt: ›Warum mussten Sie denn so etwas sagen?‹

Und ich antwortete: ›Weil es stimmt.‹

Der Kanzler war der Meinung, dass eine solche Äußerung zu diesem Zeitpunkt nicht klug, nicht opportun sei.

Ich muss Ihnen sagen, es war meine tiefste Überzeugung. Nämlich auf diesem Hintergrund, dass diese Prozesse, die sich hier abspielten, das Thema DDR wieder zum internationalen Gegenstand machen würden.

Zum Teil wollte man das in Bonn nicht wissen. Das Klima in Bonn war ja nach wie vor das: Es darf nichts geschehen, was die Beziehungen zur DDR stören könnte. Bis hin zu dem Vorwurf, dass man ein Kalter Krieger ist, wenn man solche Themen artikuliert. Ich war ja dafür bekannt, dass ich gelegentlich etwas sagte, was nicht opportun war. Ich habe das damals gesagt, und heute bin ich stolz darauf, dass ich das damals gesagt habe«, so Teltschik 1999 mir gegenüber.

»Etwas, was auch nicht ernst genommen worden ist: Gorbatschow hatte dem Bundeskanzler bei den Gesprächen im Juni '89 gesagt – und ich habe dies oft zitiert und immer wieder in Erinnerung gerufen –, er werde sich nicht mehr in die inneren Angelegenheiten seiner Bündnispartner einmischen. Er wisse nicht, wie weit er mit seinem Reformprozess gehen könne, aber sie testen es, sie liberalisieren und irgendwann werden Sie schon hören, ob es Probleme gibt.

Das galt für uns auch. Ich war mit Ungarns Ministerpräsident Miklos Nemeth und seinem Außenminister Gyula Horn eng befreundet. Ich habe sie privat getroffen und viele Gespräche in Budapest und in Bonn mit beiden geführt. Auch mit dem ungarischen Botschafter István Horvath. Wir sind noch heute per du und befreundet. Ich wusste damals, was dort läuft.

Für den Bundeskanzler war das Thema Wiedervereinigung immer ein Thema. Ich war bei seinen Gesprächen mit Breshnew dabei, als er mit Gromyko zusammentraf, mit Andropow, und später Gorbatschow. Er hat immer über das Thema der deutschen Einheit gesprochen unter dem Gesichtspunkt, dass niemand davon ausgehen könne, dass dies geschichtlich erledigt sei. Und ich muss Ihnen sagen: Was mich immer ermutigt hat und den Kanzler natürlich ebenfalls: dass keiner dieser sowjetischen Generalsekretäre jemals zur Antwort gegeben hat: Herr Kohl, vergessen Sie das Thema, das ist von der Geschichte erledigt. Sondern sie haben alle gesagt, das ist JETZT kein Thema. Kein einziger Russe hat dem Bundeskanzler oder dem früheren Oppositionsführer Kohl gesagt: das hat die Geschichte auf Dauer erledigt. Nie! Da war ein ganz anderes historisches Verständnis da, als viele Deutsche es hatten.

Nur, wenn Sie mich im Juli '89 gefragt hätten: Wird in einem Jahr Deutschland wiedervereinigt sein, hätte ich gesagt: keine Idee! Ich hätte Ihnen nur gesagt, dass ich hoffe und erwarte, dass in der DDR ein vergleichbarer Prozess einsetzt wie in Ungarn, wie in der Sowjetunion und wie in Polen. Und der könnte vielleicht mal in zehn, zwanzig, dreißig oder fünfzig Jahren zur Wiedervereinigung führen. Aber dass das im nächsten Jahr vor der Tür stand, war völlig offen.

Ich habe gesagt, wenn ein Liberalisierungsprozess in der DDR eintritt, dann heißt das, dass die deutsche Frage in irgendeiner Form wieder virulent wird. Und das war das, was ich in diesem Interview mit dem *Bonner Generalanzeiger* zum Ausdruck brachte. Die deutsche Frage wird – in welcher Form auch immer – wieder auf der Agenda sein. Denn wenn liberalisiert wird, wird eine Diskussion beginnen: Wo führt das hin? Deswegen war für mich auch klar: Wenn die DDR sich isoliert und keine Unterstützung mehr bekommt – wie sollte sie dann überleben?«[115]

Überhaupt: die Ungarn. Teltschik sagt, er sei mit dem Premier und dem Außenminister »eng befreundet« gewesen und habe sie 1989 wiederholt getroffen. Außenminister a. D. Gyula Horn bestätigt diese enge Beziehung und die Schlüsselrolle Ungarns für die Vorgänge in der DDR im Herbst 1989. Zehn Jahre später traf ich mich mit ihm zum Interview. Meine erste Frage zielte darauf, ob es zu jenem 27. Juni 1989 – also der demonstrativen Zerteilung des Eisernen Vorhangs durch ihn und seinen österreichischen Kollegen Alois Mock – eine Vorgeschichte gab. Die Frage ist natürlich rhetorischer Natur: Jedem

Gespräch mit Gyula Horn in Budapest, 1999

Ereignis gehen andere voraus, nichts entsteht aus sich selbst. Oder wie Kohl einmal meinte: Alles hängt mit allem zusammen.

»1987, damals Staatssekretär im Außenministerium, habe ich einen Vorschlag gemacht, wie der Warschauer Pakt und der Rat für Gegenseitige Wirtschaftshilfe (RGW), im Westen Comecon, demokratisiert werden könnte und müsste. In meinem Vorschlagspaket an den damaligen Ministerpräsidenten Karoly Grosz enthalten war auch die Idee, für die Ungarn völlige Reisefreiheit anzustreben. Jeder Ungar sollte einen Pass bekommen, der fünf Jahre galt und Reisen in alle Länder der Erde erlauben sollte, sofern diese unseren Bürgern die Einreiseerlaubnis erteilten.

Brinkmann: Wie war die Reaktion?

Horn: Das Politbüro entschied, den Weltpass am 1. Januar 1988 einzuführen. Ungarische Staatsbürger konnten also schon sehr früh ohne Devisenbeschränkung reisen.

Brinkmann: Und was war der nächste Schritt?

Horn: Die Konsequenz war zu überlegen, warum wir unter diesen Umständen noch schwer bewachte Grenzen benötigten? Nachdem ich am 10. Mai 1989 Außenminister geworden war, konnte ich an die Umsetzung meiner politischen Ideen gehen.

Brinkmann: Mit wem haben Sie diese dramatischen Änderungen besprochen? Immerhin waren die Ungarn Mitglied des Warschauer Paktes, ihre Westgrenze war zugleich die Bündnisgrenze. Es gab entsprechende Verträge, und soweit ich weiß, nahm auch die DDR Ungarn diesbezüglich in die Pflicht.

Horn: Zunächst habe ich mit niemandem gesprochen, dann mit Ministerpräsident Miklos Nemeth und im Sommer auch mit dem Innenminister. Er hatte die Oberaufsicht über die Grenztruppen.

Brinkmann: Mit welchem Ergebnis?

Horn: Unsere Regierung beschloss, alle Grenzanlagen zu Österreich abzubauen. Am 27. Juni, da lief der Abbau aber schon, durchtrennte ich noch einmal mit Mock den Stacheldraht, um der Welt zu zeigen, dass der Eiserne Vorhang zwischen Ost und West nunmehr ein Loch hat.

Brinkmann: Haben Sie die Schere und den Draht noch?

Horn: Den Draht bewahre ich als Reliquie fürs Leben auf. Die Schere gab ich den Grenztruppen zurück.

Brinkmann: Wie war die Reaktion bei den Verbündeten, insbesondere in der DDR?

Horn: Sie schäumten. Nicht ohne Grund hatten wir weder die DDR noch Moskau von unseren Absichten zuvor unterrichtet.

Brinkmann: Musste sich die DDR durch Ihren Schritt nicht direkt bedroht fühlen?

Horn: Ja, sicher. Als Ostberlin davon erfuhr, begann es sofort zu protestieren und zu drohen. Besonders Außenminister Oskar Fischer tobte, als ich ihm sagte: ›Wir machen keine Vorschläge, sondern ich teile Ihnen lediglich unseren Beschluss mit.‹ Damit war klar: Wir werden nicht mit uns handeln lassen.

Der Höhepunkt des Konflikts war im August, als wir beschlossen, alle DDR-Flüchtlinge, die in unserem Lande waren, in den Westen ausreisen zu lassen. Oskar Fischer rief: ›Das ist Verrat! Sie lassen die DDR im Stich und wechseln auf die andere Seite. Das wird schwerwiegende Folgen für Sie haben.‹ Ostberlin drohte mit Wirtschaftssanktionen.

Brinkmann: Und Moskau?

Horn: Wir haben Moskau nicht informiert, was wir vorhatten. Hätten wir das getan, hätten sie die Grenzöffnung sicher verhindert. Wir schwiegen bewusst, damit Moskau nicht reagieren konnte. Ich habe Moskau auch deshalb nicht informiert, damit der Kreml selbst Stellung beziehen musste. Der ZK-Apparat war gewiss dagegen. Rumänien wollte sogar militärisch intervenieren. Doch dafür war Moskau nicht zu haben.

Brinkmann: Ahnten Sie, was Sie mit der Grenzöffnung in Bewegung setzten?

Horn: Ehrlich gesagt: nein. Ich habe diese Folgen nicht vorausgesehen. Unsere Entscheidung, die Entscheidung der ungarischen Regierung, erfolgte aus eigenem nationalen Interesse. Mit Bonn und den USA hatten wir im Mai keine Kontakte. Die kamen erst später, als die DDR-Flüchtlinge sich in Ungarn sammelten, um über die Grenze zu gehen. Wir standen vor der Frage: Wie gehen wir mit den Tausenden DDR-Bürgern um, die darauf warteten, in den Westen gehen zu können? Bei der Lösung dieses Problems waren uns Bundeskanzler Helmut Kohl und vor allem Außenminister Hans-Dietrich Genscher eine wichtige Hilfe.

Brinkmann: Inwiefern?

Horn: Die DDR wollte unbedingt ihre Bürger zurückhaben. Ich sagte zu meinem Ministerpräsidenten Miklos Nemeth: ›Alle DDR-Bürger müssen Ungarn legal verlassen können, wohin sie wollen. Dafür müssen wir das Abkommen mit der DDR von 1969 kündigen.‹ Das sah vor, DDR-Bürger an unserer Westgrenze abzuweisen und sie nicht nach Österreich oder in die Bundesrepublik ausreisen zu lassen. Nemeth meinte: ›Damit wählen wir von den beiden deutschen Staaten jetzt den westdeutschen.‹ Ich aber sagte ihm: ›Nein, wir setzen uns für das Recht der Deutschen ein und wählen Europa.‹ Genscher half, den Knoten zu entwirren. Als Dank schenkte ich ihm im September 1989 ein Stück Stacheldraht in einem schönen Etui.‹«

Gab es wirklich nur verbalen Beistand aus Bonn?

Mark Palmer, 1989 Botschafter der USA in Budapest, sagte mir 1990: »Es gab Zusagen über Kredite.«

In einer Publikation von Aleksandr Galkin und Anatolij Tschernjajew (»Michail Grobatschow und die deutsche Frage. Sowjetische Dokumente 1986-1991«) fand ich das Protokoll jenes Vier-Augen-Gesprächs zwischen Gorbatschow und Honecker am 7. Okotober 1989, das in allen einschlägigen Quellen zwar erwähnt, aber nie ausgeführt worden war.

»E. Honecker: Am Vorabend der Ereignisse in Ungarn, die ich bedauere, war Nemeth Gast der SPD. Es wurde vereinbart, dass die BRD einen Kredit über 550 Millionen Mark zur Verfügung stellt, wenn die Ungarn die Grenze öffnen. Die Ungarn sind darauf eingegangen.«

In der Anmerkung 12 auf Seite 188 heißt es dazu ergänzend: »Gem. deutschen Protokoll 500 Millionen. Die bundesdeutsche Kreditgarantie wurde schließlich um 500 Millionen DM erhöht, vgl. Schreiben Kohl an Nemeth vom 4.10.1989.).« Anmerkung 13 ergänzt: »Gem. deutschem Protokoll habe die SPD Nemeth ›an Kohl weitergereicht‹, so dass die Kreditzusage von der Regierung erfolgte.«

Die Ungarn haben für die Grenzöffnung keine Gegenleistung *gefordert* – sie wurde ihnen von der SPD angeboten und vom Bundeskanzler gebilligt. Am 25. August flogen Miklós Nemeth und Gyula Horn nach Bonn zu Bundeskanzler Helmut Kohl und Außenminister Hans-Dietrich Genscher. Das Geheimtreffen fand im Gästehaus der Bundesregierung auf Schloss Gymnich statt. Helmut Kohl seien die Tränen gekommen, als die Ungarn die Grenzöffnung für den September 1989 ankündigten, berichtete mir Horn. Der Bundeskanzler selbst bestätigt dies in seinen Memoiren. Überwältigt von dem historischen Moment habe er die Ungarn gefragt, was sie im Gegenzug dafür haben wollten.

Einer der wenigen Zeugen des Gespräches war Dieter Kastrup, ein enger Mitarbeiter Genschers. Er sagte dazu: »Es ist in der späteren Diskussion oft gefragt worden: Was hat die Bundesrepublik Deutschland denn dafür gegeben, was war der Deal, um es in der heutigen politischen Terminologie auszudrücken. Ich glaube, die Ungarn waren viel zu stolz und selbstbewusst, um sich auf so etwas von vornherein einzulassen.«

Aus den Gesprächen wird berichtet, dass der ungarische Ministerpräsident wiederholt dem Bundeskanzler erwidert haben soll: »Ungarn verkauft keine Menschen!« Doch Dieter Kastrup ist überzeugt: »Dennoch stand bei dieser Begegnung die Erwartung im Hintergrund, dass wir ihnen behilflich sein würden. Was wir dann auch waren.«

Die konkreten Zusagen finden sich im Telegramm des Bundeskanzlers an Ministerpräsident Németh am 4. Oktober 1989:

»Sehr geehrter Herr Vorsitzender,

für die Bundesregierung und für mich persönlich war es von Anfang an erklärte Politik, die von Ihrem Land eingeleiteten historischen Reformen hin zu mehr Menschenrechten, zu politischem und gesellschaftlichem Pluralismus, zu Rechtsstaatlichkeit, zu Marktwirtschaft und Privatinitiative nachdrücklich zu unterstützen. Heute kann ich Ihnen mitteilen, dass die Bundesregierung grundsätzlich bereit ist, die Garantie für den Kredit aus 1987 um 500 Millionen DM aufzustocken. Damit kann Ihre Regierung zusammen mit der parallelen Kreditaktion der Bundesländer Bayern und Baden-Württemberg mit einem deutschen Beitrag in Höhe von einer Milliarde DM rechnen.

Mit freundlichen Grüßen,

Ihr Helmut Kohl«

Über das geheime Treffen auf Schloss Gymnich am 25. August schrieben auch Kai Diekmann und Karl Georg Reuth aus unserem Verlagshaus. Das Buch erschien 2010 unter dem Titel »Helmut Kohl. Ich wollte Deutschlands Einheit«. Offiziell wird der Altkanzler als Autor ausgewiesen, aber die beiden Journalisten schreiben aus ihrer Perspektive. Das erklärt, warum der »Autor« in der dritten Person erscheint.

»Noch heute ist Kohl die innere Anspannung anzumerken, unter der er am Tag des Treffens mit Németh, dem 25. August, gestanden hat. ›Außer Hans-Dietrich Genscher, der sich gerade erst von seinem Herzinfarkt erholt hatte‹, so der Kanzler, ›hatte ich nur Horst Teltschik, Eduard Ackermann, Rudi Seiters sowie Juliane Weber in das geplante Treffen mit der ungarischen Führung in Gymnich eingeweiht. Am frühen Freitagmorgen habe ich diesen kleinen Kreis noch einmal gebeten, unbedingtes Stillschweigen zu wahren. Es musste alles getan werden, um das äußerst gespannte Verhältnis zwischen Budapest und Ost-Berlin nicht weiter zu verschärfen.‹ [...]

Németh berichtete, dass er vor gar nicht so langer Zeit ein Gespräch mit Honecker geführt habe, der sich einmal mehr als verbohrter Reformgegner erwiesen habe. Er, Németh, habe bei der Gelegenheit die Reformpolitik seines Landes erläutert. Honecker habe zwar zugehört, ihm aber dann drei Bücher überreicht, die er unbedingt lesen solle. Es habe sich dabei um Honecker-Reden, um Materialien über den letzten SED-Parteitag und das Programm der SED gehandelt – eine wahrlich spannende Lektüre.

Ich antwortete Németh, dass ich von Honecker den gleichen Eindruck hätte wie er. Dieser wolle unter allen Umständen im Amt bleiben – und jede Reform würde ihn das Amt kosten.

Doch auch Gorbatschow, der den ungarischen Reformen ja wohlwollend gegenüberstand, sei in der sowjetischen Nomenklatura nicht unumstritten, und niemand wisse, wie Moskau letztlich auf eine Öffnung der Grenze für die DDR-Deutschen reagieren werde. Immerhin stünden zweihunderttausend sowjetische Soldaten in Ungarn.

›Eine Abschiebung der Flüchtlinge zurück in die DDR kommt nicht in Frage. Wir öffnen die Grenze. Wenn uns keine militärische oder politische Kraft von außen zu einem anderen Verhalten zwingt, werden wir die Grenze für DDR-Bürger geöffnet halten.‹ Es sei beabsichtigt, alle Deutschen bis Mitte September ausreisen zu lassen.

›Mir stiegen die Tränen in die Augen, als Németh dies ausgesprochen hatte‹, fährt Kohl fort. ›Mir wurde in diesem Moment deutlicher denn je bewusst, wie wichtig und richtig es gewesen war, dass wir all die langen Jahre an der einen deutschen Staatsbürgerschaft festgehalten hatten, dass wir nicht den Forderungen der Opposition und weiter Teile der Medien gefolgt waren, die sich mit der Teilung unseres Landes längst arrangiert hatten. Der Gedanke, dass alle Deutschen, die in Ungarn und anderswo ihre Ausreise in die Freiheit herbeisehnten, als Ausländer einen Antrag auf politisches Asyl hätten stellen müssen, war absurd und unerträglich gleichermaßen.‹

Mehrmals habe er – Kohl – Németh gefragt, ob die Ungarn dafür eine Gegenleistung erwarteten, und jedes Mal habe dieser abgewinkt mit den Worten: ›Ungarn verkauft keine Menschen.‹ Gleichwohl gewährte die Bundesrepublik dem Land einen Kredit von fünfhundert Millionen D-Mark, über den bereits seit längerer Zeit verhandelt worden ist.«

Und Gyula Horn schreibt über das konspirative Treffen auf Schloss Gymnich in seinem 2001 erschienenen Buch »Freiheit,

die ich meine«: »Am 25. August fuhren wir an einer abgelege-
nen Seite durch ein Hintertor des Flugplatzes in Budapest zu
unserer Sondermaschine. Als wir dicht vor dem Flugzeug aus
dem Auto stiegen, rief der neben der Gangway stehende
Kapitän der Maschine erstaunt aus: ›Du liebe Güte! Der Ministerpräsident und der Außenminister!‹

Im Flugzeug sagte ich zum Ministerpräsidenten Miklos
Németh: ›Es ist richtig, dass wir unsere Reise geheimhalten
wollen.‹ Miklos war einverstanden. Von Bonn aus ging es dann
per Hubschrauber nach Gymnich.‹«

Unter der schlichten Bezeichnung »Aktennotiz Nr. 25« ist
in dem bereits erwähnten, 1998 verlegten Band »Dokumente
zur Deutschlandpolitik« das Gespräch Kohls und Genschers
mit Németh und Horn protokolliert.

»Betr.: Arbeitsbesuch des ungarischen Ministerpräsidenten
Németh am 25. August 1989 auf Schloss Gymnich
hier: Gespräch während des Mittagessens

Der Herr Bundeskanzler erkundigt sich nach der Entwicklung in Polen. Ministerpräsident Németh erklärt, er habe kürz-
lich eine längeres Gespräch mit Generalsekretär Rakowski
geführt. Rakowski habe hierbei Optimismus ausgestrahlt, gleichzeitig aber eingeräumt, dass man in der Vergangenheit eine
Reihe Fehler gemacht habe. […] Präsident Jaruzelski, mit dem
er ebenfalls gesprochen habe, habe ihm erklärt, dass man 1981
zwar militärisch gewonnen, aber politisch verloren habe.

Der Wunsch Ungarns sei es, dass die neue polnische Regierung erfolgreich sein werde. Die schwerste Aufgabe, die vor ihr
liege, sei es, dem Land den Glauben an sich selbst zurückzuge-
ben. In den letzten zehn Jahren habe Polen eine Art Wende
zum Nihilismus vollzogen. Ministerpräsident Németh verweist
als Beispiel auf die Rolle, die ausländische Devisen in der polnischen Wirtschaft spielen.

Außenminister Horn fügt hinzu, aus seiner Sicht sei es ein
›Wahnsinn‹, dass der Innen- und der Verteidigungsminister unmittelbar dem Präsidenten unterstünden. Die neue Regierung
werde mit Sicherheit keine Wunder vollbringen können, wenn
man bedenke, dass Armee und Polizei weiterhin dem Staatspräsidenten unterstünden. Dies könne zu einem schizophrenen
Zustand führen.

Im August 1989 bereist eine Gruppe bundesdeutscher Journalisten Ungarn auf Einladung eines Hamburger Reisebüros. Es ist die erste organisierte Pressereise in ein Ostblockland. Budapest geht es um die Ausrichtung eines Rennens der Formel 1 und um den Gesundheitstourismus. Peter Brinkmann ist dabei (4. v. r.)

Der Bundeskanzler erklärt, auch er sei voller Skepsis, was die weitere Entwicklung angehe. Man müsse sehen, dass die ›Solidarität‹ (*gemeint ist Solidarnosc – P. B.*) keine Partei sei, sondern in Gruppen zerfiele. Im Übrigen sei ›Solidarität‹ bisher nur stark im ›Nein‹ gewesen.

Was die deutsch-polnischen Beziehungen angehe, so wollten wir jetzt rasch zu einem Abschluss der Verhandlungen kommen. Es habe bei uns eine unnütze Diskussion über seine Reise nach Polen gegeben. Man habe ihm geraten, sofort zu fahren. Dies habe er abgelehnt. Die deutsch-polnischen Beziehungen seien äußerst kompliziert. Das gelte nicht erst jetzt oder seit 1933, sondern dies habe sich schon in der Weimarer Republik gezeigt.

Nach Abschluss des Warschauer Vertrages 1970 sei man voller Hoffnung hinsichtlich der weiteren Entwicklung der deutsch-polnischen Beziehungen gewesen. Diese Hoffnungen hätten sich nachher nicht erfüllt. Dies dürfe sich nicht wiederholen. Es dürfe keine zweite Enttäuschung im deutsch-polnischen Verhältnis geben.

Wir sähen die deutsch-polnischen Beziehungen auch als einen Beitrag zur Stabilisierung in Europa. Wir wollten unter keinen Umständen eine Destabilisierung. Deswegen sei die Entwicklung in Polen und Ungarn, aber auch in der DDR, für uns so wichtig. Was die DDR angehe, so glaube er allerdings, dass sich mit der derzeitigen Führung nichts ändern werde.

Ministerpräsident Németh erklärt, er habe seinerzeit als verantwortlicher Sekretär für Wirtschaft im ZK der USAP (*Ungarische Sozialistische Arbeiterpartei – P. B.*) ein langes Gespräch mit Honecker geführt und ihm die ungarische Position dargelegt. Honecker habe zwar zugehört, ihm aber dann drei Bücher überreicht, deren Lektüre er ihm dringend nahegelegt habe. Es habe sich einmal um seine Reden, dann um Materialien über den letzten SED-Parteitag und das Programm der SED gehandelt.

Der Bundeskanzler wirft ein, man müsse sehen, dass Honecker unter allen Umständen im Amt bleiben wolle. Jede Reform würde ihn sein Amt kosten. Auch wenn er das persönlich ablehne, könne man hierfür ein gewisses Verständnis aufbringen. Was er hingegen nicht verstehe, sei die Entwicklung in der CSSR. Strougal (*Regierungschef von 1970 bis 1980 – P. B.*) habe ihm seinerzeit bei seinem Besuch in Prag erklärt, welche Reformen man durchführen müsse. Auf seine Frage, wann er an die Durchsetzung dieser Reformen gehe, habe Strougal nur mit den Achseln gezuckt. Völlig unverständlich sei die Politik der tschechoslowakischen Regierung gegenüber der katholischen Kirche.

Außenminister Horn erklärt, man dürfe nicht vergessen, dass nach 1968 das Leben von einer Million Menschen in der CSSR radikal verändert worden sei. An der Spitze der Säuberungen habe seinerzeit Jakes (*seit 1987 in der Nachfolge von Husak Chef der KPTsch – P. B.*) gestanden.

Auf die entsprechende Frage von Bundesminister Genscher, welche Rolle Lenárt (*Chef der slowakischen KP und Mitglied der KPTsch-Führung – P. B.*) spiele, erklärt Außenminister Horn, dieser sei ›von der gleichen Sorte‹.

Ministerpräsident Németh erklärt, Strougal sei ein sehr vernünftiger Mann gewesen. Man müsse sehen, dass die derzeitige Führung die Vergangenheit 1968 nicht bewältigen könne.

Andererseits habe er den Eindruck, dass die Tschechen für eine Reformpolitik offener seien als die Slowaken. Er sei im Übrigen überzeugt, dass es nur eine Frage der Zeit sei, dass auch in der Tschechoslowakei die Reformdiskussion weitergehe. Es dürfe allerdings nicht zu einer Explosion kommen.

Der Bundeskanzler wirft ein, genau diese Gefahr sei aber gegeben.

Der Bundeskanzler fragt, wie die ungarische Seite die Entwicklung in Rumänien beurteile. Ministerpräsident Németh erklärt, er habe Ceausescu auf dem Gipfel in Bukarest als einen psychisch kranken Mann erlebt. Er belegt dies an einer Reihe von Einzelheiten des Verhaltens von Ceausescu während der Konferenz. Im Übrigen sei die Lage der Bevölkerung in Rumänien bedrückend.

Auf die Frage des Bundeskanzlers nach Shiwkow und der Entwicklung in Bulgarien erklärt Ministerpräsident Németh, die Wirtschaft dort werde ständig umorganisiert. Es gebe daher erhebliche wirtschaftliche Probleme.

Ministerpräsident Nemeth erwähnt sodann, dass das bulgarische Politbüro wiederholt einen Antrag auf Mitgliedschaft in der Sowjetunion gestellt habe.

Der Bundeskanzler erklärt, unsere Politik orientiere sich daran, dass Ungarn, aber auch ein Land wie Österreich, Teil Europas seien. Die internationale Politik habe heute zwei Bezugspunkte, einmal die Abrüstung, zum anderen die wirtschaftliche Zusammenarbeit. Es gebe allerdings noch ein drittes Element, das leider immer wieder zu kurz komme, das sei die Kultur. Europa dürfe nicht nur ökonomisch ausgerichtet sein. Auch in den deutsch-ungarischen Beziehungen müsse diese kulturelle Identität ungeachtet der zweifelsohne prioritären wirtschaftlichen Probleme eine wichtige Rolle spielen.«

Wer holte in Moskau den »Schlüssel zur Einheit«?

Die Widerstände gegen eine deutsche Vereinigung im Westen sind von US-Präsident Bush aus den bekannten geostrategischen Zielen der Amerikaner ausgeräumt worden. Moskaus halbherzige verbale Interventionen zeigen kaum Wirkung. Innenpolitisch steckt die Sowjetunion selbst in einer existentiellen Krise. Die wirtschaftliche Talfahrt setzt sich fort, der Konsumgütermarkt ist zusammengebrochen, nur etwa ein Zehntel der Grundnahrungsmittel ist ohne Einschränkung noch in den Geschäften zu bekommen. Nicht nur, dass die Sowjetbürger von der »Perestroika« mehrheitlich enttäuscht sind, weil die damit geweckten Erwartungen sich nicht erfüllen. Das gesamte politische System befindet sich in einer Legitimationskrise. Hinzu kommen wachsende nationale Konflikte innerhalb der Sowjetunion und eben die Auf- und Ablösungsprozesse innerhalb des östlichen Blocks. Gorbatschow steht mit dem Rücken zur Wand, er hat keinen Spielraum mehr und kämpft bereits ums eigene politische Überleben.

Das bekommt auch Hans Modrow zu spüren und vor allem zu hören, als er am 30. Januar 1990 im Kreml weilt. Gorbatschow sagt ihm klipp und klar, dass er für die DDR nichts mehr tun könne, die »Vereinigung der Deutschen« stünde auf der Tagesordnung. Die DDR, sie kann gehen …

Daraufhin tritt der Ministerpräsident die Flucht nach vorn an und stellt nach seiner Rückkehr in Berlin der internationalen Presse am 1. Februar sein Konzept »Für Deutschland, einig Vaterland!« vor. Bereits in Moskau hatte er auf einer Pressekonferenz erklärt, dass er Gorbatschow seine Vorstellungen über Wege und Etappen der Vereinigung der beiden deutschen Staaten erläutert habe. Dieser Bemerkung in Moskau maßen die Journalisten keine sonderliche Bedeutung bei. »Dabei hätte der Hinweis, dass diese Ideen im Kreml ›mit großer Aufmerksamkeit« aufgenommen wurden, eigentlich hellhörig machen müssen«, kommentierte das *Neue Deutschland* gleichermaßen selbstkritisch wie süffisant am 2. Februar.

Modrows erfolglosem Bittgang und seiner daraus rasch folgenden Offensive, mit der er pragmatisch als Politprofi auf die Lage reagierte, war eine Beratung im Kreml am 26. Januar vorausgegangen. Was dort besprochen wurde, erfuhr die Welt 2008 aus einer vom Gorbatschow-Fonds veröffentlichten Dokumentation »Im Politbüro des ZK der KPdSU. Nach Aufzeichnungen von Anatoli Tschernjajew, Wadim Medwedew und Georgi Schachnasarow (1985-1991)«. Da laut Fußnote die Wiedergabe der Beratung am 26. Januar zwar unmittelbar nach der Sitzung, aber eben aus der Erinnerung erfolgte, weil PB-Sitzungen nie protokolliert wurden, wenden Kritiker ein, dass die Autoren möglicherweise auch ihre subjektive Haltung darin haben einfließen lassen. Zudem mache die Tatsache, dass sie sich erst jetzt damit meldeten – nachdem etliche Teilnehmer, die eventuell anderes bekunden könnten, nicht mehr lebten –, die Sache ein wenig suspekt. Teilnehmer der Runde waren Gorbatschow, Ryshkow, Jakowlew, Schewardnadse, Krjutschkow, Falin, Tschernjajew, Fjodorow, Iwaschko und Schachnasarow. Gerd König, aus dessem Nachlass ich dieses Dokument zitiere, formulierte dort bereits seine eigenen Anmerkungen.

»Einleitend soll Gorbatschow erklärt haben. ›Mit der DDR geht es uns jetzt wie mit unserem Aserbaidshan, auf keinen kann man sich stützen, mit keinem haben wir vertrauliche Beziehungen. Und selbst wenn wir uns mit jemandem absprechen könnten, hätte das keine entscheidenden Folgen. Sogar Modrow fällt von der SED ab. Dabei ist unwesentlich, dass er unser aufrichtiger Freund ist. Es gibt keine realen Kräfte in der DDR.

Folglich können wir auf den Prozess nur über die BRD Einfluss nehmen. Und hier steht vor uns die Wahl: Kohl oder die SPD. Die Sozialdemokraten, trotz aller beruhigenden Erklärungen und Schwüre Brandts und seiner Kollegen, stürzen sich in den Wahlkampf in der DDR. Brandt ist schon der Vorsitzende der vereinigten SPD. Angesehene Mitglieder dieser Partei sind bereit, für die Volkskammer zu kandidieren, als Mitglied des Bundestages zurückzutreten und in die Heimat, nach Ostdeutschland, wo die Mehrheit von ihnen geboren wurde, zurückzukehren. (*Wo hatte er diese »Weisheiten« her und hat er sie wirklich geglaubt? – G. K.*) Sie versuchen, die CDU noch zu überholen. Wir können damit spielen.

Laden wir Kohl ein und sagen ihm: Schau was geschieht. Und du spielst das gleiche Spiel und kannst verlieren. Die Sozialdemokraten haben in der DDR mehr Chancen als du. Wir sehen auf das deutsche Problem nicht durch ihre Wahlbrille, wir sehen es im europäischen und weltweiten Kontext. So sehen es auch deine Verbündeten in der NATO. Und du kennst den Unterschied zwischen dem, was sie öffentlich sagen und was sie denken. Sieh da. Wir schlagen dir, lieber Helmut, vor, in der deutschen Frage sich ernsthaft in der Sache und nicht nur in Worten auf den europäischen Standpunkt zu stellen.«

(*Nach meinen Informationen wurde in dem Gespräch sehr widersprüchlich über das Verhalten gegenüber der SPD gestritten. Man orientierte sich schließlich auf Kohl, jedoch sollte die SPD nicht ignoriert werden. In den Erinnerungen von Gorbatschow und auch in den vorliegenden Aufzeichnungen wird dieser Gedanke überhaupt nicht erwähnt – G. K.*)

Schlussfolgernd sagte Gorbatschow dann weiter: ›Was bedeutet das konkret: in der DDR stehen unsere Truppen, in der BRD die NATO-Truppen. Das ist ein realer Fakt, der sich aus den juristischen Ergebnissen des Krieges ergibt, die von den Siegern beschlossen wurden. Und das begründet das Recht der vier Mächte, sich am deutschen Prozess zu beteiligen. Dir und besonders Brandt gefällt nicht, dass sich unter den Siegern Frankreich (›Ehrensieger‹, wie ihr sie ironisch bezeichnet) befindet. Gut. Aber jetzt gibt es eine andere Realität als 1945. Versammeln wir nicht vier, sondern mit dir, Kohl, fünf Teilnehmer. Und legen wir die Rechte der Deutschen und die Rechte der Übrigen fest.‹ Hier habe Tschernjajew eingeworfen und darauf legte er in seiner Aufzeichnung offenbar größten Wert, sich als einen der angeblichen Autoren für den Zwei-plus-Vier-Prozess darzustellen: ›Michail Sergejewitsch, nach meiner Meinung, muss man nicht fünf, sondern sechs versammeln, die vier Sieger und die zwei deutschen Staaten.‹

Bezeichnend sind die Meinungsäußerungen von Krjutschkow und Jakowlew.

Krjutschkow: ›Die Tage der SED sind gezählt. Sie ist für uns kein Hebel und keine Stütze. Modrow ist eine Übergangsfigur, er hält sich nur auf Kosten von Zugeständnissen, aber bald sind keine Zugeständnisse mehr möglich. Es lohnt sich, der Sozialdemokratischen Partei der DDR Aufmerksamkeit zu schenken. Unser Volk fürchtet, dass Deutschland erneut zu einer Gefahr wird. Deutschland wird niemals mit den heutigen Grenzen einverstanden sein. Man muss unser Volk langsam an die Wiedervereinigung gewöhnen. Unsere Truppen in der DDR sind ein Faktor des gesamteuropäischen Prozesses. Es ist notwendig, aktiver unsere Freunde in der DDR zu unterstützen.‹

Jakowlew: ›Es ist notwendig, Modrow in die Sozialdemokratische Partei zu montieren, um seinen östlichen Teil zu führen. Unsere Truppen in der DDR sind für Amerika notwendiger als für uns selbst. Es wäre gut, wenn Modrow mit einem Programm der Wiedervereinigung auftreten würde, unvoreingenommen, ausgehend von den Realitäten, und wir würden ihn aktiv unterstützen. Damit erhielten wir die Sympathie des deutschen Volkes. Dabei sollten wir darauf verweisen, dass wir seit 1946 für ein einheitliches Deutschland eintreten. Unter welchen Bedingungen? Neutralisierung, Demilitarisierung. Es wird Widerstand von Seiten Englands, Frankreichs und der kleinen europäischen Staaten geben. Setzen wir in dieser Situation auf die Nachdenklichkeit

Modrow am 30. Januar 1990 bei Gorbatschow. Sein Gesicht sagt alles. Links Schewardnadse, rechts Premier Ryshkow

der Vereinigten Staaten. Und wir können auf dem Berge sitzen und von oben auf das Handgemenge schauen. Was unser Volk angeht, so ist selbst Stalin sofort nach dem Krieg für die Erhaltung eines einheitlichen Deutschland eingetreten. Auf jeden Fall dürfen wir nicht einfach nur zusehen.‹

Danach folgt in den Aufzeichnungen der Satz: Es sprachen noch Tschernjajew, Falin, Achromejew, Schachnasarow.‹

Warum die Autoren deren Ausführungen nicht erwähnen, bleibt ihr Geheimnis. Für eine vierstündige Diskussion eine sehr kurze Wiedergabe, denn in den Aufzeichnungen folgen bereits die Schlussfolgerungen Gorbatschows, die sind allerdings so ausführlich, wie ich sie vorher nirgendwo gefunden habe.

Gorbatschow: ›Der Prozess bei uns und in Osteuropa ist ein objektiver Prozess. Und er ist schon sehr überhitzt. Dort, wo der Prozess die beständigeren Glieder berührte, in der DDR, Tschechoslowakei, Rumänien, dort brennt es stärker. Die Lehre für uns ist: rechtzeitig, nicht zurückbleiben, jederzeit die Realitäten vor Augen haben. Das Volk, selbst bei dieser sehr starken Kritik, die es hört, vergreift sich nicht an der Perestroika. Eher, es nimmt die Gegner der Perestroika nicht an. Unsere Gesellschaft ist die Verfaulteste von allen ihr ähnlichen. Und niemand rettet sie. Wir haben selbst begonnen sie umzubilden. Es ist notwendig, sich weiter so zu halten, vorwärts zu gehen, die Initiative nicht zu verlieren. Auf der Stelle treten ist verderblich.

Es gab den Brester Frieden Nr. 1, jetzt sind wir in der Situation Brester Frieden Nr. 2. Wenn wir damit nicht fertig werden, dann droht, dass man uns erneut das halbe Land abnimmt. Es ist sehr wichtig, das zu verstehen. Die Gesellschaft ist sehr deideologisiert, deshalb überholen uns die realen Prozesse. Und die Partei kann sich nicht erneuern.

Natürlich muss man die DDR gesondert behandeln. Das ist ein spezieller Fall. Das ist nicht Rumänien. In der DDR ist die Kommunistische Partei (*offensichtlich ist die SED-PDS gemeint – G. K.*) eine ernstzunehmende Angelegenheit. Die Tschechoslowakei, Bulgarien und Ungarn sind an uns nicht mehr interessiert. Sie leiden darunter, aber sie können nicht weit gehen. Auch Polen ist ein besonderer Fall. In Polen blieb ein starker Privatsektor erhalten. Die Landwirtschaft ist im Wesentlichen privat. Aber Polen hängt weder ökonomisch noch politisch, noch historisch von uns ab. Aber man muss Mazowiecki und seine Ansprüche nicht fürchten. Wir haben den Polen leider nichts gegeben. Im Verlauf der Perestroika haben sich unsere Beziehungen mit dem polnischen Volk aber auch nicht verschlechtert.

Bleibt der schwierigste Punkt übrig, die DDR. Sie kann gehen: es gibt die BRD und die Europäische Gemeinschaft, an die sie seit langem gebunden ist. Für uns gibt es noch den moralischen Faktor, die Reaktion des sowjetischen Volkes. Ich setze darauf, dass wir nach Möglichkeit mehr Zeit gewinnen. Das Wichtigste ist jetzt, den Prozess hinzuziehen, wie auch immer das Endziel sein mag (Wiedervereinigung). Es ist nötig, dass sich die Deutschen an dieses Ziel gewöhnen, aber auch in Europa und wir in der UdSSR.

Die Strategie ist so. Ganz Westdeutschland ist daran interessiert, die Verbindungen mit uns nicht zu verlieren. Wir brau-

Am 2. Februar 1990, wenige Tage nach Modrow, ist auch Gysi bei Gorbatschow in Moskau

chen sie und sie brauchen uns. Aber nicht absolut. Brauchen wir Frankreich und England nicht? So zu rechnen wäre ein großer Fehler. Die Deutschen brauchen uns. Das zwingt uns, mit einer solchen Abhängigkeit zu rechnen. Die Geschäftskreise wollen keine Kostgänger. In der BRD gibt es 58 Millionen (*Bürger –* *G. K.*) und in der DDR 16 Millionen. Frankreich will keine Vereinigung. England fürchtet, ausgeschlossen zu werden. Alle diese Momente müssen wir berücksichtigen.‹

Gorbatschow nennt dann einige Grundpunkte der weiteren Strategie.

Vielleicht sollten wir nicht vergessen, was Gorbatschow, Falin, Tschernjajew und Schachnasarow in ihren Erinnerungen geschrieben haben. Eine Passage aus den Memoiren von Schachnasarow möchte ich noch anführen. Die Teilnehmer stimmten, ungeachtet der Differenzen über die Taktik, offenbar überein, dass die Vereinigung der beiden deutschen Staaten unvermeidlich sei. Schachnasarow zitiert in diesem Zusammenhang Gorbatschow: ›Die Ereignisse in Deutschland bringen uns, unsere Freunde, aber auch die westlichen Mächte in eine schwierige Lage. Die SED zerfällt. Nunmehr ist klar, dass die Vereinigung unausweichlich ist, und wir haben kein moralisches Recht, uns ihr zu widersetzen. Unter diesen Bedingungen kommt es darauf an, die Interessen unseres Landes maximal zu wahren: Dazu zählen die Anerkennung der bestehenden Grenzen, ein Friedensvertrag, der den Austritt der Bundesrepublik aus der NATO, zumindest den Abzug ausländischer Truppen, vorsieht, und eine Entmilitarisierung ganz Deutschlands. Man sollte den Freunden raten, sich über die Chance einer Vereinigung der SED und der SPD Gedanken zu machen. Unsere Gesellschaft nimmt die Loslösung der DDR und vor allem ihre Absorption durch die Bundesrepublik mit Trauer und Kummer auf. Millionen Frontkämpfer sind noch am Leben. Nicht nur die ältere Generation, sondern auch die Jugendlichen sind gewohnt, im sozialistischen Deutschland eine der Grundfesten der heutigen Welt zu sehen. Das gesellschaftliche Bewusstsein wird ein beachtliches Trauma erleiden. Doch an der Situation ist nichts zu ändern, wir werden das verkraften müssen.‹

Wir sollten den Autoren dankbar sein, dass sie eine ausführlichere Darstellung des Gesprächs geben, als wir bisher aus den

Erinnerungen Gorbatschows und anderer Teilnehmer erfuhren. Obwohl es erneut nur Bruchstücke sind. Die Meinungen einiger Teilnehmer erfahren wir gar nicht erst, obwohl ich überzeugt bin, dass Tschernjajew gerade diese sehr wohl aufgeschrieben hat«, so Botschafter a. D. König. »Was wird uns also weiter vorenthalten? Es wird der Eindruck vermittelt, als ob alle grundsätzlich einer Meinung gewesen seien, was unwahrscheinlich ist. Widersprüchliche Meinungen werden in der Regel einfach negiert. Viele Fragen bleiben also weiter offen.

Beim Lesen der Aufzeichnungen wurde mir erneut bewusst, dass der sowjetischen Führung in dieser entscheidenden Phase jegliche Klarheit über das politische Kräfteverhältnis in Europa und in der Welt fehlte. Die Ausführungen Gorbatschows und anderer zeugen in erschreckender Weise von Illusionen, sachlicher Unkenntnis, von politischer Naivität und von Fehleinschätzungen der internationalen Realitäten. Die eigenen Kräfte und Möglichkeiten werden sträflich überschätzt. Die Aufzeichnungen lassen die Teilnehmer in keinem besonders guten Licht erscheinen«[116], resümiert Botschafter a. D. Gerd König nach der Lektüre der 2008 erschienenen Mitschrift jener entscheidenden Sitzung im Kreml, auf der Gorbatschow & Co. grünes Licht für die deutsche Vereinigung gaben.

Bereits zwei Tage zuvor, am 24. Januar 1989, hatte Portugalow in einem Interview mit der *Bild* erklärt: »Wenn das Volk der DDR die Wiedervereinigung will, dann wird sie kommen. Wir werden uns in keinem Fall gegen diese Entscheidung stellen, werden uns nicht einmischen.«[117]

Am 10. Februar fährt Bundeskanzler Helmut Kohl nach Moskau. Zeitgleich werden 52.000 Tonnen Rindfleisch, 50.000 Tonnen Schweinefleisch, 20.000 Tonnen Butter, 15.000 Tonnen Milchpulver und 5.000 Tonnen Käse an die Sowjetunion ausgeliefert, um die Außenminister Schewardnadse die Bundesregierung am 8. Januar gebeten hatte. Zum »Freundschaftspreis«, wie der Bittsteller Kwizinskij übermittelte, was geschah: Die Bundesregierung subventionierte die Lebensmittellieferung mit 220 Millionen DM aus dem Bundeshaushalt. Moskaus Kritiker knüpften daran den Vorwurf, dass Kohl respektive die Bundesrepublik die DDR gleichsam den Russen *abgekauft* habe. (Nicht zu vergessen der Kredit an Moskau über fünf Milliarden D-Mark Ende Mai – während man Modrows Kreditanfrage über 15 Milliarden Anfang 1990 ins Leere hatte laufen lassen.) Sagen wir so: Die Bundesregierung besaß ein feines Gespür für Timing. Sie vermochte es, mit wirtschaftlicher und finanzieller Hilfe zum richtigen Zeitpunkt die Entscheidungen im Kreml positiv zu beeinflussen.

So überrascht es denn kaum, dass die sowjetische Nachrichtenagentur *TASS* nach dem Treffen Kohls mit Gorbatschow am 10. Februar meldet, es gebe »zur Zeit zwischen der UdSSR, der BRD und der DDR keine Meinungsverschiedenheiten darüber, dass die Deutschen selbst die Frage der Einheit Deutschlands lösen und selbst ihre Wahl treffen müssen, in welcher Staatsform, zu welchen Zeitpunkten, mit welchem Tempo und zu welchen Bedingungen sie diese Einheit realisieren werden«. Und dass der Bundeskanzler im Flugzeug, unterwegs nach Köln-Bonn, gegenüber den mitreisenden Journalisten stolz verkündete: »Wir haben heute den Schlüssel zur deutschen Einheit abgeholt, von dem schon Konrad Adenauer sagte, er liege in Moskau.« Dazu gibt es Schampus über den Wolken.

Jene Kollegen, die in Moskau auf der Pressekonferenz nach dem Treffen mit Gorbatschow dabei waren, hatten noch den Satz im Ohr, den Kohl seinem Außenminister gesagt hatte. Der Satz war nicht für die Öffentlichkeit gedacht, doch Kohl hatte nicht bemerkt, dass die Mikrofone bereits angeschaltet waren. »Eigentlich müssten wir uns jetzt besaufen.«

Teltschik wurde auf einer Veranstaltung der Potsdamer Universität am 27. Januar 2014 (»Wie Helmut Kohl den Schlüssel zur Wiedervereinigung in Moskau abholte«) gefragt, ob denn die deutsche Seite nicht »überrascht« gewesen sei von Gorbatschows »Sinneswandel«. Worauf Teltschik sibyllinisch antwortete, man habe »in Bonn sehr genau registriert«, wie sich Gorbatschow in der Vergangenheit verhalten habe, »das habe Anlass zu verhaltenem Optimismus gegeben«.[118]

Und geradezu hymnisch setzt der Berichterstatter der Konrad-Adenauer-Stiftung, Teltschik referierend, fort: »Am 15. Juli 1990 habe dann im Heimatort von Gorbatschow das sogenannte ›Wunder vom Kaukasus‹ stattgefunden. Schon die Einladung dorthin sei ein ausgesprochen positives Zeichen gewesen. Man habe sich in einem einfachen Haus mitten in den

Selbstgewissheit?
Selbstgefälligkeit!

Am 9. September 2011 traf ich mich mit Horst Teltschik im Café »Einstein« in Berlin, um mich neuerlich mit ihm über den »Schlüssel« zu unterhalten. »Viele in der Union haben mich für verrückt erklärt, als ich ihnen berichtete, was da in Moskau vor sich ging, und haben sogar meinen Rücktritt verlangt.«[120]

Es sei für ihn schon sehr erstaunlich gewesen, dass in den ersten Monaten nach der Maueröffnung und vor allem im Januar 1990 der deutsche Bundeskanzler offenbar nicht merkte, wie ihm Gorbatschow die deutsche Einheit quasi als Geschenk in den Schoß gelegt habe. Allerdings wurde dies von Beobachtern und Journalisten durchaus bemerkt, jedoch respektvoll ignoriert. Kohl selbst jedoch trug maßgeblich dazu bei, dass er von dem Denkmalsockel, auf den er sich als »Kanzler der Einheit« gehievt hatte, hinabstürzte. Zur Bundestagswahl 1998 ließ er 520 interne Vermerke, Protokolle, Telefonate und Briefe aus dem Bundeskanzleramt veröffentlichen.

Das Buch erschien bei einem Münchner Verlag, hatte 1.398 Seiten und hieß schlicht »Dokumente zur Deutschlandpolitik«. Es handelte sich insofern um eine Premiere, als noch nie seit Gründung des Deutschen Reiches 1871 eine amtierende deutsche Regierung vertrauliche und geheime Akten über einen zentralen Teil ihres Wirkens öffentlich gemacht hatte. Das Bundesarchiv-Gesetz sieht üblicherweise eine Sperrfrist von 30 Jahren vor.

In diesen Dokumenten wird erkennbar, dass Kohl keineswegs der »Zupacker« war, der die Einheit Gorbatschow abtrotzen musste, sondern dass der Prozess der Einheit von Moskau angestoßen worden war und von Kohl eher ungläubig aufgenommen wurde. »Was der Doktor der Geschichte nicht bedacht hat: Die Akten zeigen auch einen Kohl, wie er wohl nicht ins Geschichtsbuch eingehen möchte«, räsonierte der Spiegel.[121]

Im Gespräch mit dem US-Präsidenten George Bush in Laeken bei Brüssel am 3. Dezember 1989, so notierte Kohls Bürochef Walter Neuer, wollte der Kanzler die Wiedervereinigung keineswegs so schnell, wie er sie dann doch herbeiführte: »Er erläuterte, dass es ein wirtschaftliches Abenteuer wäre, wenn dies schon in zwei Jahren der Fall sei. Das wirtschaftliche Gefälle sei zu groß. Zunächst müssten die wirtschaftlichen Verhältnisse in den beiden deutschen Staaten in ein gewisses Gleichgewicht kommen.«

Ähnlich zögerlich äußerte er sich am 4. Januar 1990 gegenüber dem französischen Präsidenten Mitterrand: »Die Wiedervereinigung warte nicht an der nächsten Ecke, sondern dies werde Jahre dauern. Auch aus deutschen Gründen. Das Niveau bezüglich der gesellschaftlichen Verhältnisse und des Sozialsystems sei so unterschiedlich, dass man die beiden Teile nicht einfach zusammenfügen könne. Im Verhältnis zur DDR müßten konföderative Strukturen entwickelt werden, aber keine Konföderation.«

Und wie verhält es sich, nebenbei gefragt, mit Kohls These, die Aufgabe der Deutschen Mark, dieses Symbols deutscher Wirtschaftskraft, sei der Preis der deutschen Einheit gewesen?

Tatsache ist, dass sich bereits 1988 die Staats- und Regierungschefs der EG im Prinzip bereits auf eine gemeinsame Währung verständigt hatten, und im Juni 1989, auf dem Gipfel in Madrid, war der Beginn der ersten Stufe einer Wirtschafts- und Währungsunion in der Europäischen Gemeinschaft auf den 1. Juli 1990 gelegt worden. Da war kein Gedanke an eine deutsche Einheit. Dass dann am 1. Juli 1990 die Wirtschafts-, Währungs- und Sozialunion zwischen den beiden deutschen Staaten inkraft treten sollte, war Zufall und im Sommer 1989 nicht absehbar.

1990 sprach ich auch mit Außenminister Hans-Dietrich Genscher über dieses Thema. Ich habe zwar das Band, aber nicht mehr das Datum unserer Begegnung. Es wäre falsch, sagte er eingangs, wenn man bei einem Gespräch über die Einheit mit dem Jahr 1989 beginnen würde. Richtiger wäre es, 1975 anzusetzen, bei der Schlussakte der Konferenz für Sicherheit und Zusammenarbeit in Europa. Sie habe die Rahmenbedingungen geschaffen, es sei schließlich nicht nur eine deutsch, sondern auch eine europäische Vereinigung gewesen. Am 12. Juni 1989 sei Gorbatschow in die Bundesrepublik zu einem viertägigen Staatsbesuch gekommen, die Leute hätten ihn und seine Frau Raissa frenetisch gefeiert, das Wort von der »Gorbimanie« macht die Runde. Allein in Stuttgart säumten 50.000 Menschen die Straßen.

Am 13. Juni unterzeichneten sie die »Gemeinsame Erklärung«, darin bekräftigte die Sowjetunion erstmals gegenüber einem westlichen Land das Recht jedes Staates, »das eigene politische und soziale System frei zu wählen«. Das, so Genscher im Gespräch mit mir, hatten »die Sowjets in der Urfassung nicht drinhaben wollen«.[122]

Es habe vor dem Besuchs Gorbatschow eine Visite von Außenminister Schewardnadse gegeben. Dieser kam, um eine Verständigung über einen Text zu erzielen, der weitgehend unseren Erwartungen entsprach. »Wir waren angenehm überrascht, denn wir hatten uns auf sehr schwierige Verhandlungen vorbereitet.

Allerdings war mir schon zu Beginn des Gespräches klar, dass sich vieles in der Moskauer Einschätzung geändert hatte. Ich hatte im September 1988 in New York Schewardnadse gesagt, dass ich im Sommer 1989 große Massendemonstrationen in Osteuropa erwarte. Schewardnadse wies das damals als Unmöglichkeit zurück. Im Mai '89 gab es die Veränderungen in Ungarn und in Polen. Hatte die DDR die innere Stabilität, oder hatte sie diese nicht? Man musste sich doch die Frage stellen: Wenn die Schutzmacht Sowjetunion die DDR als instabil einschätzte – was würden dann die Sowjets tun, um die Stabilität wieder herzustellen? Das war Gegenstand meiner Unterhaltung mit Schewardnadse. Mit aller Deutlichkeit habe ich ihm gesagt: Wenn die Sowjetunion sich so verhalten würde, wie sie sich am 17. Juni 1953 verhalten hat, dann würde das unabsehbare Folgen für die Entwicklung in Europa haben. Wir haben klargestellt, wenn es zu solchen Demonstrationen in der DDR kommt, dass ihre Soldaten in den Kasernen bleiben müssen.«[123]

Nach dem Gorbatschow-Besuch erleidet Genscher einen Herzinfarkt. »Am Mittag des 20. Juli 1989 saß ich gegen halb eins beim Bundeshaus-Frisör in Bonn, als ich plötzlich einen starken Schmerz im Unterkiefer verspürte. Normalerweise nimmt man an, ein Herzinfarkt kündige sich im Oberarm oder Brustraum an, aber ich wusste es besser. Meine Frau ist Schirmherrin der Deutschen Herzstiftung. Sie hatte mir zwei Wochen zuvor einen Flyer zum Thema ›Plötzlicher Herzinfarkt‹ gezeigt. Sie wollte wissen, wie ich ihn fand. Also musste ich ihn lesen und wusste nun Bescheid. Wir sind sofort ins Auto gestiegen und zum Krankenhaus gefahren. Ich habe Glück gehabt, dass ich damals in der Nähe einer Klinik war und nicht irgendwo in Afrika unterwegs.

Ich lag dann weitgehend reiseunfähig in Süddeutschland, und dann kam die große Fluchtwelle aus Ungarn. Ich konnte nur schwer mit Gyula Horn am Telefon reden, im Übrigen hatte ich Kontakt mit ihm über Kuriere, die ich ihm schickte, weil ich selbst noch nicht reisefähig war und Horn nicht das Land verlassen wollte.

Dann wollte er mich doch besuchen und sagte, Ministerpräsident Németh wolle auch mitkommen, dann haben wir überlegt, wo das Treffen stattfinden könnte. Da der Bundeskanzler ganz in der Nähe war, auf der österreichischen Seite, er machte gerade Urlaub am Wolfgangsee, wollten wir uns dort treffen, doch dann wollten die Ungarn plötzlich Bonn. Da bewegte ich mich zum ersten Mal, um nach Bonn zu fliegen. Es waren die üblichen Gespräche. Ich war der Meinung, dass die DDR der Öffnung der ungarischen Grenze nicht zustimmen werde. Das hat sich auch als richtig erwiesen. Umso höher muss man das Verdienst von Horn, aber auch von Németh würdigen, dass sie den Mut gehabt hatten, gegen den Willen der DDR die Grenze zu öffnen. Welche historische Wirkung das gehabt hat, können Sie daran sehen, dass sich die Haltung der DDR-Führung zur Frage der Ausreise aus einem Drittland innerhalb von 20 Tagen grundlegend geändert hat. Die Ausreise aus Ungarn erfolgte noch gegen den Willen der DDR-Führung, aus Prag mit Zustimmung der DDR-Führung. Allerdings auch unter aktiver Mitwirkung der Sowjetunion, denn ich hatte in New York sowohl mit DDR-Außenminister Fischer gesprochen als auch mit den westlichen Außenministern, aber zweimal mit Schewardnadse. Er stellte eine einzige Frage zu den Botschaftsbesetzern: Sind Kinder dabei? Und ich sagte: mehrere hundert. Da sagte er zu mir: ›Herr Genscher, ich helfe Ihnen.‹ Mehr nicht. Das war ein Gespräch nicht zwischen Politikern, sondern zwischen Vätern. Und dann hat er agiert.

In Prag auf dem Balkon am 30. September war ich sehr erregt. Mir wurde wieder und wieder kurz schwindlig, ich hatte schwere Herzrhythmusstörungen. Gut, dass der Balkon von einer Steinmauer umfasst war – ich konnte mich anlehnen und festhalten.

Als ich sagte, dass die Züge durch die DDR fahren, gab's Pfiffe. Ich reagierte darauf. ›Als ich in ihrem Alter war, hab ich auch die DDR verlassen. Ich verstehe, was Sie jetzt bewegt. Aber ich versichere Ihnen persönlich: Ihnen passiert nichts. Und außerdem stehen hier – ich hatte Beamte mitgenommen – Grenzbeamte und Beamte vom Auswärtigen Amt.‹ Ich habe sie alle mit Namen vorgestellt und gesagt: ›Je zwei werden mit Ihnen fahren. Das ist eine zusätzliche Garantie für Sie, dass das alles ordnungsgemäß abläuft.

Zunächst hatte sich die DDR-Führung auch einverstanden erklärt, dass ich und Bundesinnenminister Rudolf Seiters in je einem Zug mitfahren könnten. Aber im letzten Moment, als wir schon auf dem Flugplatz waren, wurde ich rausgerufen. Da kam die Nachricht, dass sie es nicht wollten. Mein Herz schlug wieder stark. Aber ich überstand's.«[124]

Die Züge fuhren über DDR-Territorium. Es kam zu schweren Zusammenstößen. Dresdens Oberbürgermeister Wolfgang Berghofer erinnert sich: »In der Nacht vom 30. September auf den 1. Oktober waren bereits sechs Züge aus Prag durchgefahren, die aber niemand bemerkt hatte. Erst danach regte sich Aufmerksamkeit.

Am Dienstagabend (*das war der 3. Okober 1989 – P. B.*) wuchs die Menge auf dem Vorplatz auf etwa zweitausend Personen an. Diese versuchten den Bahnhof zu stürmen, als ein leerer Zug durchfuhr, der in Prag Botschaftsflüchtlinge abholen sollte. Und vierhundert weitere Personen säumten die Bahnstrecke nach Bad Schandau.

Volkspolizei, Kampfgruppeneinheiten und Mitarbeiter der Reichsbahn verteidigten den Bahnhof gegen die Anstürmenden. Es wurden nach meiner Kenntnis erstmals in der DDR von der Volkspolizei Wasserwerfer und Gummiknüp-

pel eingesetzt. Kurz nach Mitternacht räumten Offiziers-
schüler der NVA und Bereitschaftspolizisten in einem zweiten
Einsatz den Bahnhof.

Am nächsten Tag drängten sich bereits rund zwanzigtau-
send Empörte vor dem Hauptbahnhof. Gegen Abend eska-
lierte die Situation. Die Menge skandierte ›Gorbi, Gorbi!‹
und ›Freiheit, Freiheit!‹ und beschimpfte die Sicherungskräfte
als Knüppelgarden und Faschisten. Junge Leute warfen Steine
und schlugen mit Fahrradketten auf die Uniformierten ein.
Glasscheiben splitterten, ein Streifenwagen der VP ging in
Flammen auf, es floss Blut. Die Polizei setzte Wasserschläuche
und Tränengas ein und nahm etwa zweihundert ›militante
Randalierer‹ in Gewahrsam. Unterdessen passierten drei Züge
aus Prag den Bahnhof ohne Halt und besondere Vorkommnisse. Die nachfolgenden fünf Sonderzüge aus Prag wurden
vorsichtshalber über Bad Brambach und Plauen geleitet, wobei es auch dort zu Zusammenstößen kam.«[125]

Im Oktober 1999 spreche ich mit Modrow über diesen 4.
Oktober vor zehn Jahren. Wie sah er damals die Lage vor Ort?

»Mir war klar, dass die Verantwortlichen in Berlin uns jetzt
in eine Lage versetzen, wo wir einen Zustand bekommen, den
keiner mehr verantworten kann. Die Wahrheit ist, dass ich
informiert wurde, und zwar erst am sehr späten Nachmittag.
Und zwar per Telefon von Polizei und Sicherheit. Die sogenannte Führungsverantwortung lag bei der Volkspolizei und
nicht bei der Staatssicherheit. Die hatten für einen solchen Einsatz überhaupt kein Stabsgefüge. Das Stabsgefüge war beim
Ministerium des Innern und bei der Bezirksbehörde der Volkspolizei, Chef war General Willi Nyffenegger. Wir beide waren
der Ansicht, dass die Polizei allein es nicht schaffen werde, den
störungsfreien Ablauf zu gewährleisten und wir daher Armeekräfte brauchen würden.

Dazu stehe ich auch heute noch. Wer mir Vorwürfe macht,
sollte einmal politisch Verantwortliche in der Bundesrepublik
fragen, wie sie sich in einer vergleichbaren Situation verhalten
würden. Ich bleibe bei meiner Überzeugung: Wir haben an
jenem Abend eine menschliche Katastrophe verhindert!

Ursprünglich sollten fünf bis sechs Züge fahren, wir haben
aber alles in drei gestopft, da passte keine Maus mehr hinein.

Wolfgang Berghofer wird vom sowjetischen Botschafter Wjat-
scheslaw Kotschemassow in Berlin ausgezeichnet

Wenn die Züge angehalten werden und Zehntausende sind auf
dem Bahnsteig, würde es in diesem Gedränge Tote geben. Die
hätten wir, Nyffenegger und ich, am Ende auf dem Gewissen.
Aus diesem Grunde war ich dafür, Armeekräfte hinzuzuziehen,
die helfen den Bahnhof so zu beräumen, dass die drei Züge
ohne Stopp und Behinderung durchfahren können. Das heißt,
es sollte vermieden werden, dass Leute im Bahnhof auf die
Züge springen.

Um das zu gewährleisten, brauchten wir Stunden. Die wir
aber nicht hatten. Denn die Züge waren bereits vor Bad Schandau. Ich telefonierte mit dem Verkehrsminister. Der sagte:
›Hans, wenn ich die Züge in die ČSSR zurückschicke, ist die
Katastrophe da. Dann denken die im Zug, wir wollen sie nicht
rauslassen! Wir haben nur diese eine Chance, es muss klappen.
Die letzte Instanz hat so entschieden.‹ Er musste nicht sagen,
wer gemeint war, das wusste ich – und dass darum jede Diskussion sinnlos war. Ich war auf mich allein gestellt und musste
handeln.

Ich habe zuerst mit Generaloberst Fritz Streletz telefoniert,
Stellvertreter Verteidigungsminister und Chef des Haupt-
stabes der NVA. ›Hans, das kann ich nicht entscheiden, du

musst mit dem Minister sprechen‹, sagte er. Ich habe mit dem Minister telefoniert. Heinz Keßler sagte, er müsse sich kurz mit seinem Stab beraten, danach entschied er: Wenn die Lage so ist, dann werde er Generalleutnant Manfred Gehmert beauftragen, uns zu helfen. Gehmert meldete sich bei mir in der Nacht und hat mit seinen Soldaten im Zusammenwirken mit der Volkspolizei an den nächsten drei Tagen den Bahnhof gesichert.«[126]

Berghofer darf aufräumen, er muss den 40. Geburtstag der DDR in Dresden vorbereiten. Nach der Schlacht am 4. Oktober »ging ich zu Fuß die Prager Straße hinunter zum Bahnhof. Ein Bild der Verwüstung bot sich mir. Fast alle Schaufensterscheiben, die Scheiben in der Nordhalle des Bahnhofes, die Innentüren in der Mittelhalle, Schaukästen, Leuchtstofflampen, Fahrkartenautomaten, Papierkörbe – alles zertrümmert. Wie sollte ich das alles bis zum Jubiläum repariert bekommen? Das war mein größtes Problem. Ich sah mich in der Pflicht, die Stadt zur Geburtstagsfeier am 7. Oktober herauszuputzen. Das wurde von mir als Oberbürgermeister erwartet, wie mir ja von höherer Stelle beschieden worden war.«[127]

Modrow ist auch auf Schabowski nicht gut zu sprechen, weil der sich »verantwortungslos und dumm« auf dieser Pressekonferenz verhalten habe, als er dieses Reisegesetz vortrug, ohne es selbst zuvor gelesen und die Sperrfrist bedacht zu haben. Zuvor hatte es Krenz im ZK, dem Modrow angehörte, vorgetragen. »Ich weiß gar nicht, ob darüber abgestimmt wurde. Ich hab es in dem Moment, als Krenz es vorlas, auch nicht kapiert, muss ich zugeben. Nach meiner Meinung hat es niemand kapiert. Überhaupt keiner.«

Dann nahm das Schicksal seinen Lauf. Schabowski trägt vor, dem es offenkundig nicht viel anders geht als Modrow und den anderen ZK-Mitgliedern.

»Und dann kommt ihr cleveren Westjournalisten, begreift, hier ist was in Bewegung, begreift mehr als wir. In dem Moment, wo dann Ihr Zwischenruf kommt ›Ab wann?‹ und Schabowski ›ab sofort, unverzüglich‹ sagt, ist das Spiel gelaufen.«

Und wo war er in jener Nacht, nach der ZK-Sitzung?

»Ich bin ins Gästehaus gegangen und habe geschlafen, ohne dass ich etwas davon mitbekommen habe.«

Und wie weiter?

»Am nächsten Morgen wird die ZK-Tagung fortgesetzt. Sagt irgendeiner was? Keiner sagt was, jeder nimmt den Tatbestand lediglich zur Kenntnis. Nein, nichts ist passiert. Das Plenum wird unbeschadet weitergeführt. Alle scheinen davon auszugehen, alles wird sich schon regeln, wie es sich immer geregelt hat. Wir beherrschen das schon.«[128]

Auch Berghofer, bis dato Mitstreiter von Modrow in Dresden, wird von dem gleichen unguten Gefühl heimgesucht. »Diese fatale Selbstgewissheit! Tatsächlich handelte es sich um Selbstgefälligkeit und um die Unfähigkeit, die nackte Realität wahrzunehmen und zu analysieren, wenn diese unschön ist und schmerzt. Das war eine Mischung aus intellektuellem Unvermögen und Unwillen, Selbstzweifel überhaupt zuzulassen. Hinzu kam die Unlust, Verantwortung zu teilen oder gar abzugeben. ›Die Partei‹, vulgo das Politbüro und sein Generalsekretär, gab vor, immer zu wissen, was das Volk bedrückte und was zu tun war. Und wenn das Volk anderer Auffassung war, nahm man es quasi an die Hand und erklärte ihm, wie es die Welt zu sehen hatte.«[129]

Gysi haut mich raus, obwohl er Grund hat, *Bild* zu hassen

Was wir im Westen kaum wahrgenommen hatten: Neben der SED gab es auch noch vier weitere Parteien, deren Chefs als Stellvertreter des Staatsratsvorsitzenden fungierten. Die Parteien nannten sich Blockparteien, woraus der Volksmund »Blockflöten« gemacht hatte, auf denen die SED spielte. Nun allerdings, im Wende-Herbst, drängten diese Parteien selbstbewusst hervor und befreiten sich von Gängelei und Bevormundung. Manfred Gerlach, Chef der Liberal-Demokratischen Partei Deutschlands (LDPD), hatte sich wiederholt in den Zeitungen seiner Partei kritisch geäußert (er sollte nach dem Rückritt von Krenz von Anfang Dezember bis zur Volkskammerwahl im März 1990 als Staatsratsvorsitzender der DDR amtieren), Günter Maleuda, Vorsitzender der Bauernpartei (DBD) war Mitte November ins Amt des Volkskammerpräsidenten gewählt worden, Lothar de Maiziere als frisch gewählter CDU-Vorsitzender gehörte ab Januar 1990 dem Kabinett Modrow als Minister für Kirchenfragen an, und Günter Hartmann, Mitglied der Nationaldemokratischen Partei Deutschlands (NDPD) seit 1949, war am 2. November 1989 an die Spitze seiner Partei gewählt worden. Dass er bereits im Januar wieder abgewählt werden sollte, war nicht absehbar, als ich mich mit ihm zum Interview am Freitag, dem 24. November, verabredete.

Wir trafen uns in seinem Parteihaus in der Mohrenstraße 20/21 unweit des Gendarmenmarktes. Eher beiläufig erwähnte Hartmann die Idee einer Konföderation beider Staaten als Vorstufe zur Einheit.

Die EINHEIT als politisches Ziel der DDR-Politik! Zum ersten Mal hatte ein DDR-Politiker diesen Gedanken öffentlich ausgesprochen! Noch am gleichen Tage lief das Interview mit Hartmann als Eilsendung rund um den Erdball.

In der *Bild* erschien das Gespräch in der Wochenendausgabe unter der Überschrift: »Der Weg zur deutschen Einheit«.

Hartmann hatte gesagt: »Wir wollen einen Staatenbund aus beiden deutschen Staaten. Als ersten Schritt fordern wir sofort einen Gesamtdeutschen Rat, bestehend aus allen Parteien in der Bundesrepublik und DDR. Voraussetzung dafür ist, dass Bonn zunächst die Existenz der DDR als Staat garantiert. Die Wiedervereinigung ist auf Dauer nicht auszuschließen.«

Von Günter Hartmann erfuhr ich auch, dass Egon Krenz von allen Ämtern zurücktreten werde. Dazu rief er mich am Samstag, dem 2. Dezember um 23 Uhr, im Büro an. Binnen Stunden, sagte Hartmann, werde Krenz den Bettel hinwerfen.

Das überraschte mich nicht. Ich kam ziemlich unterkühlt vom Marx-Engels-Platz und war Zeuge einer der vielen Demonstrationen geworden, die es jetzt unablässig in Berlin gab. Am 2. und 3. Dezember fanden überall Kreisdelegiertenkonferenzen statt, die in geheimer Wahl ihre Abgesandten für den SED-Sonderparteitag am kommenden Wochenende bestimmten. Die Zusammenkünfte wurden oft von Kundgebungen begleitet, eine hatte ich soeben mit Krenz erlebt. Sie war als »Erneuerungskundgebung« angekündigt worden.

18 Uhr, es war nasskalt, minus drei Grad. Vor dem ZK-Gebäude hat sich etwa ein halbes Tausend wütender Genossen versammelt. »40 Jahre bin ich in der Partei. Immer, wenn ich

Parteichef auf Abruf: Günter Hartmann (NDPD). Er lieferte am 24. November die Schlagzeile »Der Weg zur deutschen Einheit«

die Wahrheit gesagt habe, wurde ich als antisozialistisch be-
schimpft«, wettert einer und erregt sich über die Korruptions-
vorwürfe und andere Schweinereien der Obrigkeit, von denen
täglich in der Zeitung stand und was auch gestern im Parlament zur Sprache gekommen war. »Die haben uns beschissen
und betrogen. Heute wollen sie es nicht mehr wahrhaben.«
Und ein älterer SED-Genosse sagt mit wütendem Gesicht:
»Die müssen sich beim Volk entschuldigen!«

Noch sicherten Soldaten des Wachregiments das ZK-Gebäude und stellte die Armee drei Lautsprecher. Dabei hatte die
SED genau vor 24 Stunden ihre staatstragende Funktion verloren, war von der Volkskammer am 1. Dezember ihre Leitfunk-
tion aus der Verfassung gestrichen worden. Noch aber schien
alles beim Alten zu sein. Ruft die SED, folgt die Armee. Aber:
Es waren keine Kampflieder aus den Lautsprechern zu hören.
Nur Nebelschwaden zogen über den Platz vor dem riesigen Gebäude, dem einstigen Machtzentrum der DDR.

Egon Krenz, der Generalsekretär der Partei, kam. Kein Bei-
fall wie sonst, keine Jubelchöre, keine »Egon, Egon!«-Rufe.
Krenz ist nicht Gorbatschow, er wird es nie werden. Er kam
ohne Handschuhe, im blauen Wintermantel, mit weißem
Hemd, Bartstoppeln und dunklen Ringen unter den Augen.
Seine ersten Worte: »Ich stelle mich!«

»Nicht so feige! Nicht so!«, kam es aus der Menge.

»Hör mal, die Zeit ist doch so …«, rief Krenz zurück.

»Wir haben keine Zeit mehr, Egon!«

Fast hilflos die Reaktion: »Du hast völlig recht.«

Sie hörten ihm nicht mehr zu. »Egon, mach einen Schnitt,
hör auf mit allem, dann ist es gut.«

Krenz: »Trotz alledem, wir müssen zusammenhalten …«

Seine Worte gingen im Gemurre unter. Die Genossen riefen
durcheinander: »Entschuldige dich bei dem Volk für das, was
ihr uns angetan habt!«

Ein anderer rief: »Genosse Krenz, warum hast du gestern in
der Volkskammer nicht Farbe bekannt?« Dafür gab es Beifall.

Krenz: »Ich habe doch eindeutig Farbe bekannt.«

Zwischenruf: »Du hast doch selber sechs Jahre in Wandlitz
gelebt, wieso weißt du plötzlich nicht mehr, wie das Leben dort
war? Ich bin 35 Jahre in der Partei.«

Krenz: »Ich bin mit dir vollkommen einverstanden.«

Die Menge skandierte inzwischen: »Rücktritt, Rücktritt.«

Krenz versuchte es noch einmal: »Moment mal. Zunächst bin ich hierhergekommen, um mit euch zu sprechen.« Beifall. Dann weiter: »Was die Frage betrifft, die du gestellt hast: Glaubst du nicht, dass es mich tief ins Herz getroffen hat, was ich gestern gehört habe?«

Die Menge: „Ja, ja, nein, nein.«

Krenz: »Genossen, natürlich habe ich in Wandlitz gelebt. Ich habe sechs Jahre in Wandlitz gelebt. Ich bekenne mich dazu. Und ich will euch mal eins sagen: zu recht sind wir alle empört. Aber es hat Mechanismen in der Partei gegeben, die eine Aufklärung verhindert haben, und gegen diese Mechanismen muss man angehen. Genossen, man muss sich doch die Frage stellen …«

Weiter kam er nicht. Seine Genossen forderten »Rücktritt!« und »Aufhören!«. Die ersten Pfiffe ertönten.

Krenz verstummte, gab aber noch nicht auf, er trat lediglich zurück in die Reihe neben Schabowski, um andere ans Mikrofon zu lassen. Eine Lehrerin sagte, an Krenz und Schabowski gewandt: »Ich vermisse beim Politbüro die aktive Bereitschaft, aufzuklären, was noch nicht aufgeklärt ist.« Tosender Beifall. »Unser Politbüro ist sprachlos, verkennt die Lage, unterschätzt sie. Schnelle Entscheidungen, die moralisch sauber sind, sind nötig. Ich verachte zutiefst die alte Parteiführung, aber ich verachte ebenso das zögernde Herangehen an Lösungen der jetzigen Parteiführung. Genossen im Politbüro, die Karten müssen endlich auf den Tisch! Wir alle hier, die wir hier stehen, werden mitverurteilt für Sachen, die wir nie getan haben. Aber warum haben Genossen, die so schwere Schuld auf sich geladen haben, immer noch das gleiche Parteibuch wie ich?"

Krenz stand bleich und mit versteinerter Miene da. Kein gewohntes Lächeln, keine bleckenden Zähne.

Dann trat ein kleiner Mann nach vorn, mit rotem Schal und Prinz-Heinrich-Mütze wie Helmut Schmidt. Es war der Rechtsanwalt Gregor Gysi. Ich stand auf den Stufen, nur wenige Schritte vom Mikrofon entfernt, und konnte seinen leidenschaftlichen Ausbruch beobachten. »Das Politbüro hat unser Vertrauen nicht mehr. Tretet zurück, macht den Weg frei!«

Er brüllte es geradezu in die Menge: »Ich finde, jetzt reicht es. Wenn ihr es nicht schafft, Genossen zur Verantwortung zu ziehen, dann müssen es eben andere tun. Wir sind noch Millionen in der Partei. Wir dürfen es aber nicht zulassen, dass wir bald nur noch Tausende sind. Die Chance zur Erneuerung ist vertan worden. Andere waren immer schneller als wir. Auch bei den Untersuchungen, die uns selber angehen. Diejenigen, die eine Verantwortung bis zum 18. Oktober hatten, dürfen sie nicht mehr länger ausüben.«

Auch Krenz gehörte am 18. Oktober dem Politbüro an.

»Tretet zurück, es ist unsere einzige Chance. Wir brauchen neue Persönlichkeiten, damit wir sauber in den Parteitag gehen können.«

Ein Bauarbeiter erklärte: »Andere bauen sich Paläste, und unsere Häuser verfallen. Das sind Verbrechen am Volk. Und viel schlimmer: die Parteibasis wird weiter verschaukelt. Das haben wir erst gestern wieder in der Volkskammer erlebt.«

Krenz griff erneut zum Mikrofon, trotz der ablehnenden Stimmung, die ihm aus hunderten Kehlen entgegenschlug, wiederholte er: »Genossen, ich bin gekommen, nicht um mich der Verantwortung zu entziehen ...« Pfiffe, Rufe: »Aufhören, Rücktritt, Rücktritt.«

Krenz brüllte nun: »Ich bin gekommen, um euch zu sagen, dass morgen das Zentralkomitee unserer Partei tagt, und ich werde dem ZK von den Stimmungen, die hier vorgetragen worden sind, berichten.«

Laute Pfiffe, Buh-Rufe und »Rücktritt sofort!« hinderten ihn am Weiterreden. Wieder setzte er an: »Ich versichere euch, dass ich alles, aber auch alles tun werde ...«

Weiter kam er nicht. Obgleich er weiterredete und gestikulierte, hörte ich nicht mehr, was er sagte. Dann ging er ins Gebäude. Allein. Ich schaute auf die Uhr: 18.25 Uhr.

Was für ein beschämender Abgang.

Um 18.45 Uhr verließ sein dunkelblauer Volvo (Kennzeichen: IJ 5-93) und ein Begleitwagen den Hinterausgang des ZK-Gebäudes. Krenz saß im Fonds, winkte mir wie zum Abschied zu.

Später gestand Krenz, dass er mich gar nicht erkannt habe. Er hatte ganz mechanisch gewunken, wie er das gewohnt war.

Ich eilte zurück in mein Büro, nur einige hundert Meter weiter, und während ich dies niederschreibe, klingelt das Telefon. Hartmann ist dran.

So sehr überrascht mich seine Ankündigung vom nahen Rücktritt nicht.

In den sonst sehr wortreichen, detaillierten Erinnerungen von Egon Krenz finden sich zu diesem Waterloo nur wenige Zeilen: »Als sich die Genossen vor dem ZK zur Erneuerungskundgebung versammeln, stelle ich mich auf die Treppe vor dem ZK-Gebäude. Einigen der Organisatoren scheint dies peinlich zu sein. Sie haben nicht mit meiner Teilnahme gerechnet. Ich höre mir die Reden an. Ich melde mich auch zu Wort. Ich habe keine Chance. Mir ist klar: Wir müssen morgen den Weg freimachen. Sonst gibt es mindestens zwei Parteitage.

Das aber will ich nicht.«[130]

Anderntags tritt, wie angekündigt, das Zentralkomitee zusammen und beschließt den kollektiven Rücktritt. Da ist es nur noch eine Petitesse am Rande, dass sich in der Nacht Alexander Schalck-Golodkowski, Staatssekretär, KoKo-Chef, Stasi-Oberst und ZK-Mitglied, ins Ausland abgesetzt hatte. Seine Flucht stand vermutlich in einem kausalen Zusammenhang mit der Entdeckung eines Waffenlagers der Firma IMES bei Rostock, das ihm unterstand. Krenz dazu: »Um 13.10 Uhr beginnt die ZK-Tagung. Ich eröffne sie mit den Worten: ›Wir sind in einer außergewöhnlichen Zeit zu dieser Tagung zusammengekommen. Die Existenz der Partei steht auf dem Spiel. Die Deutsche Demokratische Republik ist in Gefahr. Unser internationales Ansehen ist beschädigt wie nie zuvor.‹

Ich weiß nicht, wann ich das letzte Mal in meinem Leben geweint habe. Bei diesen Worten stehen mir die Tränen in den Augen und ich habe das Gefühl, meine Stimme versagt. Nicht, weil ich als Generalsekretär zurücktrete. Das ist im Verhältnis zu dem, was heute beschlossen werden soll, das Geringste. Es schmerzt mich, dass ich am Sterbebett der Partei stehe. Ich fürchte, dies ist der erste Schritt auch für das Ende der DDR.«[131]

Am 7. Dezember, dem Donnerstag, tritt unter dem Dach der Kirche und moderiert von drei Kirchenleuten erstmals der Runde Tisch zusammen. Im Dietrich-Bonhoeffer-Haus hin-

Berghofer, Brinkmann und Gysi nach Mitternacht am Morgen des 8. Dezember 1989

term Friedrichstadtpalast treffen sich 33 Vertreter von 14 Parteien und neu entstandenen politischen Gruppierungen, um über das Krisenmanagement zu reden. Es ist der – wie sich zeigt: erfolgreiche – Versuch, mehr Demokratie zu wagen. Das Gremium schlägt vor, die nächsten Volkskammerwahlen am 6. Mai 1990 abzuhalten (der Termin sollte später auf den 18. März vorgezogen werden) und mit der Arbeit an einer neuen Verfassung zu beginnen. Diese soll per Volksentscheid wie jene DDR-Verfassung 1968 angenommen (oder eben abgelehnt) werden.

Die SED hat Gregor Gysi und Wolfgang Berghofer an den Runden Tisch geschickt. Ich bin auch vor Ort und wohne der elfstündigen Sitzung bei. Weit nach Mitternacht hocke ich mich mit Wolfgang Berghofer, Gregor Gysi und Lothar de Maizière an einen Tisch. Berghofer ordert einen Kaffee und zwei belegte Brote, »für mich auch«, ruft Gysi. In wenigen Stunden beginnt der SED-Parteitag.

Am Nebentisch sitzen Ibrahim Böhme, der Chef der ostdeutschen Sozialdemokraten, und Rechtsanwalt Rolf Henrich, dessen im Frühjahr im Westen publiziertes Buch »Der vormundschaftliche Staat« ihn im Westen bekannt machte, jetzt sitzt der gelernte Bergmann fürs Neue Forum hier.

Minutenlanges Schweigen. Dann frage ich Berghofer: »Wie war's?«

Berghofer: »Es ist ein Ergebnis, mit dem nicht alle gerechnet haben. Ein gutes Ergebnis. Wahlen sind klar, neue Verfassung ist klar, Volksentscheid ist klar.«

Ich frage Gysi, wer Staatsratsvorsitzender werden soll.

»Ich halte es für unsinnig, jetzt schon wieder nur einen Übergangskandidaten zu wählen. Das muss eine konsensfähige Person werden, damit können wir bis nach dem 6. Mai warten.« Dann dreht er den Spieß um. »Was sagt denn *Bild*, wer neuer SED-Chef wird? Ihr wisst doch immer alles vorher.«

Ich grinse und sage: »Sie!«

Gysi lacht. »Abwarten. Ich denke, Wolfgang Berghofer macht's.«

Berghofer lacht. »Nee, nee, das wird nichts.«

Ich frage: »Und Markus Wolf?«

Berghofer darauf: »Eine gute Integrationsfigur zwischen den Reformern und den Teilen in den Staatsschutzorganen, die sich verraten und verlassen vorkommen. Aber ich glaube nicht, dass er kandidieren wird.«

Kurz vor 2 Uhr erhebt sich Berghofer und wendet sich zum Gehen. »Wenn es jetzt nicht klappt, dann ...« Er macht eine

Krenz, daneben Lorenz und Margarete Müller, darunter Keßler und Hager, links außen Inge Lange: die alte Führung auf dem Sonderparteitag der SED am 8. Dezember 1989

Bewegung, als wolle er sich die Gurgel durchschneiden. Am 18. Dezember will der Runde Tisch erneut tagen.

Stunden später beginnt in der Berliner Dynamo-Sporthalle der Sonderparteitag der SED. Die Delegierten von noch immer mehr als zwei Millionen Mitgliedern rechnen mit der Vergangenheit, vor allem mit der alten Führung ab. Von der sind nur Egon Krenz, Heinz Keßler, Kurt Hager, Siegfried Lorenz, Inge Lange und Margarete Müller gekommen, mehr erkenne ich jedenfalls unter den fast dreitausend Delegierten nicht. Ich bekomme mit meiner Vorhersage, die am Samstag in der *Bild* stand, recht: Gysi wird mit etwas mehr als 95 Prozent zum neuen SED-Chef gewählt und bekommt einen großen Besen, mit dem er den Augiasstall ausmisten soll. Wenig später sehe ich ihn auf dem Parkplatz vor der Halle umherirren. »Wo ist mein Mantel, das Auto?« Er steht, raucht und friert. Nach 16 Stunden Sitzungsmarathon wirkt er noch erstaunlich munter. Generalsekretär will er nicht sein. »Wir haben schon genug Generäle.«

In den Gängen hörte ich von einigen Delegierten: »Gysi kann es schaffen. Er ist unser Mann.« Andere: »Er ist brillant, aber zu wenig menschlich.« Leipziger Genossen sagen: »Er muss diese Partei wieder vereinen, muss uns neuen Mut geben.« Was der neue Messias alles können soll und muss. Aber mit den beiden Dresdnern Hans Modrow (Ministerpräsident) und Wolfgang Berghofer (Oberbürgermeister) hat Gysi zwei Stellvertreter, die mit ihm das schwer angeschlagene Schiff SED wieder auf Kurs bringen könnten.

Ich fragte auch Krenz, was er von seinem Nachfolger hält. »Er ist ein guter Mann und hat mein vollstes Vertrauen.«

»Was machen Sie jetzt, was fühlen Sie?«, erkundige ich mich bei ihm.

»Ich fange wieder ganz von vorn an. Ich werde in meiner Basisorganisation hart arbeiten.«

»Und beruflich?«

Krenz lacht: »Ich bin Lehrer. Ob ich das wieder machen werde … Mal sehen.«

Und wie ist es um seine Gefühle bestellt, erkundigte ich mich erneut. »Es trifft mich schon, nach so langen Jahren hier auf dem Rang und nicht auf dem Podium zu sitzen.«

Hat er Angst, verhaftet zu werden?

»Nein, nein, ich habe mir ja nichts vorzuwerfen, ich bin sauber.«

Krenz saß in Block H, fast unterm Dach. Eingeklemmt zwischen Delegierten, nur eine schwarze Tasche hatte er dabei. Der Parteitag nahm ihn nicht zur Kenntnis, nur die Presse. Kein Dank an den Mann, der die Mauer öffnete, die »Wende« vollzog. Er war für die Genossen Delegierten ein no-name, den man nicht kannte. Vergleichbares erlebte man auf dem XI. SED-Parteitag 1986. Der im Vorjahr abgesetzte und ins Archiv nach Potsdam verbannte Berliner SED-Chef Konrad Naumann irrte durch den Berliner Palast, als hätte er Aussatz. Niemand würdigte ihn eines Blickes. Auf der Pressekonferenz wurde Joachim Herrmann von Journalisten gefragt, warum Naumann überhaupt hier sei. Das Politbüromitglied Herrmann musste sich erst bei seinem Nachbarn erkundigen, der ihm mitteilte, das Naumann ZK-Mitglied sei, und die würden vom Parteitag gewählt. Mithin: Herrmann kannte offenkundig nicht einmal das Statut der Partei, der er vorstand …

Ich machte gleich ein Interview mit Gysi, es erscheint am 11. Dezember in der *Bild*.

»*Brinkmann*: Wird es unter Ihrer Führung eine neue Deutschland-Politik geben, die dem Wunsch des Volkes nach Wiedervereinigung gerecht wird?

Gysi: Das steht überhaupt nicht auf der Tagesordnung. Wir sollten versuchen, ein gemeinsames europäisches Haus zu bauen. Die Diskussion über die Wiedervereinigung ist momentan ganz unrealistisch. Die Mehrheit unseres Volkes in der DDR ist zurzeit wohl nicht dafür.

Brinkmann: Haben Sie endgültig auf den Führungsanspruch der SED in der DDR verzichtet?

Gysi: Es geht um den alleinigen Herrschaftsanspruch. Den haben wir aufgegeben. Wir kämpfen natürlich um den politischen Machtanspruch. Das tut doch jede Partei. Wir wollen in der DDR weiter mitgestalten und mitreden und das an vorderster Stelle. Aber wir suchen die Zusammenarbeit mit allen politischen Kräften. Ich kann mir aber nicht vorstellen, dass wir als politische Kraft ganz verschwinden. Das halte ich für ausgeschlossen.

Brinkmann: Geben Sie Ihren Beruf als Rechtsanwalt auf?

Gysi: Ich werde mich wohl zunächst um mein neues Amt kümmern müssen. Ich werde aber meine Kollegen bitten, mich im Kollegium der Rechtsanwälte zu belassen.

Brinkmann: Was verdienen Sie als SED-Parteivorsitzender?

Gysi: Das weiß ich nicht. Bis jetzt arbeite ich für nothing.

Brinkmann: Wollen Sie die Bundesrepublik besuchen, und suchen Sie ein Treffen mit Kanzler Kohl?

Gysi: Ich bin doch nicht Ministerpräsident. Aber wenn mich der Kanzler – er ist ja auch CDU-Vorsitzender – einlädt, komme ich gerne. Ich finde jeden Kontakt sehr gut.

Brinkmann: Sie suchen die Nähe zur Bundesrepublik?

Gysi: Es geht um einen demokratischen Sozialismus. Bei allem Suchen nach mehr Zusammenarbeit lege ich sehr viel Wert darauf, dass wir unsere sozialen Errungenschaften und die Eigenständigkeit der DDR bewahren.

Brinkmann: Wie sehen Sie Ihre Chance bei den freien Wahlen am 6. Mai 1989?

Gysi: Gut. Wenn es uns gelingt, unsere Glaubwürdigkeit zu finden, dann haben wir eine gute Chance, zumindest so abzuschneiden, dass wir eine politische Verantwortung wahrneh-

Interview mit Gysi nach dem Urnengang am 18. März 1990

men könnten. Wir werden uns nicht zurückziehen, im Gegenteil, eine Partei muss ihre Standpunkte offensiv vertreten.

Brinkmann: Auch weiter in den Betrieben?

Gysi: Sicher, aber nach Feierabend.

Brinkmann: Warum sollen die DDR-Wähler Ihre Partei eigentlich noch wählen?

Gysi: Weil es eine Arbeiterpartei mit großen Traditionen ist.

Brinkmann: Was wird mit Ihren vielen Mitarbeitern, dem riesigen ZK-Gebäude?

Gysi: Wir werden uns verkleinern müssen. Unser Apparat wird völlig umgebaut. Über alles andere haben wir noch nicht gesprochen.«

Am 5. Februar 1990 flog ich mit Gregor Gysi nach Hamburg zum Frühstück mit den Chefredakteuren der Bild, Peter Bartels und Hans-Hermann Tiedje. Auf dem Rückflug von Hamburg nach Berlin offenbarte er eine gewisse Unkenntnis. Gerd Schulte-Hillen, der Chef der Verlagsgruppe Gruner & Jahr im Medienkonzern Bertelsmann, dem zweitgrößten der Welt, hatte bei Gysi angeklopft. Gruner & Jahr wollte die Zeitungen der SED übernehmen. Wie Springer übrigens auch. Gysi fragte mich: »Ist Gruner & Jahr ein solides Unternehmen?« Im September 1990 ging der Berliner Verlag mit allen Zeitungen und Zeitschriften an Gruner & Jahr und Maxwell.

Zwischen uns hatte sich inzwischen ein freundschaftliches Verhältnis entwickelt. Er wusste, dass ich ihn nicht in die Pfanne hauen würde, wie andere meiner Kollegen dies fortgesetzt taten. Die in meiner Zeitung nicht ausgenommen. Am 27. Februar begleitete ich Gysi zu einer Wahlveranstaltung der PDS nach Karlshorst. Die Aula der Hochschule für Ökonomie war rappelvoll, etwa zweitausend Menschen drängten sich dort, um Gysi zu sehen und zu hören. Die Stimmung war gereizt, als das Stichwort *Bild* fiel. In der aktuellen Ausgabe hatte Peter Bartels, der mit Gysi vor drei Wochen in Hamburg noch freundlich in der Redaktion geplaudert und Kaffee getrunken hatte, einen üblen Kommentar unter der Überschrift »Rettet die Kinder vor der SED« verfasst, in welchem Gysi quasi zum politischen Kinderschänder gemacht worden war.

Ich stand ganz vorn in der Nähe von Gysi, und der Unmut im Saal kehrte sich gegen mich, weil einige mich kannten. Ich sah Gysi an, er verstand. »Die *Bild* ist ein schlimmer Blatt«, begann er. »Aber hier vorn steht einer von denen, den ich kenne. Der ist anders. Nun seid fair und lasst ihn laufen.«

Unbeschadet verließ ich das Audimax.

Im März war auch für Gysi das Maß voll. Der Wahlkampf in der DDR wurde nicht nur weitgehend von westdeutschen Wahlkampfmanagern gesteuert, er war auch übel, es wurde mit den dreckigsten Tricks und Denunziationen gearbeitet. Am Donnerstag, dem 15. März, titelte Bild mit der Schlagzeile »Schnur – das Ende. Sie haben mich gefoltert und erpresst«. Der Vorsitzende der Partei Demokratischer Aufbruch (DA), Wolfgang Schnur, gehörte zu der von Kohl geschmiedeten »Allianz für Deutschland«. (Er hatte übrigens die Tochter seines Freundes Horst Kasner am 1. Februar 1990 als seine Pressesprecherin eingestellt. In der Regierung von Lothar de Maizière behielt diese Angela Merkel ihren Job.) Schnur machte sich tatsächlich Hoffnungen auf den Posten des Ministerpräsidenten, doch diese Illusion zerstob, als in der Woche vor der Wahl publik wurde, dass er seit 1965 dem MfS als verlässlicher IM gedient hatte.

Nachdem er also von *Bild* als Stasi-Opfer stilisiert wurde, was natürlich als Rettungsversuch gedacht war, holte das Blatt zum vermeintlichen Gegenschlag aus. Man wollte ein geheimes

Kohl am 19. Dezember 1989 in Dresden, vorn Modrow, halb-rechts hinter ihm Brinkmann

Schreiben von Gysi an die Bezirksvorstände der PDS gefunden haben, in welchem der Parteichef stolz mitteilte, dass es gelungen sei, a) die Liste der Stasi-Mitarbeiter zu frisieren und b) dass die in Salzgitter liegenden Akten, die DDR-Bürger belasteten, an einem Tag X vernichtet werden würden.

Als mich Kollege Werner Kahl, der das *Bild*-Büro in Bonn leitete, am Donnerstag anrief, um mir die Sache anzukündigen, sagte ich nur: »Werner, an der Geschichte ist nichts. Sie ist erfunden und erlogen.« Trotzdem erschien am Freitag, zwei Tage vor der Wahl, dieser Unsinn.

Gysi klagte – und gewann.

Unser persönliches Verhältnis litt, gottlob, darunter nicht. Mehrfach trafen wir uns bis zum 3. Oktober 1990 in feinen italienischen Restaurants, manchmal auch nachts im Karl-Liebknecht-Haus, der Parteizentrale, um zu diskutieren.

Auch mit Modrow blieb ich in Kontakt. Vor allem interessierte mich noch immer, was er mit Gorbatschow besprochen hatte und ob er noch vor den Wahlen am 18. März die Einheit hätte herstellen können. Natürlich, das war vergossene Milch, die staatliche Einheit existierte seit dem 3. Oktober 1990 und Modrow war einer von 17 PDS-Abgeordneten, die im Bonner Bundestag saßen. Aber Journalisten und Historiker geben sich nie mit dem zufrieden, was gedruckt ist.

1992 saß ich mit Modrow im Bonner Restaurant »Cecilien-
höhe«, einige Tische weiter tafelte der Kanzler und würdigte
Modrow demonstrativ keines Blickes. Beim saftigen Steak fing
der Ministerpräsident a. D. an zu reden: »Wissen Sie, Herr
Brinkmann, ich hatte das Gefühl, dass Moskau sehr wohl wusste, dass der Zug zur deutschen Einheit nicht aufzuhalten sei.
Aber Gorbatschow wollte die Einheit nicht so schnell, schon
gar nicht sofort. Darin war ich mit ihm einig. Einheit ja, aber
erst nach einer langen Übergangszeit. Mein politisches Ziel war,
die DDR solange wie möglich zu erhalten, das politische Ziel
von dem da« – Modrows Blick ging hinüber zum Kanzler –
»hingegen, die DDR so schnell wie möglich abzuschaffen. Das
war mir spätestens im Dezember '89 bei seinem Besuch in
Dresden klargeworden.«

Ohne den 9. November '89 kein 18. März 1990

Die Kausalität von Ereignissen liegt auf der Hand, nur Naivlinge sehen die Zusammenhänge nicht. Die Öffnung der Grenze beschleunigte den Umbruchprozess in der DDR dramatisch und damit den Niedergang des politischen Systems. Dabei ist es unerheblich, ob die Maueröffnung so erfolgt ist, wie geschehen – und woran ich mir eine gewisse Mitwirkung zuschreibe –, oder ob es geordnet geschehen wäre wie ursprünglich gedacht. In dem Moment, als die Ostdeutschen den Duft der Freiheit gerochen, war der Geist aus der Flasche. Und der sollte nicht wieder dorthin zurückkehren. Dieser Vorgang war unumkehrbar.

Und folgerichtig stellt sich die Frage nach der Sinnfälligkeit zweier deutscher Staaten, denn nach vierzig Jahren Teilung waren die Unterschiede nicht so gravierend wie etwa zwischen Deutschland und Österreich, das ja auch einmal zum Heiligen Römischen Reich Deutscher Nation gehörte. Kaiser Franz II. legte 1806 die deutsche Krone nieder und machte als Franz I., Kaiser von Österreich und König von Böhmen, Kroatien und Ungarn, weiter. Aber das ist schon wieder eine andere Geschichte, die uns bis zu 1914 und dem Ersten Weltkrieg führt.

Die Frage nach einer Fortexistenz der DDR, eines zweiten deutschen Staates, wurde am 18. März 1990 klar von den Ostdeutschen beantwortet. Sie stimmten mehrheitlich für jene Parteien, die im Wahlkampf die rasche Einheit versprachen.

Gegen 16 Uhr am Wahlsonntag hatte Lothar de Maizière, CDU-Vorsitzender und Freund Gysis, mir die Umfragen von Infas vom Vormittag zugeflüstert: hoher Sieg für die CDU. Das würde alle Erwartungen und Prognosen Lügen strafen, denn diese sahen die SPD vorn. In Hamburg wollte man mir nicht glauben, als ich diese Mitteilung von de Maizière per Funktelefon durchgab.

Wahlparty der CDU im »Ahornblatt«. In der Mitte Lothar de Maizière mit Eberhard Diepgen, hinter de Maizière Sylvia Schultz und Brinkmann an ihrer Seite

Um 18 Uhr herrschte unglaubliches Gedränge im »Ahornblatt« auf der Fischerinsel, das die CDU für ihre Wahlparty gemietet hatte. (Das Haus, als interessantes Architekturbeispiel der Postmoderne unter Denkmalschutz gestellt, wurde trotzdem abgerissen. Jetzt steht dort eines der gesichtslosen Büro- und Geschäftshäuser, von denen es in Berlin Hunderte gibt.)

Ich wartete am falschen Eingang. Als ich den Jubel hörte, schoben bereits Hunderte Anhänger Lothar de Maizière durch den Saal. Zu spät, an den kam ich nicht mehr ran. Ich wollte schon kapitulieren, als mich Sylvia Schultz sah. Jetzt zahlte sich aus, dass ich häufig Gast in der CDU-Zentrale am Gendarmenmarkt war. Die Büroleiterin bahnte mir mit Hilfe einiger Parteifreunde eine Gasse, packte mich dann kräftig an der Hand und zog mich ganz dicht an ihren Chef heran. So geriet ich auf das offizielle Foto von ADN/Zentralbild.

Im Gedränge vereinbarte ich für den kommenden Montag ein Interview, es sollte das einzige sein, das der Wahlsieger am Tag danach gab. Fast wäre es zur Sensation geworden, denn der designierte Ministerpräsident sagte mir mehrfach: »Das weiß ich noch nicht. Ich habe meine Zweifel, ob ich es machen soll. Deutlicher denn je. Das ist mein Ernst.«

So hieß denn unsere Schlagzeile am 20. März: »Der Sieger kneift.«

Ich wollte ihm das nicht abnehmen und insistierte immer wieder. Seine Reaktion war jene, die ich künftig wiederholt bei ihm erlebte (und vermutlich erging es auch anderen Journalisten so): Er drohte mit dem Abbruch des Gespräches. Und manchmal ging er auch wirklich.

Als Geschenk zum Wahlsieg hatte ich ihm das Modell eines Mercedes 500 mit den Worten »Ein Vorgeschmack auf Ihren künftigen Dienstwagen« überreicht.

Der damals spillrige Anwalt verzog kein Miene, nicht einmal der Anflug eines Lächels war zu erkennen.

Mit Ministerpräsident Lothar de Maizière flog ich zweimal nach Moskau, ich begleitete ihn nach Dublin, Paris und Wien.

In Paris gebärdete sich der »Graue«, wie wir ihn nannten, wie ein kleiner Napoleon, wobei ihm Sylvia Schultz dabei half. Weil er sich über die Presse im Allgemeinen und über mich im Besonderen geärgert hatte, verweigerte er mir ein Gespräch. Sein Berater aus dem Bonner CDU-Haus hatte ihn überdies gewarnt, *Bild* sei nur auf schnelle Schlagzeilen aus.

»Immer schön fünf Schritte hinter ihm bleiben«, raunte mir Frau Schultz zu. Also dem »Grauen« hinterhertrotten und geduldig abwarten? In der Oper riss mir der Geduldsfaden. Als der Ex-Musiker und Ministerpräsident hinter der großen Bühne stand, fragte ich ihn: »Na, möchten Sie lieber hier die Erste Geige spielen oder in Berlin?«

Tatsächlich: Er schmunzelte. »Nee, erst mal in Berlin, und wenn die Einheit geschafft ist, dann auch mal hier.«

Das Eis war gebrochen und alles vergessen …

Auf dem EG-Gipfel in Dublin kam sich der DDR-Ministerpräsident ziemlich verloren vor. Außenminister Markus Meckel ging es ebenso, er flog vor der Zeit zurück. Ich bat ihn, mich mitzunehmen. So flogen er, seine Referentin und ich allein in einer großen IL 62 nach Berlin. (Hatten sich nicht die Bürgerbewegten in der DDR zurecht darüber erregt, dass Politbüromitglieder und ihr Gefolge mit solchen Riesenvögeln in der Welt herumreisten?)

Das erste Interview mit dem Wahlsieger, 19. März 1990

Im Flugzeug mokierte sich Meckel über den ganzen »Firle-fanz« in Dublin, das Treffen nahm er nicht sonderlich ernst.

Moskau hingegen war allerdings enorm wichtig. Nach der ersten Visite dort am 28. April 1990 befragte ich Lothar de Maizière.

»*Brinkmann:* Wie war das Gespräch mit Michail Gorbat-schow?

De Maizière: Offen, sehr bestimmt, freundschaftlich. Ohne Drohungen. Wir haben aber deutlich gespürt, dass bestimmte Bedenken der UdSSR z. B. in Sachen Artikel 23 Grundgesetz und NATO-Mitgliedschaft nicht ganz ausgeräumt sind.

Brinkmann: Dennoch haben Sie in Moskau grünes Licht ohne Wenn und Aber für die deutsche Einheit bekommen, oder täuscht dieser Eindruck.?

De Maizière: Es ist leichter geworden.

Brinkmann: Warum?

De Maizière: Weil Michail Gorbatschow uns das Gefühl mitgegeben hat, dass er den Einheitsprozess begriffen hat, dass seine Sorgen in puncto Art 23 GG unberechtigt sind und dass die Frage der NATO-Mitgliedschaft eines einheitlichen Deutschlands auch von mir neu überdacht werden muss.

Brinkmann: Inwiefern?

De Maizière: Weil wir für die NATO neue Strukturen und Strategien brauchen. Dann ist eine NATO-Mitgliedschaft eines einheitlichen Deutschlands durchaus denkbar. Aber auch erst dann.

Brinkmann: Die wirtschaftlichen Beziehungen zur UdSSR bedrücken Moskau. Wie wollen sie ihren Lieferverpflichtungen nachkommen?

De Maizière: Wir haben acht Kommissionen gebildet, die hier Lösungen finden sollen.

Brinkmann: Gab es in Moskau auch konkrete Ergebnisse?

De Maizière: Ja. Wir werden über ein Zusatzprotokoll 1990 Nahrungsmittel, Textilien, Computer und auch Autos in die Sowjetunion liefern. Über die Verrechnung wird in den nächsten 14 Tagen verhandelt.«

Angela Merkel gehörte als Sprecherin der von Lothar de Maizière geleiteten Delegation an. Sie wollte von mir unbedingt wissen, was ich denn über den Besuch in der *Bild*-Zeitung schreiben würde. Ich klärte sie darüber auf, dass es Sache der Journalisten sei, einen Besuch zu bewerten, sie würden darin nicht den Vorgaben eines Regierungssprechers bzw. einer Regierungssprecherin folgen. Das gefiel ihr offensichtlich gar nicht, aber sie sprach mich nie wieder darauf an. Jedoch lobte und kritisierte sie in der Folgezeit und ließ uns Presseleute in Ruhe unseren Job machen. Sie hatte schnell gelernt.

Am 19. März 2000, zwanzig Jahre nach unserem Gespräch für die *Bild* in der CDU-Zentrale, traf ich mich wieder mit Lothar de Maizière. Ich wollte wissen, wie er mit zeitlichem Abstand jene Wochen und Monate und die Entscheidungen bewertete, die er damals traf.

»*Lothar de Maizière:* Als Mitglied des Modrow-Kabinetts sind mir Kenntnisse über den Zustand der DDR zugewachsen, was die Wirtschaft anbelangt, was die ökologische Situation anbelangt, wie die monitäre Situation dieses Landes aussah. Letztlich musste einem mit diesem Wissen klar sein, dass man als Ministerpräsident ein Amt übernimmt, das dem eines Liquidators gleichkommt. Das war's ja auch. Aber die Liquidation eines Betriebes ist etwas anderes als die Liquidation eines ganzen Staates. Hier ging es immerhin um sechzehneinhalb Millionen Menschen. Und dafür gibt es keine Konkursverordnung. In anderen Fällen gibt es ein Gesetz, da gibt es Vorgaben, da weiß man, wie man Quoten bildet und wie man den vernünftigen Rest in den Wirtschaftskreislauf wieder einspeist. Für die Abwicklung von Staaten gibt es keine Vorgaben.

Und wenn Sie ein paar Wochen weiterdenken, an meine Regierungserklärung, da war ja einer der wichtigsten Gedanken: Wie kommen die Ostdeutschen *in Würde* in die deutsche Einheit?

Mir war schon am Abend des 18. März klar: Mit der Mehrheit läuft das Amt auf dich zu. Ich war damals der Meinung, dass es eigentlich nicht günstig sei, wenn das Amt des Parteivorsitzenden und das des Regierungschefs in einer Hand liegen. Ich habe deswegen auch am Morgen des 19. März im Präsidium der Ost-CDU gesagt: Jungs vortreten, wer möchte denn gerne Parteichef, wer Regierungschef machen?

Es trat aber keiner vor. Am Abend im Bundeskanzleramt, Rainer Eppelmann war dabei, erkundigte ich mich, wie man sich das vorstelle. Sollte mein Posten in Berlin eine Außenstelle des Kanzleramtes in Bonn sein? Dafür müsste man einen anderen suchen, ich hätte Zweifel, dass ich dafür geeignet sei. Ein Amt fremdbestimmt auszufüllen, das konnte ich nicht.

Es ist Mode geworden, auf Kohl rumzutreten, da will ich mich nicht einreihen. Ich glaube, dass er im Rahmen seiner persönlichen Möglichkeiten bemüht war, fair mit mir umzugehen. Aber eben nur halt im Rahmen seiner persönlichen Möglichkeiten. Er war der Meinung, dass er wisse, wie etwas zu sein habe, und das teilte er freundschaftlich mit. Und es gab ja wirklich welche, die sich freuten, die Vorgaben abarbeiten zu dürfen

Brinkmann: Und das haben Sie nicht gemacht?

Lothar de Maizière: Das hab ich nicht gemacht. Wir kamen aus einem System, in welchem man zusehen musste, wie man mit seinem Leben zurechtkam. Die Menschen haben doch nicht im Herbst '89 den aufrechten Gang gelernt, um ihn sechs Monate später wieder zu verlernen.

Brinkmann: Sie sind von Bonn nach Berlin zurückgefahren und hatten im Kopf die Koalition?

Lothar de Maizière: Nein. Bei den Liberalen war schon klar, dass sie mitgehen würden. Ich wollte unbedingt eine Koalition mit der SPD haben. Das war auch schon an dem Abend im Kanzleramt im Gespräch. Man sah aber die Notwendigkeit nicht. Mein besonderer Freund Volker Rühe meinte, wir hätten doch eine kommode Mehrheit mit den Liberalen zusammen, die Allianz hatte 48 und die Liberalen knapp sechs Prozent, zusammen rund 54 Prozent also. Warum also mit den Sozen?

Ich habe zwei Gründe angeführt: Erstens werden wir auf dem Weg zur deutschen Einheit ständig qualifizierte Mehrheiten brauchen, Zweidrittel-Mehrheiten, verfassungsändernde Mehrheiten. Auch da gab es schon den ersten Widerspruch. Man betrachtete uns als Teil der West-CDU. Rupert Scholz war der Meinung, durch den Herbst '89 sei die Verfassung der DDR obsolet geworden, verfassungsrechtliche Fragen seien nicht mehr beachtlich, man lebt praktisch im luftleeren Raum. Man brauche solche Spielregeln überhaupt nicht mehr zu beachten.

Meine persönliche Meinung war und ist: Wenn ein Volk keine Verfassung hat, nicht mehr verfasst ist, dann verliert es seine Verfassung. Dann geht das Bewusstsein dessen, was Recht ist, unter. Wir hatten ja ohnehin damals den Eindruck, dass die Gefahr rechtsfreier Räume bestand. Die Leute rasten über die Straßen, weil sie der Meinung waren, der Herbststurm habe auch die Verkehrsregeln beiseite gefegt.

Zweitens war ich der Meinung, dass die Kräfte, die den Herbst getragen hatten, die den Weg in die deutsche Einheit mitgehen wollten, auch das Recht haben sollten, diesen Weg mitzugestalten. Bei Bündnis-Leuten war es etwas anderes, die wollten ja nicht die deutsche Einheit. Aber die Sozialdemokraten wollten sie.

Und drittens: Ein Großteil der Mitglieder der sozialdemokratischen Fraktion war mir aus kirchlicher Arbeit zum Teil besser bekannt als Mitglieder meiner eigenen Fraktion. Aus persönlicher Bekanntschaft wuchs auch Verlässlichkeit. Ich brauchte Zuverlässigkeit, die ich nicht unbedingt jedem Abgeordneten etwa der DSU zugetraut habe.

Abgesehen davon hoffte ich, dass wir mit einer solchen Koalition stärker manch westdeutscher Zumutung zu widerstehen in der Lage sein würden.

Aber die Sozialdemokraten verkündeten zunächst, sie wollten keine Koalition eingehen. Oder wenn überhaupt, dann nur, wenn die DSU nicht mit im Boot wäre. Da hab ich ihnen klarmachen müssen, dass ich mit einer Partei kein Wahlbündnis machen könne, um hinterher zu sagen, ich suche mir einen anderen Partner. Das wäre für mich unmöglich gewesen, das ist unanständig und glaubwürdigkeitsverletzend. Da im Wahlkampf Peter Michael Diestel von der DSU munter zugedroschen hatte, war mir schon klar, dass es einer gewissen Frist bedurfte, bis innerhalb der SPD eine Klärung erfolgte.

Die ersten Sondierungsgespräche fanden in meinem Büro statt, und man meinte, es sei furchtbar geheim. Die Fernsehteams sind auf den Dom geklettert und haben durch mein Fenster gefilmt. Uns fehlte die westliche Politikerfahrung, die westliche Denke, um diese Situation gelassen zu nehmen. Wir sahen das anders. Nun kann man uns vielleicht vorhalten, wir wären noch zu harmoniesüchtig, DDR-mäßig gewesen, wir hätten noch zu viel Runde-Tisch-Mentalität oder zu viel Sozialausschussgehabe besessen. Das mag ja alles zutreffen. Bloß: Wir mussten ja mit den Menschen und für die Menschen tätig werden, die genauso dachten wie wir. Und dass dieses Angleichen der mentalen Unterschiede zu einem Hauptproblem der deutschen Einheit werden würde, haben wir ja seither zur Genüge zu spüren bekommen.

Brinkmann: Haben Sie gespürt, dass Sie mit Rühe und Kohl Probleme bekommen würden?

Lothar de Maizière: Also mit Rühe hatte es schon vorher ein paar Mal tüchtig gekracht.

Brinkmann: Wann kam Artikel 23 Grundgesetz das erste Mal ins Gespräch?

Lothar de Maizière: Der Artikel 23 war schon vor der Volkskammerwahl von Seiten der Union in die Diskussion gebracht worden. Wir haben auch in der Koalitionsvereinbarung festgehalten, wir wollen den Weg gemäß Artikel 23 gehen, aber dieser Beitritt soll keine bedingungslose Kapitulation sein. Die Bedingungen, unter denen dieser Beitritt für uns möglich ist, sollen vertraglich geregelt und beschrieben werden. Das war der Inhalt dieser Koalitionsvereinbarung und das ist auch von der Bonner Seite so respektiert worden.

Der designierte DDR-Ministerpräsident ist gefragt

Es hatte ja schon zur Modrows Zeit begonnen, einen ersten Schritt in dieser Richtung zu tun. Damals waren die Verhandlungen zur Wirtschafts- und Währungsunion bereits angelaufen, die dann intensiv fortgesetzt wurden. Einer der Hauptgründe war, der auch dem Westen auf den Nägeln brannte, den Exodus der DDR-Bürger zu stoppen. Wir mussten ihnen sagen: Es gibt Bleibehoffnung, es wird auch hier aufwärts gehen, ihr werdet auch hier mit einer stabilen und vernünftigen Währung die Zukunft gestalten können.

Nach dem Fall der Mauer gingen aus dem Osten täglich 4.000 Menschen in den Westen. Und nachdem feststand, dass die Währungsunion kommt und zu welchen Bedingungen sie kommen wird, waren es nur noch knapp 2.000 pro Woche, die gingen. Das war ein erheblicher Unterschied.

Es gab auf der westlichen Seite unterschiedliche Auffassungen, wie man den 23er ausgestalten sollte. Wir waren der Meinung mittels zweier Staatsverträge, einmal einen Vertrag über die Wirtschafts-, Währungs- und Sozialunion, zweitens Einigungsvertrag. Und damit ziemlich detaillierte Ausregelung der Dinge, die für uns von Interesse waren. Insbesondere deshalb detailliert ausgeregelt, weil ja nach Wirksamwerden des Vertrages ein Vertragspartner nicht mehr existent sein würde.

Ich hatte mir damals ziemlich genau den Saarvertrag von 1956 angesehen, bei dem Frankreich zehn Jahre lang Vertragsgarant gewesen war. Frankreich hatte ein Jahrzehnt lang das Recht, die Bundesregierung zu mahnen, wenn sie die Bedingungen nicht einhielt. Deswegen habe ich darauf gedrungen, dass der Einigungsvertrag den Artikel 44 bekam. Der lautete, dass die Rechte aus dem Vertrag nach dem Beitritt jedes der ostdeutschen Bundesländer im eigenen Namen geltend machen kann. Das wollte die Westseite nicht drinhaben, beileibe nicht.

Andere waren auf der westlichen Seite der Auffassung, dass ein schlankes Überleitungsgesetz genüge. Dieser Auffassung war übrigens Oskar Lafontaine.

Bereits am 22. Januar 1990, als Minister im Modrow-Kabinett, war Lothar de Maizière Gast der Bild-*Redaktion in Hamburg. Die Miene des Besuchers ist Folge des Abends zuvor. Das Gespräch mit Chefredakteur Peter Bartels (2.v.l.) im Hotel »Atlantic« wurde von de Maizière abrupt beendet, nachdem Bartels über die DDR hergezogen war und auf die Frage de Maizières, wie oft er dort schon gewesen sei, geantwortet hatte: niemals. Darauf hatte sich de Maizière erhoben: Wenn Sie schon alles wissen, brauchen Sie mich ja nicht zu fragen, und war gegangen. Den Termin am nächsten Tag in der Redaktion nahm er dennoch wahr, schließlich ist er ein preußischer Hugenotte. Rechts der andere Chefredakteur Hans-Hermann Tiedje. Brinkmann in der Mitte*

Es gab eine ganze Menge kontroverse Themen. Erstens war die Kenntnis der Westdeutschen dessen, was das Leben der Ostdeutschen bestimmt hatte und für diese wichtig war, so unterentwickelt, dass sie gar nicht die Notwendigkeit erkennen konnten, bestimmte Dinge zu regeln. Wir wussten über die westlichen Lebensverhältnisse dank des Westfernsehens wesentlich mehr und besser Bescheid, wenn auch mit vergoldeten Halbwahrheiten.

Zweitens gab es im Osten viele, viele Dinge, welche zentralstaatlich organisiert waren, was im Westen föderal organisiert ist. Zum Beispiel ist die Anerkennung von Berufs- und Schulabschlüssen im Westen Ländersache. Die Gestaltung von Kultur ist Ländersache. Polizeirecht und die kriminalpolizeiliche Ausbildung ist Ländersache. Uns fehlte der Adapter, wie man von einem zentralstaatlichen zu einem föderalen System kam, ohne das im Osten gleich alles ins Rutschen geriet.

Ich bin überzeugt, dass das Stück Identität, das die Ostdeutschen aus ihren 40 Jahren DDR mitbringen, ganz maßgeblich aus den kulturellen Leistungen gespeist ist. Die kulturellen Einrichtungen aber wollte plötzlich keiner mehr haben. Wenn so ein Gemeinschaftsorchester auseinanderlief, gingen Jahrzehnte deutscher Kunst- und Kulturgeschichte den Bach runter, das konnte man doch nicht zulassen. Also, solche Dinge spielten auch eine Rolle.

Und das Dritte war, dass die westdeutsche Seite glaubte, die deutsche Einigung dazu nutzen zu können, um eigene unentschiedene Fragen bei dieser Gelegenheit schnell zu lösen. Zum Beispiel hoffte die Sozialdemokratie, wir könnten Grundgesetzänderungen im Einigungsvertrag vereinbaren, die ihren alten Vorstellungen von der himmlischen Gerechtigkeit näherkämen …

Brinkmann: Das Recht auf Arbeit …

Lothar de Maizière: Ja, richtig, so was in der Art. Bei der Union war das der § 217. Um die Schwangerschaftsunterbrechung wurde ein Fast-Glaubenskrieg geführt.

Wir haben gedacht, dass DDR-Recht weiter als Bundesrecht gelte, dauerhaft oder zeitlich befristet, oder als Landesrecht-Ost, bis die Länder sich ihr eigenes Recht geschaffen hätten. Denken Sie an die kommunale Bestimmungen.

Ein Feld, das natürlich bis zum Schluss nicht strittig, aber kontrovers blieb und sich bis heute noch in Zeitungsannoncen widerspiegelt: die Regelung der offenen Vermögensfragen. Für mich war erkennbar, dass die Eigentumsfrage von der westdeutschen Seite viel ideologischer betrachtet wurde als von der ostdeutschen. Wir sahen das mehr unter pragmatischen Gesichtspunkten, im Westen war das Eigentum eine Heilige Kuh. Ich war ziemlich sauer und sagte einmal, dass ich den Eindruck habe, dass den Westdeutschen das Grundbuch wichtiger wäre als die Bibel.

Dann war natürlich die Frage, inwieweit dies mit der sowjetischen Seite zusammengeht, also die Enteignungen durch die Sowjetische Militäradministration (SMAD) zwischen Mai 1945 und 7. Oktober 1949.

Bei der Eigentumsfrage hatten wir die größten Schwierigkeiten mit Bonn. Und ich halte auch noch heute die getroffenen Regelungen für den genetischen Geburtsdefekt der deutschen Einigung. Wir sind noch immer damit befasst, auch in unseren Anwaltsbüros. Es hat zu einer Verzögerung von Investitionen von gewaltigem Ausmaß geführt, zu einer Explosion der Bodenpreise dadurch, dass der Boden durch die Antragsteller verknappt war, und je knapper eine Ware am Markt, desto höher der Preis. Es hat letztlich zu einer Vermögensverschiebung Ost Richtung West geführt. Denn die seinerzeit Enteigneten haben zum ganz überwiegenden Teil ihre Lebensmitte im Westen gefunden und sind auch nur in wenigen Fällen zurückgekommen.

Neuere Statistiken belegen, dass die Ostdeutschen zwar inzwischen etwa 80 Prozent des westdeutschen Einkommens haben, dass aber die durchschnittliche westdeutsche Familie ein fünf Mal so hohes Vermögen hat wie eine ostdeutsche Familie. Diese Schere wird noch weiter auseinandergehen, denn bei dem Verhältnis der Einkommen 80 zu 100 heißt das, dass es ein soziales Gefälle und damit auch eine Spannung in Deutschland über Generationen geben wird. Also diese Frage ist meiner Meinung nach die am wenigsten glücklich geregelte. Wenngleich ich nicht weiß, wie eine andere Regelung anschließend vor dem Verfassungsgericht bestanden hätte. Und das wäre noch katastrophaler gewesen, wenn wir angefangen hätten in eine Richtung zu gehen und dann hätte das Verfassungsgericht wieder umgedreht.

Brinkmann: Was hätten Sie anderes gemacht?

Lothar de Maizière: Ich hätte wahrscheinlich versucht, bei dieser Frage, die ich eben besprochen habe, mehr Widerstand zu leisten. Aber ich glaube, dass wir schon das Maß an Widerstand, was zu leisten möglich war, auch geleistet haben. Wir haben bestimmte Dinge im Einigungsvertrag so festgeklopft, dass sie durch den Deutschen Bundestag nur mit qualifizierter Mehrheit wieder rückgängig gemacht werden könnten.

In der Koalitionsvereinbarung stand z. B., dass die Parteien sich einig seien, ein Gesetz zum Schutz des Rechts aus der Bodenreform zu machen. Ich hab dann später meinen sozialdemokratischen Koalitionären gesagt, wir können das Gesetz wohl machen in der Volkskammer, aber selbst wenn es als einfaches Recht ins Bundesrecht kommt, ist es relativ schnell weggefegt. Wir müssen sehen, wie wir diese Dinge, die wir wollen, in Verfassungsrang erheben und im Eilvertrag als verfassungsändernde Klausel einbringen, der Art. 143 beispielsweise.

Aber ich glaube, zu weitergehenden Überlegungen war damals auch auf der westlichen Seite keine Bereitschaft oder auch noch nicht die Einsicht vorhanden. Man war der Meinung: Macht nur alles so wie wir und möglichst schnell, dann wird das alles schon in Ordnung sein. Wir haben das erfolgreiche, ihr habt das gescheiterte System.

Zwei große Unterschätzungen sind damals passiert. Erstens hat man die Kosten und die Dauer der wirtschaftlichen Angleichung unterschätzt. Der Fonds Deutsche Einheit, wie ihn Helmut Kohl mit den Länderfürsten West im Mai 1990 vereinbarte, sah vor, dass in vier Jahren 120 Milliarden DM aufgebracht werden müssten, um von West nach Ost transferiert zu werden. Wir wissen, welche Summen es geworden sind. Der Vertrag hätte nicht mal für das erste Jahr gereicht.

Und das zweite ist, dass wir alle nicht gesehen haben, auch der Westen nicht, wie mühsam soziale Lernprozesse sind, wie mühselig es ist, wenn ein ganzes Volk umlernen muss. Die Ostdeutschen haben ein neues politisches System bekommen, ein neues Rechtssystem, eine neue Wirtschaftsordnung, ein neues Bildungssystem, ein neues Wertegefüge, es ist alles verändert worden. Für die Ostdeutschen hat sich alles verändert, für die Westdeutschen nur die Postleitzahl und die Autonummern.

Brinkmann: Warum ist es mit den Russen so gut oder so schnell gegangen?

Lothar de Maizière: Was wir alle Anfang 1990 bis in den Sommer hinein nicht sahen, was wir jetzt aber aus der historischen Rückschau klar wissen, ist dies: Die deutsche Einigung ist ein Abfallprodukt des Untergangs eines Weltreiches.

Und die Brüchigkeit dieses riesigen Reiches muss Gorbatschow mehr geahnt haben, als er es damals öffentlich einräumte. Ihm waren plötzlich Kredite über 13, 14, 15 Milliarden zur Aufrechterhaltung des Gleichgewichts wichtiger als das Festhalten an der DDR. Er ist ein paar großen Irrtümern unterlegen. Schon im Januar 1990, lange vor der Währungsunion, hat er den RGW-Handel von Transferrubelbasis mit wechselseitig verhandelten Preisen aufgegeben und in Sofia verlangt, dass man sofort zu Weltmarktpreisen und kompatiblen Währungn übergehe. Damit hat er selbst der sowjetischen Seite den Todesstoß gegeben. Denn die Preise waren ja alle so verhandelt, dass sie immer zu Gunsten der Sowjetunion waren und nicht zu ihrem Nachteil. Gorbatschow war der Meinung, mit der Menge seiner weltmarktfähigen Rohstoffe könne er sich am Schopf aus dem Sumpf ziehen. Seine RGW-Partner waren ihm da ziemlich gleichgültig.

Ich glaube, dass es obendrein in der sowjetischen Führung eine Stimmung gab, die Probleme mit dem Bündnis einfach hinter sich lassen zu wollen. Die Militärs und das einfache Volk aber sagten: Stalin hat den Zweiten Weltkrieg gewonnen, Gorbatschow ist dabei ihn zu verlieren.

Brinkmann: Kann man sagen: Kohl fiel die Einheit wie eine reife Frucht in den Schoß?

Lothar de Maizière: Im Sommer 1990 gab es Aufstände in den baltischen Staaten, die Gorbatschow mit Panzern niederwalzen ließ. Das war für uns ein ganz großes Problem, weil wir gedacht haben: das sind unsere Leidensgeschwister, wir hätten laut schreien müssen, aber wir haben geschwiegen, weil wir den Zwei-plus-vier-Vertrag haben mussten. Da merkt man mal, wie man in der Politik in der Verfolgung eigener Interessen zum Schuldigen werden kann. Was Helmut Kohl

Als Gast in meinem Korrespondentenbüro in der Kronenstraße beantwortete Ministerpräsident Lothar de Maizière am 13. Juli 1990 Fragen unserer Leser

im Kaukasus vereinbarte war in der Tat die Entgegennahme der reifen Frucht.

Mir war das schon ein paar Wochen vorher klar, beim letzten Treffen zwischen Bush und Gorbatschow, als Bush verkündete, dass das vereinigte Deutschland Mitglied der NATO sein würde, und Gorbatschow nicht mehr widersprach. Dieses Nichtwidersprechen war für mich das Signal.

Der Westen hat eine ganze Menge aus der Gorbatschowschen Politik falsch eingeordnet. Gorbatschow hat 1986/87 einseitige Abrüstungsschritte unternommen. 20.000 Sowjetsoldaten wurden aus der DDR abgezogen – und man hielt das für propagandistische Vorleistungen, um den Westen unter Druck zu setzen. Tatsächlich war es so, dass Gorbatschow erkannt hatte, dass die sowjetische Wirtschaft nicht mehr in der Lage war, diesem Wettrüsten standzuhalten. Reagan hatte erklärt, die Russen totzurüsten – und das ist ihm gelungen. 1989 waren weit über 50 Prozent der sowjetischen Volkswirtschaft im militärisch-industriellen Komplex eingebunden.

Letztlich ist die Sache also nicht erst 1989/90, sondern schon wesentlich früher entschieden worden.

Bei der Ölkrise 1973 hat es der Westen verstanden, neue Technologien zu entwickeln, um eine Abkopplung des industriellen Wachstums von der Zunahme des Energieverbrauchs zu erreichen. Bis dahin galt immer: industrielles Wachstum gleich Zunahme des Energieverbrauchs. Während bei uns im Osten ein minimaler Industrieanstieg mit einem unglaublichen Zuwachs beim Energieverbrauch – Stichwort Braunkohle – bezahlt wurde, war man im Westen immer energieeffizienter.

Die SED hatte lange Jahre eine Formel: Die Frage *Wer Wen?* wird auf dem Felde der Arbeitsproduktivität entschieden. Da hat die SED Recht behalten, dort ist die Macht- und Existenzfrage entschieden worden. Der erste fundamentale Irrtum war Glasnost. Das stalinistische System lebte von der Nichttransparenz, von der Undurchsichtigkeit. In dem Moment, wo man es durchsichtig machte, stellte es sich in seinen Herrschaftsstrukturen selbst in Frage.

Zweitens: die Perestroika. Gorbatschow hatte nicht begriffen, dass auf wirschaftlichem Gebiet das einzige selbstregulierende Instrument der Markt ist. Die immer komplexer werdende Wirtschaft kann nur durch ein sich selbst steuerndes System geregelt werden. Es ist auch nicht gelungen, ein kollektives Eigentümerbewusstsein zu erwickeln. Die Perestroika behielt die kollektive Verantwortungslosigkeit gegenüber dem Eigentum bei. Hinter der Wohnungstür begann Eigentum.

1988 unterhielt ich mich mit Christa Wolf, die meinte, Gorbatschow sei ein Christus, der bereits ans Kreuz genagelt wäre. Da war ich noch etwas empört über dieses blasphemische Bild. Sie meinte es in dem Sinne: Er leistet ein Erlösungswerk, für das er mal gekreuzigt werden würde. So ist es auch geschehen. Insofern widerspricht sein Buch mit den persönlichen Erinnerungen völlig diesem Bild. In dem Buch bleibt er bis zur letzten Seite ein Sieger der Geschichte. Was er nicht ist.

Brinkmann: Würden Sie heute wieder Nein sagen?

Lothar de Maizière: Nein, ich glaube nicht.

Brinkmann: Sie würden es noch eimal machen?

Lothar de Maizière: Ja, abgesehen davon, dass meine ganze Erziehung immer auf Pflicht orientierte, ich hätte es als Fahnenflucht empfunden, es nicht getan zu haben. Der glücklichste Moment war, da war ich auch zu Tränen gerührt, als ich den Zwei-plus-Vier-Vertrag in Moskau unterzeichnete. Mir war bewusst: Ich unterschreibe einen Friedensvertrag, und Deutschland bekommt seine Souveränität wieder. Wir beenden das Kapitel Geschichte, das mit dem Reichstagsbrand begonnen hatte. Meiner Meinung nach ist es falsch, davon zu sprechen, mit dem Vertrag wäre die Nachkriegszeit beendet worden. Quatsch: Es war das Ende des Geschichtskapitels, das alle Deutschen, 1933 beginnend, zu verantworten hatten. Auch daraus leite ich den Rechtsanspruch der Ostdeutschen auf Hilfe ab, denn die Geschichte, die 1933 begann, haben nicht nur die Ostdeutschen zu vertreten gehabt, die haben alle Deutschen zu vertreten.

Brinkmann: Sie haben in Moskau den Füller eingesteckt … Auf gut Deutsch: geklaut.

Lothar de Maizière: Den haben alle mitgenommen.

Brinkmann: Wo ist er?

Lothar de Maizière: Bei mir zu Hause. Und um Illusionen vorzubeugen: Es ist ein ganz normaler, billiger Füller, nichts Auffälliges. Das Besondere ist seine Geschichte.

Sie werden sich vielleicht entsinnen, dass die Vertragsunterzeichnung sich um eine halbe Stunde verschob, weil der Computer streikte, wie es hieß. Was nicht stimmte. Der Computer streikte nur solange, bis Schewardnadse den von Genscher und mir unterzeichneten Brief gesiegelt in seinen Händen hatte. Genscher und ich haben mitbekommen, dass Schewardnadse nach Übergabe ein Zeichen gab. Da funktionierte plötzlich auch der Computer wieder, und wir konnten unterschreiben.

Brinkmann: Was stand in dem gesiegelten Brief?

Lothar de Maizière: Dieser Brief enthielt vier Punkte, die den Sowjets essentiell waren, von denen wir aber der Meinung waren, dass sie in einem solchen Vertrag nichts zu suchen hätten. Und dann wurde die in der Diplomatie nicht ganz neue Form praktiziert, einem Vertrag einen Brief hinzuzufügen. Den gab es beim Grundlagenvertrag 1972, bei den Ostverträge. Im Völkerrecht gibt es unterschiedliche Auffassungen, ob ein solcher Brief Vertragsbestandteil ist oder nicht. Man sagt, wenn er in unmittelbarem, zeitlichem und örtlichem Zusammenhang zum Vertrag unterzeichnet wird, dann wird er zum wesentlichen Vertragsinhalt, ohne dass er justitiabel würde.

Die Essentials waren erstens die Eigentumsfragen, zweitens die Pflege der sowjetischen Grab- und Kriegsdenkmale, was für sie emotional ganz wichtig ist. Ich weiß nicht, ob Sie mal einen russischen Friedhof hier gesehen haben. Wenn Deutsche einen Soldatenfriedhof haben und da ist ein Massengrab, da ist es ein Massengrab, wird auch so genannt. Bei den Russen heißt es brüderliches Grab, im Tod werden die russischen Brüder im Schoß der Erde wieder vereint, fast mystisch. Drittens sollten keine neonazistischen Parteien oder Organisationen im geeinten Deutschland geduldet werden. Viertens: dass die völkerrechtlichen Verträge der DDR, insbesondere mit der Sowjetunion, im Wege des gegenseitigen Vertrauensschutzes in gesamtdeutsches Recht überführt werden.

Diese vier Punkte waren ganz wesentlich. Insofern ist Gorbatschow nicht ehrlich, wenn er später behauptete, er habe von der Bodenreformfrage nichts gewusst und er sei davon nicht tangiert gewesen. Das ist schlicht unwahr.«[132]

Das kann auch Modrow bestätigen, denn auch er hat mit Gorbatschow mindestens im Januar 1990 dieses Thema ausführlich erörtert.

Sympathische Staatsamateure

In den Monaten bis zum Vollzug der staatlichen Einheit agierten auf der politischen Bühne der DDR Personen, die bis dahin ganz anderes betrieben hatten. Evangelische Pastoren wie Eppelmann und Meckel wurden Minister, Ingenieure wie Krause Parlamentarische Staatssekretäre und ein Akademiker wie Romberg oberster Kassenwart der Republik.

Am 18. März 1990 wählte man die Berliner Fachärztin für Lungenkrankheiten Sabine Bergmann-Pohl, seit Beginn der 80er Jahre Mitglied der CDU, erstmals in die Volkskammer. Sie wurde am 5. April zur Parlamentspräsidentin und, da am gleichen Tage die Funktion des Staatsratsvorsitzenden abgeschafft worden war, auch Staatsoberhaupt der DDR. Sie war damit bis zum 2. Oktober 1990 die Nachfolgerin von Walter Ulbricht, Willi Stoph, Erich Honecker, Egon Krenz und des kurzzeitig amtierenden Manfred Gerlach.

Man kann nicht behaupten, dass ihr dieses Amt missfiel, doch mehr als einmal wurden ihre Auftritte mit Kopfschütteln begleitet. Ihr fehlte, wie vielen von ihresgleichen, jegliche politische Erfahrung und wohl auch ein gewisses Gespür für die auf diesem Parkett geltenden Regeln und Umgangsformen. Dieser Amateurismus hatte nicht überall Charme und wurde darum nicht gleichermaßen mit freundlicher Nachsicht zur Kenntnis genommen. So berichtete Erich Wetzel, seit 1988 Botschafter der DDR in Schweden, über eine Staatsvisite in Stockholm. »Im Juni 1990 stattete Sabine Bergmann-Pohl dem schwedischen Parlamentspräsidenten Thage Pettersson einen offiziellen Besuch ab. Der Besuch war lange geplant, schon zu Zeiten des ehemaligen DDR-Volkskammerpräsidenten Horst Sindermann.

Der Besuch von Sabine Bergmann-Pohl schockierte mich. So viel politische Dummheit habe ich nie zuvor und auch noch nicht wieder danach bei hochrangigen offiziellen Persönlichkeiten erlebt wie bei Frau Bergmann-Pohl. Sie hatte

*DDR-Staatsoberhaupt empfängt Bundespräsident in der Volks-
kammer; hinter Richard von Weizsäcker Peter Brinkmann*

Gespräche in allen Fraktionen des Parlaments. Der Fraktion
der Sozialdemokraten, immerhin seit Jahren die Regierungspar-
tei in Schweden, teilte sie gleich nach den ersten Gesprächs-
minuten mit, dass sie nur eine halbe Stunde Zeit hätte, denn sie
müsse noch einkaufen. Sie verschwand bereits nach 20 Minuten und ließ den Rest der DDR-Delegation allein.

Auf ihren Wunsch hin war am gleichen Tag ein Besuch im
Karolinska Institut, dem weltbekannten medizinischen For-
schungsinstitut in Stockholm, organisiert worden. Der Rest der
Delegation und ich fuhren also dorthin. Der Gesprächstermin
rückte näher. Die einzige, die nicht da war, war Frau Bergmann-Pohl. Wir standen mit den Professoren und Doktoren
der Leitung des Institutes am Eingang und warteten. Die für
uns zuständigen Sicherheitskräfte waren per Funk mit dem
Sicherheitsmann verbunden, der Frau Bergmann-Pohl begleitete. Aus seinem Sprechgerät erscholl laut, für alle hörbar, immer die neueste Positionsmeldung von Frau Bergmann-Pohl
aus dem Kaufhaus Aalens: Jetzt ist sie in der Schmuckabteilung,
jetzt geht sie zur Damenkonfektion. Sie kam eine halbe Stunde
zu spät ins Karolinska Institut.

Beim offiziellen Begrüßungsessen am zweiten Tag ihres Be-
suches saß Sabine Bergmann-Pohl auf dem Ehrenplatz rechts
vom schwedischen Parlamentspräsidenten. Während der Ge-

spräche bei Tisch hatte sie nur ein Thema: die DDR-Vergangenheit, die sie in den schrecklichsten Farben schilderte. Sie nahm auch nicht den ehemaligen Partner des schwedischen Parlaments, die DDR-Volkskammer, davon aus.

Der schwedische Parlamentspräsident war ein sehr korrekter Mensch. Er sah die Beziehungen zwischen Schweden und der DDR als normale Beziehungen zwischen zwei Staaten, und er wollte nicht darüber urteilen, was früher gut oder schlecht war und was heute gut oder schlecht ist.

Es ist ein Grundprinzip in der Außenpolitik, dass man bei solchen offiziellen Kontakten kein Urteil abgibt über ehemalige offizielle Persönlichkeiten oder frühere Regimes des betreffenden Staates. Pettersson hat sich sichtlich unwohl gefühlt, als die neue Volkskammerpräsidentin so über die Vergangenheit herzog und ihn zudem animierte, ihr doch zuzustimmen. Mit stoischer Ruhe wiederholte er immer wieder: ›Wir hatten gute Beziehungen zur DDR, auch zur Volkskammer.‹

Frau Präsidentin übertrieb so penetrant, dass sie ein sozialdemokratischer Parlamentsabgeordneter daraufhin fragte: ›Frau Bergmann-Pohl, wie sind Sie denn in der DDR verfolgt und diskriminiert worden?‹ Der Mann wusste, dass sie in Berlin Chefärztin der Poliklinischen Abteilungen für Lungenkrankheiten und Tuberkulose (PALT) war.

Anschließend bemerkte der gleiche Abgeordnete: ›Liebe Frau Bergmann-Pohl, es muss zwei Staaten DDR gegeben haben. Einen, den ich schon mehrmals besuchte, und einen, den Sie eben beschrieben haben.‹

Das schwedische Protokoll sagte die geplanten Termine mit dem König und dem Ministerpräsidenten aus ›Zeitgründen‹ ab. Das war auf Grund des Auftretens von Frau Bergmann-Pohl keine Überraschung.«[133]

Wetzel erlebte auch Außenminister Markus Meckel, vormals Dorfpfarrer und Leiter einer Ökumenischen Begegnungs- und Bildungsstätte in der Magdeburger Börde. »Im Frühjahr 1990 luden die ›East West Security Studies‹ zu einer Konferenz nach Stockholm ein. Unser neuer Außenminister, Markus Meckel, folgte der Einladung. Ich holte ihn vom Flughafen ab.

Mit ihm war ein ganzer Schwarm von Beratern aus den alten Bundesländern gekommen. Sein persönlicher Sekretär,

Herr von Braunmühl, hat erst einmal ausgiebig in einer teuren Gaststätte seinen Geburtstag gefeiert, natürlich auf Staatskosten.

Meckel selbst wirkte eher unsicher. Er hätte seinen Vortrag auf der Konferenz in deutsch halten können, das war offizielle Konferenzsprache. Aber er hielt ihn in einem sehr schlechten Englisch. Meckel blieb nur zwei Tage, nach ihm hielt Rita Süßmuth, Präsidentin des Bundestages, einen Vortrag, der gut ankam. Zum Abschluss der Konferenz gab der schwedische Außenminister, Sten Andersson, ein Essen. Dazu waren Rita Süßmuth, der frühere stellvertretende US-Außenminister Whitehead und die Botschafter der DDR und der BRD eingeladen. Whitehead bekleidete eine hohe Stellung im Coca-Cola-Konzern, dem Sponsor der Konferenz. Er war ziemlich schwerhörig und brüllte mich quer über den Tisch an: ›Sie sind doch der DDR-Botschafter?‹ Ich bestätigte das. ›Dann kennen Sie bestimmt auch den Herrn Axen.‹ Auch das konnte ich bejahen. Axen saß gerade im Gefängnis, was ich Mister Whitehead allerdings nicht sagte. Whitehead freute sich und rief mir zu: ›Ein kluger Mensch, der Axen, ein Deutscher wie er sein muss, noch dazu ein Jude.‹ Kurz, er lobte ihn über den grünen Klee. Die schwedischen Diplomaten lachten

Peter Brinkmann beim DDR-Staatsoberhaupt a. D., zehn Jahre nach Herstellung der Einheit

in sich hinein, der BRD-Botschafter, Reinhold Schenk, guckte ernst und etwas irritiert, auch Rita Süßmuth schwieg.«[134]

Mit Meckel hatte ich als Korrespondent der *Bild* weniger zu tun, wohl aber mit Sabine Bergmann-Pohl, die mich gern zum Gespräch empfing. Sie wusste um die Bedeutung der Presse und den Nutzen, den man daraus zog, wenn man oft genug zitiert wurde. Ich interviewte sie auch zehn Jahre nach ihrem Staatsamt – sie war inzwischen einfache Bundestagsabgeordnete, dem Bundeskabinett gehörte sie lediglich von Oktober bis Dezember 1990 an, danach war sie einige Zeit Parlamentarische Staatssekretärin im Gesundheitsministerium.

Ich wollte von ihr wissen, was für sie der aufregendste Augenblick in ihrer damaligen Funktion als Parlamenspräsidentin gewesen sei. Nach kurzem Überlegen antwortete sie: Das war am 17. Juni 1990. Nach einer Feierstunde im Schauspielhaus habe es eine reguläre Sitzung der Volkskammer gegeben, denn in der DDR war das Datum kein Feiertag. Auf dem Besucherrang hatte Helmut Kohl Platz genommen, auch die Bundestagspräsidentin Rita Süßmuth war zugegen. Da stellte plötzlich die DSU den Antrag, die Volkskammer möge den Beitritt zur Bundesrepublik mit dem heutigen Tage beschließen.

»Die Jungs von der DSU waren Revoluzzer, richtige Revoluzzer«[135], sagte Günther Krause zu diesem Vorstoß und widersprach damit allen Mutmaßungen, dass dieser Antrag spontan gestellt und allein durch die Anwesenheit des Bundeskanzlers auf der Tribüne provoziert worden sei. Der Antrag wäre am Tag zuvor beim Fraktionschef der DSU, Hansjoachim Walter, aufgesetzt und von Ulrich Born, einem Berater vom Rhein, in die Maschine von Erich Mielke gehauen worden – behauptete Krause später in einem Interview mit der *Welt am Sonntag*. Ich vermute mal: Mielkes Schreibmaschine ist eine hübsche Erfindung, denn Minister Mielke wird wohl kaum eine Schreibmaschine besessen und benutzt haben, allenfalls sein Vorzimmer, und warum soll ausgerechnet diese Schreibmaschine aus der Normannenstraße ins Volkskammerbüro von Walter gekommen sein? Krause, darauf komme ich noch, liebte dramatische Pointen, selbst wenn sie dicht an der Klamotte waren.

Sabine Bergmann-Pohl, so erzählte sie mir also im Interview 2000, leitete diese Parlamentssitzung und war konsterniert.

»Nun war natürlich große Aufregung. Wir konnten und wollten dem nicht zustimmen. Es gab weder einen Einheitsvertrag, noch waren die Verträge mit den vier Siegermächten ausgehandelt. Der DSU war das egal. Sie wollte den Beitritt sofort. Ich unterbrach die Volkskammersitzung und berief die Fraktionen ein. Nun war der Volkskammersaal leer, Helmut Kohl und Rita Süßmuth saßen oben auf der Zuschauertribüne. Das war alles ein bisschen unangenehm. Ich bin dann nach oben gegangen zu Helmut Kohl und habe mich entschuldigt. Ich habe ihm gesagt, wir hätte ein Problem und müssten das erst mal in der Fraktion regeln. Er hat nur gesagt: ›Es ist äußerst interessant bei Ihnen.‹ Er hat das völlig gelassen hingenommen.

So etwas gab es im Bundestag nicht, spontane Dinge waren dort ja unvorstellbar, aber so waren unsere Volkskammersitzungen nun mal.«

Was wurde aus dem Antrag, fragte ich sie. »Wir haben ihn im Ausschuss zur Beratung versenkt.«

Und was war ihr schönstes Erlebnis? »Am aufregendsten, obwohl ich protestantisch bin, war für mich der Besuch im Vatikan. Da war ich sehr aufgeregt, ich weiß nicht warum, aber das war für mich ein sehr, sehr beeindruckendes Erlebnis, diese Privataudienz bei Papst Johanes Paul II., die ja eigentlich nur zehn Minuten dauern sollte, dann aber doch eine halbe

5. April 1990 in der Volkskammer: nach der Wahl zur Parlamentspräsidentin

Stunde gedauert hat, zum großen Entsetzen des Protokolls.« Was der polnische Papst von ihr habe wissen wollen, erkundigte ich mich. »Er wollte wissen, wie es nun mit der Wiedervereinigung läuft. Aber auch die Frage der Anerkennung der Oder-Neiße-Grenze.«[136]

Nicht nur Frau Bergmann-Pohl lieferte reichlich Gesprächsstoff (natürlich war die Presse schuld), auch Rainer Eppelmann tat dies. Der Pfarrer der Samaritergemeinde in Berlin-Friedrichshain gehörte zu den Gründungsmitgliedern des »Demokratischen Aufbruch« (DA) und seit dem 5. Februar 1990 als Minister ohne Geschäftsbereich der von Modrow gebildeten »Regierung der Nationalen Verantwortung« an. Modrow band, ein cleverer Schachzug, acht Spitzenvertreter der Opposition, die bereits am Runden Tisch saßen, in die Regierungsarbeit mit ein. Dadurch konnte ihm später nicht der Vorwurf gemacht werden, er habe allein und ohne Berücksichtigung diverser Bürgerinteressen Politik gemacht. Zu den neuen Ministern gehörten auch Matthias Platzeck (Grüne Partei), Gerd Poppe (Initiative Frieden und Menschenrechte) und Walter Romberg (Sozialdemokraten).

Nach den Volkskammerwahlen – inzwischen hatte Eppelmann nach dem Rücktritt Schnurs den Vorsitz im DA übernommen – wurde er als Minister in der Regierung von Lothar de Maizière gehandelt. Wir saßen beim Italiener und sprachen dem Wein zu (insofern lässt sich nicht behaupten, es habe sich um eine Schnapsidee gehandelt), und irgendwann nach Mitternacht fragte Eppelmann: Was soll ich denn überhaupt für ein Ressort übernehmen? Ich schaute dem Mann mit dem Ulbricht-Bart in seine lustigen wie listigen Augen und sagte: Übernehmen Sie doch als Befehlsverweigerer den Oberbefehl über die NVA, werden Sie Verteidigungsminister!

Eppelmann kicherte und fand die Idee prima. Aber wäre es darum nicht besser, da er gegen das Militär und für Entmilitarisierung sei, sich Minister für Abrüstung und Verteidigung zu nennen? Und je öfter wir diesen möglichen Titel im weiteren Gespräch benutzten, desto größer wurde Eppelmanns Zuneigung. Und tatsächlich: Er nannte dann sein Ministerium auch so. Ich kann es bezeugen: Der Name wurde im »Ristorante Don Camillo«, dem Lieblingsitaliener von

Richard von Weizsäcker in der Schlossstraße in Berlin-Charlottenburg, im März 1990 geboren.

Eppelmann begleitete auch einmal den Regierungschef nach Moskau. Die Begegnung mit Gorbatschow verlief ein wenig ungewöhnlich, denn Eppelmann betrat den Sitzungssaal mit einer brennenden Kerze, auf der in kyrillischen Lettern »Spassibo« stand. Die meisten Delegationsmitglieder, so hörte ich später, empfanden diese Geste als unangebracht und anbiedernd, manche gar als peinlich, denn die Russen ließen die DDR gerade fallen. Selbst Gorbatschow zeigte sich über Eppelmanns Alleingang ein wenig irritiert. Er überspielte jedoch seine Verwunderung und lächelte höflich, als ihm der Abrüstungs- und Verteidigungsminister sein Geschenk begründete. Erstens danke er für die Befreiung Deutschlands vom Faschismus, obgleich viele DDR-Bürger inzwischen die Befreier eher als Besatzer sähen. Zweitens sage er Dank für die Abrüstungsschritte der Sowjetunion, die durch Gorbatschows Neues Denken möglich wurden, und drittens wären die gegenwärtigen Veränderungen in der DDR ohne Gorbatschow nicht denkbar. Die Bürger der DDR würden »Gorbi« lieben.

Der *Spiegel* ätzte, weil auch der Autor des Eppelmann-Porträts nicht verstand, was in den ostdeutschen Köpfen so vor sich geht. »Eppelmann erscheint bei Gorbatschow im Kreml mit einer handverzierten Kerze, auf der ›Spassibo‹ steht – danke; er versichert den Oberbefehlshaber der waffenstarrenden Warschauer-Pakt-Truppen beim Sekt seiner Freundschaft, um dann den Abschied der DDR vom Bündnis zu besiegeln«, heißt es da. »Eppelmann sagt, er wolle was bewegen, als Pendler zwischen den Welten. Aber versteht der Westen, was den Osten beschäftigt, und umgekehrt? ›Zumindest da, wo Rainer Eppelmann uffjetreten is‹, sagt Rainer Eppelmann. Schwer zu sagen, wann er scherzt.«[137]

Vielleicht ist dieses Miss- und Unverständnis der Westdeutschen in Bezug auf die Ostdeutschen der Grund, weshalb viele im Osten damals glaubten, fortan denken und reden, handeln und sich so geben zu müssen wie ihre westdeutschen Landsleute, um verstanden zu werden. Zu diesen gehörte zweifellos Günther Krause. Im Unterschied zu den meisten anderen Politikern, die nach dem 18. März 1990 ein Amt übernahmen, kannte ich ihn nicht. Der langjährige CDU-Kreisvorsitzende in Bad Doberan und an der Ingenieurhochschule Wismar tätige Dipl.-Ing. war gleichsam ein Seiteneinsteiger in die Berliner Politik, als er in die Volkskammer gewählt wurde. Er übernahm den Vorsitz der Fraktion von CDU und DA, und als Parlamentarischer Staatssekretär beim Ministerpräsidenten war er ostdeutscher Verhandlungsführer bei den Gesprächen zwischen DDR und BRD zur Herstellung der deutschen Einheit. Der Einigungsvertrag vom 31. August 1990 trägt seine und die Unterschrift von Wolfgang Schäuble.

Unsere erste Begegnung stand unter keinem guten Stern. Nachdem Krause am 12. April zum Staatssekretär ernannt worden war, bat ich ihn um ein Interview. Er blaffte mich an: »Ich bin dafür, dass die Presse nicht alles weiß. Ich bin da sehr konservativ«, und drehte mir demonstrativ den Rücken zu. Ich tippte ihm auf die Schulter: »Herr Krause, auch Sie werden sich daran gewöhnen müssen, dass die Presse eine wichtige Funktion in einer parlamentarischen Demokratie hat. Sie ist die vierte Gewalt.« Krause lächelte mokant und sagte nichts.

Daran hielt er sich etliche Wochen.

Eines Tages lud er mich, völlig überraschend, zu einem »Abendbrot« – er benutzte tatsächlich diesen für mich gänzlich ungewohnten Begriff – in ein Gästehaus der Regierung in Pankow, in welchem er wohnte. Es gab die übliche DDR-Kost: fettes Schweinefleisch und Radeberger Bier. Nach einer halben Stunde kam Minister Klaus Reichenbach, Kanzleichef von de Maizière, hinzu. Als wir auseinandergingen, waren der Kasten Bier fast geleert, wir hundemüde und uns ziemlich nahegekommen.

In der Folgezeit bekam ich von Krause wichtige Hinweise, und er lud mich zu allen Hintergrundgesprächen ein, einmal nahm er mich sogar zu einer streng vertraulichen Sitzung mit, auf der darüber diskutiert wurde, wie im 2. Staatsvertrag (Einigungsvertrag) die Finanzfragen zu regeln seien. An dieser brisanten Runde nahmen Wolfram Krause, später in der Treuhand zuständig für Finanzen, der kommissarische Finanzminister Werner Skowron (CDU) und Günther Krause teil. Es ging insbesondere um die Frage, wie die Altlasten geregelt werden sollten. Dabei war eines der größten Probleme die Frage der Ent-

Besuch bei VW-Chef Carl Hahn in Wolfsburg, mit dabei: die stellvertretende Pressesprecherin der DDR-Regierung, Angela Merkel, 29. August 1990

schädigung. Krause erklärte mir immer wieder, warum es bei dem Prinzip Rückgabe vor Entschädigung bleiben müsse. Dies sei eine Frage des Geldes. Eine Umkehrung des Prinzips sei unbezahlbar.

Krause nahm mich auch im Hubschrauber mit, als es zwei Tage vor Unterzeichnung des Einigungsvertrages zum größten deutschen Autokonzern nach Wolfsburg ging. Im vereinigten Deutschland wurde er Bundesminister für Verkehr, zeitweise führte er kommissarisch auch das Bundesministerium für Post- und Fernmeldewesen. Im Mai 1993 quittierte er, nicht ganz freiwillig, seinen Dienst. Wegen verschiedener »Affären« – so warf man ihm etwa vor, beim Verkauf ostdeutscher Autobahn-raststätten über die Maßen involviert gewesen zu sein, und dass er seine Putzfrau mit staatlichen Geldern für Dauerarbeitslose hatte alimentieren lassen – trat er als Bundesminister und als Landesvorsitzender der CDU in Mecklenburg-Vorpommern zurück. In der Folgezeit sorgte er hin und wieder mit Gerichts-verfahren und anderen unerfreulichen Begebenheiten für Nachrichten. Ein Versuch, Oberbürgermeister in Rostock zu werden scheiterte ebenso wie der neuerliche Anlauf, in den Bundestag gewählt zu werden.

Erfolgreicher hingegen verlief die Karriere von Peter-Michael Diestel. Der Rechsanwalt – wie Gysi gelernter Rinderzüchter – hatte die rechtskonservative Deutsche Soziale Union (»die Revoluzzer«) Anfang 1990 mitbegründet und war für diese am 18. März in die Volkskammer eingezogen. Der Rechtsanwalt de Maizière machte ihn zum Innenminister und zum Stellvertreter des Ministerpräsidenten. Im Juni verließ Diestel die DSU und wurde Mitglied der CDU.

Peter-Michael Diestel war eine der schillerndsten Figuren nach der »Wende«. Der junge Rechtsanwalt galt bei vielen als *der* Star der DDR-Politik. Ich war da etwas vorsichtiger, ich traute ihm nicht. Dennoch war ich viel und oft mit ihm zusammen. Er liebte die Frauen, große Steaks und Pistolen! Diestel half mir, und ich nutzte ihn. Er war eitel, aber lange nicht so intelligent, wie ihn manche gern sahen. Auf jeden Fall war er verschlagen und wusste um seinen Preis.

Wir trafen uns kurz nach der Wahl am 18. März. Nach den Koalitionsverhandlungen zwischen CDU, DSU, Bündnis '90 und DA im ehemaligen ZK-Gebäude lud ich ihn – er war Generalsekretär der DSU – und Hansjoachim Walter, den Vizechef der DSU, in mein Auto und fuhr mit beiden ins Restaurant des Spreehotels. Bei Schnitzel und Scholle erzählten mir beide munter, wer alles was wird. So kam *Bild* an die nahezu komplette Kabinettsliste, ehe diese öffentlich bekannt gegeben wurde.

Am 11. April, einen Tag vor seiner Vereidigung, fragte ich Diestel, ob er nicht Lust habe, nach Hamburg zu fliegen und mir ein Interview zu geben. Er reagierte: Warum nicht?

Ich besorgte zwei Tickets, Chefredakteur Peter Bartels war begeistert. Bis 3 Uhr morgens redeten wir, Essen und Trinken kamen auch nicht zu kurz. Im Ramada-Hotel in der schon leeren Bar war Diestel überzeugt, dass Honecker, stürbe er jetzt, gewiss ein Staatsbegräbnis bekommen werde: »Er ist doch nicht angeklagt und war mal Staatschef, das Protokoll ist nun mal so.« Die Einheit sah er nicht vor Ende 1991. »Erst danach bin ich für gesamtdeutsche Wahlen. Wir wollen verhindern, dass unsere Menschen ein zweites Mal zur Kasse gebeten werden. wir lassen Verelendung und Verarmung nicht zu. Bonn diktiert uns kein System. Daher müssen wir vor dem Beitritt bestimmte

Diestel im April 1990 bei Bild in Hamburg, links Chefredak-
teur Bartels, rechts Brinkmann

konkrete Rechtspositionen vertraglich mit Bonn regeln.« So
stand es denn auch in der *Bild* am 14. April 1990.

Nach der langen Hamburger Nacht machte ich mich mit
Diestel um 6 Uhr auf dem Weg zum Flughafen. Diestel war
müde, sprach aber wenig später seine Eidesformel in der Volkskammer ohne Versprecher.

Im Juni flog ich noch einmal mit ihm nach Hamburg. Auch
da gab er sensationelle Antworten. Auf unsere Frage, warum
Markus Wolf nicht vor Gericht gestellt werde, sagte der smarte
Jung-Politiker: »Wenn Sie mir Unterlagen liefern, die ein Straf-
verfahren rechtfertigen, dann ja. Ich habe diese nicht. Bringen
Sie mir diese Argumente.«

Am 11. Juli, die Uhr ging auf Mitternacht, fuhren wir –
Chefredakteur Peter Bartels, Will Tremper und ich – nach
einem langen Gespräch in Berlin mit Diestel ins »Kopenha-
gen«. Ich saß neben ihm. Plötzlich holte er von seiner rechten
Hüfte eine Pistole hervor, weil sie ihn angeblich behinderte.
Vermutlich aber wollte er sie nur zeigen. Seine vier Leibwächter
waren – wie immer – entsetzt. Er nahm das Magazin heraus
und ließ alle mal »fühlen«. Diestel trug seit seinem Amtsantritt
immer eine Waffe. Wenn Besucher in sein Gästehaus nach
Zeuthen kamen, lud er manchen zum Übungsschießen ein.

Im Sommer besuchte ich ihn in seinem Leipziger Haus, um eine Homestory zu machen. Er wohnte im Nickelmannweg, halb verdeckt hinter einer hohen Hecke, in einem grau verputzten Doppelhaus, zweistöckig mit Walmdach. An der schwarzen Eingangspforte aus Schmiedeeisen das Namensschild: Diestel. Im Keller zeigte er mir seinen acht Quadratmeter großen Kraftraum mit Sprossenwand, Stützbarren und Zuggeräten. An den Wänden Poster von Sylvester »Rocky« Stallone und dessen Film-Kontrahenten Dolph Lundgren, genannt Drago. In einer Ecke schwere Hanteln und Gewichtscheiben, 10 bis 100 Kilogramm schwer, von der Decke baumelte ein Sandsack.

»In meinen Spitzenzeiten schaffte ich locker vier Zentner«, berichtete Diestel stolz. »Leider bin ich inzwischen etwas aus der Übung.« Doch eine Probe im Bankdrücken zeigte, dass der Herr Minister noch gut in Form war. Ohne Probleme stemmte er für *Bild* 130 Kilo in die Höhe ...

1992 brachte sich Diestel selbst um seine politische Zukunft. Er musste als Oppositionsführer im Brandenburger Landtag zurücktreten, weil es Vorwürfe wegen umstrittener Tankstellenprivatisierungen gab. Ich war mir allerdings nie sicher, ob Diestel überhaupt gern Politiker sein wollte. Mein Eindruck war, dass er Geld, Frauen und das Spiel um ihn selbst am liebsten hatte.

Ein auf andere Weise abruptes Ende seiner Politikerkarriere erlebte auch Ibrahim Böhme. Der gelernte Bibliothekar und ehemalige Kulturhausleiter, von 1962 bis 1978 Mitglied der SED, hatte am 7. Oktober 1989 in Schwante mit anderen die Sozialdemokratische Partei in der DDR (SDP) gegründet. Er wurde ihr erster Geschäftsführer und am 23. Februar 1990 zum Vorsitzenden der Partei gewählt. In jener Phase sah sich die Sozialdemokratie bereits als Wahlsieger und Böhme als künftigen Ministerpräsidenten. Doch es kam am 18. März anders. Nicht nur, dass er die Wahl verlor – in der Woche darauf beschuldigte ihn der *Spiegel* der inoffiziellen Tätigkeit für das MfS. Daraufhin ließ Böhme zunächst alle seine Ämter ruhen, um dann im April zurückzutreten. Auf dem Vereinigungsparteitag der SPD Ost und West am 26./27. September 1990 wurde er noch in den Parteivorstand gewählt. Doch als sich

Willy Brandt und Peter Brinkmann auf dem Vereinigungspar-
teitag der SPD Ende September 1990 in Berlin

seine IM-Tätigkeit erwies, wurde er 1992 wegen »schweren
parteischädigenden Verhaltens« aus der SPD ausgeschlossen.
Nach seinem erzwungenen Rückzug aus der Politik lebte
Böhme isoliert im Prenzlauer Berg. 1999 verstarb er.

Ibrahim Böhme war ein Gaukler, ein Politclown, was mir
schon ziemlich früh klar wurde, und ich verstand die Bewunde-
rung nicht, die er auch bei manchen meiner Kollegen genoss.
Ich besuchte ihn im Dezember 1989 zum ersten Mal in seiner
kleinen Einraum-Wohnung in der Chodowiecki-Straße im
Prenzlauer Berg. Wollte man ihn telefonisch erreichen, musste
man Frau Klingberg anrufen. Die alte Dame von nebenan
holte ihn dann ans Telefon. Böhme war gesundheitlich nicht
auf der Höhe, ständig schluckte er, wenn er sich unbeobachtet
fühlte, Pillen gegen Kreislaufschwäche. Er rauchte Kette und
trank Cognac, dies ebenfalls nur heimlich. Ich beobachtete, wie
seine Fähigkeit stetig schwand, sich zu konzentrieren. Dennoch
flog ich mit ihm am 13. März 1990 nach Hamburg, um in der
Redaktion das Gespräch in der Chefredaktion mit ihm zu
führen. Fünf Stunden war er unser Gast, doch seine Aussagen
waren unklar, so dass wir keine neuen Erkenntnisse über den
Mann und möglichen Ministerpräsidenten gewannen. Nach

einer Pause wollten wir uns 17 Uhr wieder in der Redaktion mit ihm und Klaus von Dohnanyi treffen. Dohnanyi kam, Böhme fehlte. Er war verschwunden und bestätigte die von mir auch schon bei anderer Gelegenheit gemachte Feststellung, dass er sich selten bis nie an Verabredungen hielt. Schließlich fanden wir ihn beim Friseur. Kein Wort der Entschuldigung kam über seine Lippen.

Ich begleitete Böhme am 18. März auf seinem Gang zum Wahllokal im »Klub der Werktätigen« um die Ecke. Die Nacht zuvor hatte er allerdings in Westberlin zugebracht. Ich fragte ihn: »Wie fühlst du dich?« Böhme: »Etwas müde, abgeschlafft, aber es geht.« Er trug einen dunklen Anzug mit Weste und die glimmende Zigarette in der Hand, zwei »gute Freunde« rechts und links begleiteten ihn. Er hatte bereits Leibwächter.

9.10 Uhr warf er seinen Wahlzettel in die Urne. »Ein herrliches Gefühl«, sagte er mir. Schnurstracks peilte er die Kneipe »194« in der Greifswalder Straße an, seine Stammkneipe, nur 50 Meter vom Wahllokal und 20 Meter von seiner Wohnung entfernt. »194« hatte soeben geöffnet, war aber schon gut gefüllt. »Nun lasst mich doch mal durch«, bat er. An der Theke warteten bereits seine Freunde aus alten Tagen. Er umarmte sie. »Tag, grüßt euch, wie geht's? Kommt, setzen wir uns. Wo ist der Jürgen?« Böhme setzte sich und zündete sich eine »Cabinet« an,

Ibrahim Böhme, Vorsitzender der DDR-SPD, nach der Einsicht in seine »Stasi-Akten«, 20. April 1990

Der SPD-Vorsitzende Ibrahim Böhme am Wahltag, noch frohgestimmt und in Erwartung des Sieges

bestellte fünf Bier, drei Säfte und ein Bier »mit Schuss«. Böhme trank das Bier mit dem Magenbitter. Noch darf er so früh trinken, dachte ich, in Erwartung des SPD-Wahlsieges.

Am Abend tauchte er ab, am 23. März fragte ich in der *Bild* »Wo steckt der schwerkranke Ibrahim Böhme?« Auch Frau Klingberg hatte ihn seit Sonntag nicht mehr gesehen.

Am Samstag wollte er sich mit Oskar Lafontaine in Bonn und mit mir »auf ein Bier« treffen. Am Freitag gegen 16 Uhr, als er plötzlich wieder auftauchte, sagte er mir durch den Spalt der heruntergelassenen Autoscheibe: »Am Montag bin ich wieder da, dann gießen wir uns einen hinter die Binde.«

Die Volkskammer leistete eine erstaunliche Arbeit. Allerdings schienen alle Messen gelesen, es handelte sich mehrheitlich um Rückzugsgefechte. Der pflichtbesessene Ministerpräsident und nicht wenige Abgeordnete wollten jedoch »das Haus« geordnet übergeben und dafür sorgen, dass die Ostdeutschen »in Würde« in die Einheit gingen. Noch immer fanden vor und im Par-

lament Protestkundgebungen statt, weil diese oder jene Bevöl-
kerungsgruppe oder Vereinigung sich und ihr Anliegen nicht
angemessen behandelt sah. Am 20. September kam es vor der
Abstimmung zum Einigungsvertrag – zeitgleich entschied auch
der Bundestag in Bonn in gleicher Sache – zu heftigen Tumul-
ten. Bürgerrechtler waren der Aufassung, dass das Gesetz über
den Umgang mit den Stasi-Daten vom 24. August in vollem
Umfang Bestandteil des Staatsvertrages werden sollte. Um
diesem Verlangen Nachdruck zu verleihen, hielten sie seit
dem 4. September die ehemalige MfS-Zentrale in der Normannenstraße besetzt. Diestel drohte ihnen mit Klagen wegen
Hausfriedensbruchs, Sachbeschädigung und Siegelbruchs, wo-
von sich die Bürgerrechtlicher jedoch nicht schrecken ließen.
In Erfurt, Leipzig, Dresden und Rostock gab es Solidaritätsbe-
kundungen in Gestalt von Mahnwachen.

Obgleich Krause und Schäuble zwei Tage vor dieser Volkskammersitzung eine Kompromissformel über den weiteren
Umgang mit den Akten in einer Vereinbarung zum Einigungsvertrag formuliert hatten, beruhigten sich die erhitzten Gemü-
ter keineswegs. Sechs Besetzer aus der Normannenstraße
stürmten das Parlament. Reinhard Schult erhielt nach heftigen
Auseinandersetzungen Rederecht. Er forderte vom Pult eine
klare Regelung über den Zugang zu den Stasi-Unterlagen für
die Betroffenen und Festlegungen für die Rehabilitierung der
Opfer. Beides sei in dem angebotenen Kompromiss nicht enthalten. Und schließlich verlangte er die sofortige Offenlegung
der Verstrickung von Abgeordneten. Es könne nicht sein, dass
Mitarbeiter und Informanten des MfS über den Einigungsvertrag entschieden. Heiliger Zorn schnürte ihm die Kehle, seine
Empörung war echt und nicht gespielt. Aber sie war nicht von
dieser Welt, eben ein wenig weltfremd und blauäugig. Am
Ende stimmten 299 Abgeordnete für den Einigungsvertrag in
der vorliegenden Form, 80 waren dagegen, ein Parlamentarier
enthielt sich der Stimme. Die PDS hatte 66 Mandate, es mussten also auch andere mit Nein votiert haben. (In Bonn gab es
47 Gegenstimmen und drei Enthaltungen.)

Die letzte Volkskammer-Sitzung fand am 28. September im
einstigen ZK-Gebäude statt. Man hatte den Palast der Republik wegen Asbestbelastung geschlossen, weshalb die Parlamen-

tarier hinüberwechselten. Noch einmal kam es zu einer heftigen Debatte zum Thema Staatssicherheit, was auf mich als Westler, der mit der Materie auch auf unserer Seite ein wenig vertraut war, ein wenig befremdlich wirkte. Keine Frage, es musste eine entschiedene Auseinandersetzung mit allen Verbrechen erfolgen, die es in der DDR gegeben hatte. Die DDR war kein Rechtsstaat, wie wir ihn verstanden. Aber ich teilte de Maizières Ansicht, die auch in der *Bild* vom 23. August 2010 nachzulesen war: »Die DDR war kein vollkommener Rechtsstaat. Aber sie war auch kein Unrechtsstaat. Der Begriff unterstellt, dass alles, was dort im Namen des Rechts geschehen ist, Unrecht war.« Wenn es so gewesen wäre, hätte im Einigungsvertrag nicht vereinbart werden können, dass Urteile aus DDR-Zeiten weiter vollstreckt werden können. »Auch in der DDR war Mord Mord und Diebstahl Diebstahl«, so der Jurist und Ex-Ministerpräsident anlässlich des 20. Jahrestages des Volkskammerbeschlusses, dem Geltungsbereich des Grundgesetzes beizutreten. »Das eigentliche Problem waren das politische Strafrecht und die fehlende Verwaltungsgerichtsbarkeit.«

Reinhard Schult, einer von sechs Bürgerrechtlern, die auf der letzten Volkskammersitzung für Tumult sorgten. Schult erklärte, dass es unzumutbar sei, wenn ehemalige Mitarbeiter der Staatssicherheit über den Einigungsvertrag abstimmten und forderte deren sofortiges Outing, 20. September 1990

Am 24. August eilte Kohl in die Volkskammer und sprach vor der Fraktion der CDU/DA. Er fordert die Abgeordneten auf, Kurs zu halten. (Brinkmann zwischen Bundeslandwirtschaftsminister Ignaz Kiechle und DSU-Chef Hans-Wilhelm Ebeling)

Ende August 1990, gleichsam auf der Zielgeraden, kam es zu einer Krise in der Koalitionsregierung. Ministerpräsident de Maizière entließ Finanzminister Romberg (SPD), Landwirtschaftsminister Pollack (parteilos) und Wirtschaftsminister Pohl (CDU). Die Begründung: Sie hätten bei der Umsetzung des 1. Staatsvertrages schwere Fehler gemacht. Der parteilose Justizminister Wünsche, einst Häftling in Hohenschönhausen und danach unter Ulbricht Justizminister, musste ebenfalls gehen – wegen seiner Vergangenheit. Daraufhin zog die SPD ihre Minister und Staatssekretäre aus der Regierung zurück. Ohne die SPD aber verfügte die Regierung nicht mehr über die Zweidrittel-Mehrheit im Parlament, um Verfassungsänderungen und den Einigungsvertrag verabschieden zu können.

Am 21. August scheiterte der Ministerpräsident folgerichtig mit seinem Vorstoß in der Volkskammer, den Beitritt am 14. Oktober zu vollziehen. Die SPD hielt an ihrem Vorschlag 15. September fest, den wiederum PDS und Bündnis '90 ablehnten. Auch die SPD-Fraktion war über den Termin zerstritten, weshalb Fraktionschef Richard Schröder hinwarf und Wolfgang Thierse sein Amt übernahm.

In dieser kritischen Situation reiste der Unionsvorsitzende Helmut Kohl vom Rhein an die Spree, um der Regierungsfraktion aus CDU und Demokratischen Aufbruch Mut zu machen. Halten Sie Kurs, fordert er die Abgeordneten auf, die CDU dürfe keine Politik betreiben, bei der man sich nach dem Winde drehe. Wer »Hahn auf dem Kirchturm sein wolle«, so der Kanzler, müsse »jeden Wind ertragen«.

Ich fand das von Kohl im Foyer der Volkskammer benutzte Bild ziemlich schräg, und den Journalistenkollegen ging es auch so, aber erstens waren wir das von ihm gewöhnt, und zweitens hatte jeder verstanden, was er meinte. Allerdings konnte der Kanzler mit der Lage zufrieden sein: In der Nacht zuvor, gegen 3 Uhr in der Frühe, hatte die Volkskammer den Beitritt am 3. Oktober – ein Vorschlag von Günther Krause – beschlossen und damit der Bitte von Kohl entsprochen, keinen 41. Jahrestag der DDR am 7. Oktober mehr zuzulassen. Das Votum war trotz Regierungskrise und Parteienhader klar gewesen. 299 Abgeordnete stimmten dafür, 62 dagegen. Das Protokoll vermerkte eine spontane Wortmeldung des PDS-Vorsitzenden um 2.47 Uhr: »Das Parlament hat soeben nicht mehr und nicht weniger als den Untergang der Deutschen Demokratischen Republik am 3. Oktober beschlossen. (*stürmischer Jubel bei CDU/DA, DSU und zum Teil bei der SPD*) Ich bedaure, dass die Beschlussfassung im Hauruckverfahren über einen Änderungsvertrag geschehen ist und keine würdige Form ohne Wahlkampftaktik gefunden wurde«, womit Gregor Gysi zu verstehen gab, dass auch er nicht gegen die Herstellung der staatlichen Einheit war, was mich in gewisser Weise wieder mit ihm versöhnte. »Ich bedaure, dass der Einigungsprozess zum Anschluss degradiert ist. Aber ich bin davon überzeugt, es gibt auch neue Chancen. Noch können wir die Zeichen auf Aussöhnung statt auf Feindschaft setzen.«

Nun ja, wie weit wir damit in 25 Jahren gekommen sind, mag jeder von uns selbst beurteilen.

Das Auto blau, ich blau und das Schild weg

Am 3. Oktober 1990, nach der bewegenden Veranstaltung vor dem Gebäude des Reichstages kurz nach Mitternacht, spreche ich im Foyer mit Lothar de Maizière: »Es war ungeheuer ergreifend. Aber die Tränen habe ich meiner Frau überlassen. Ich bin schon im Schauspielhaus im 3. Satz von Beethovens Neunter weggeschwommen. Aber jetzt fühle ich mich gut so als neuer Bundesbürger.« Dann nimmt er seine Tochter Henriette voller Inbrunst in die Arme. Seinen DDR-Pass will er aber noch »mindestens zehn Jahre behalten«.

Dann kommt der Bundeskanzler. Der massige Mann nimmt liebevoll seine Frau in die Arme, wirkt sichtlich gerührt. »Es war eine glückliche Stunde, von der wir alle geträumt haben. Eine Träne habe ich aber heute nicht vergossen. Das war eine Stunde, auf die wir vorbereitet waren. Aber gestern auf dem Parteitag, als wir die 40 Jahre zurückverfolgt haben und an die vielen Weggenossen gedacht haben, die dabei waren und nicht mehr unter uns sind, da überkam es mich schon. Und dann noch das Lied ›Ich hatte einen Kameraden‹ – na, da sind mir doch die Tränen gekommen.«

Staatssekretär Günther Krause: »Für die meisten Menschen in diesem Land erfüllt sich ihr größter Wunsch: Eine Nation werden wir wieder sein. Wer heute nicht glücklich sein kann, gehört zu denen, die ohnehin nie glücklich sein können. Und mich bewegt das, was heute passiert. Ich jedenfalls habe etliche Taschentücher dabei.«

Stunden später treffe ich den nunmehrigen Einheitskanzler wieder. Kohl steht in der Eingangshalle und findet sich im Reichstag nicht zurecht. »Wo ist denn mein Büro?«, fragt er seine Bodyguards. »Keine Ahnung, Herr Bundeskanzler.« Er sieht mich und und hofft auf Hilfe. »Guten Morgen, Herr Brinkmann, na, was gibt es denn heute?«

Ich frage zurück: »Wie fühlen Sie sich heute?«

Kohl: »Ganz prima.«

PDS-Chef Gregor Gysi eilt schnellen Schrittes vorbei. »Ich? Zwiespältig hier. Ich meine es ganz ernst, wenn ich sage: Ich hoffe auf ein Deutschland mit mehr Toleranz. Wenn wir diese Chance verspielen sollten, ist niemandem gedient.«

Dann marschieren all die Parteigranden aus Bonn vorbei. Ex-Bundestagspräsident Rainer Barzel spricht mir ins Tonbandgerät: »Ich freue mich, dass ich recht behalten habe. Noch vor einem Jahr haben selbst Freunde von mir meine Zuversicht bezweifelt, dass die Wiedervereinigung käme.«

Ex-Wirtschaftsminister Karl Schiller: »Das freut mich über alle Maßen.«

Bundesfinanzminister Theo Waigel: »Ich habe ein ganz besonders tiefes Gefühl, denn aus Oberrohr, etwa 6.900 Seelen, dem Dorf, aus dem ich stamme, kam auch der Reichstagsabgeordnete Dr. Friedolin Rothärmel. Er wohnte schräg gegenüber von dem Haus, in dem ich geboren wurde. Und jetzt kommt aus diesem kleinen Dörflein wieder einer, der nach all den Jahren im Reichstag Platz nimmt.«

So hat denn jeder seine Erinnerungen an diesen 2./3. Oktober 1990, bei dem sich der Kreis schließt, der mit der Öffnung der Mauer seinen Anfang nahm.

Als ich nach der Jubelfeier vorm Reichstag, berauscht von soviel Glück, gegen 1 Uhr in mein Büro in die Kronenstraße zurückkehre, sehe ich, dass mein Dienstwagen mit blauer Farbe übergossen ist. Das verschmerze ich. Aber dass auch noch mein Schild von der Hauswand geklaut wurde, verärgert mich zutiefst. »Bild-Zeitung, Korrespondentenbüro in der Deutschen Demokratischen Republik« stand dort. Das hätte ich nun gern als Andenken behalten. Sauerei!

Nun ist es weg.

So wie die DDR.

Anmerkungen

1 Das Haus in der Mohrenstraße unweit des Gendarmenmarktes war bis Mitte der 70er Jahre Sitz der Redaktion der *Jungen Welt*, der mit 1,6 Millionen verkauften Exemplaren auflagenstärksten Tageszeitung der DDR. Im deutschsprachigen Raum hatte nur noch *Bild* eine höhere Auflage. Nach dem Umbau zog das Internationale Pressezentrum dort ein. Heute arbeitet dort das Bundesjustizministerium. An die denkwürdige Pressekonferenz am 9. November 1989 erinnert im Saal lediglich eine Kunstinstallation mit Stühlen

2 Alexander Schalck-Golodkowski war Staatssekretär im Ministerium für Außenhandel und Oberst des MfS. In dieser Funktion führte er den Bereich Kommerzielle Koordinierung (KoKo), der außerhalb der traditionellen Geschäftswege zwischen West und Ost jährlich mehrere Milliarden D-Mark für die DDR-Volkswirtschaft erwirtschaftete. Er fädelte u. a. mit Bayerns Ministerpräsident Franz-Josef Strauß Anfang der 80er einen Kredit über drei Milliarden ein. Dieser wurde zwar nie abgerufen, erhöhte aber die Bonität der DDR auf den internationalen Finanzmärkten und verlängerte deren Leben

3 Siehe Karl-Heinz Kriz, Hans-Jürgen Gräfe (Hrsg.): Mittendrin. Die Berliner Volkspolizei 1989/90, edition ost, Berlin 2014, S. 204; Gerhard Lauter: Chefermittler. Der oberste Fahnder der K in der DDR, edition ost, Berlin 2012, S. 153ff.

4 Johannes Rau (1931-2006) war von 1978 bis 1998 Ministerpräsident in NRW und 1993 kommissarisch Vorsitzender der SPD. Von 1999 bis 2004 amtierte er im Berliner Schloss Bellevue als achter Bundespräsident. Sein Grab befindet sich auf dem Dorotheenstädtischen Friedhof in Berlin-Mitte

5 Wolfgang Clement war, in der Nachfolge von Rau, von 1998 bis 2002 Ministerpräsident in NRW und danach, bis zur Abwahl von Rot-Grün 2005, Bundesminister für Wirtschaft und Arbeit. Einem Parteiausschlussverfahren 2008 kam er zuvor, indem er aus der SPD austrat. Er begründete diesen Schritt mit einem angeblichen Linksruck der Partei

6 Markus Wolf (1923-2006) leitete von 1952 bis 1986 die Hauptverwaltung Aufklärung des MfS (HV A), den Auslandsnachrichtendienst der DDR. Als Stellvertreter von Minister Erich Mielke schied er 1986 im Range eines Generaloberst aus dem Dienst aus. Im Juni 1990 erließ die Bundesrepublik Haftbefehl. Wolf flüchtete am 27. September 1990, wenige Tage vorm Beitritt der DDR, zunächst nach Österreich, dann in die Sowjetunion. Nach Jahresfrist stellte er sich den deutschen Behörden. 1993 wurde Wolf vom Oberlandesgericht Düsseldorf wegen Landesverrat und Bestechung zu sechs Jahren verurteilt. Das Urteil wurde zwei Jahre später aufgehoben, nachdem das Bundesverfassungsgericht entschieden hatte, dass Spionage im Auftrag des souveränen

Staates DDR und im Einklang mit ihren Gesetzen erfolgt sei und damit nicht strafrechtlich verfolgt werden könne. 1997 wurde Wolf zu einer zweijährigen Bewährungsstrafe wegen Freiheitsberaubung, Nötigung und Körperverletzung in vier Fällen verurteilt

7 Vgl. *Bild* vom 18. November 1989

8 Die SED gab sich auf der Fortsezung des Außerordentlichen Parteitages am 16./17. Dezember 1989 in der Werner-Seelenbinder-Halle noch ein zweites Kürzel: PDS, Partei des Demokratischen Sozialismus, um dann am 4. Februar 1990 per Vorstandsbeschluss die SED-PDS von der SED zu befreien und sich nur noch PDS zu nennen. Die PDS sollte 2007, nach der Vereinigung mit der westdeutschen Wahlalternative Soziale Gerechtigkeit (WASG), in der Partei DIE LINKE aufgehen

9 Als »Schürer-Papier« wird die von Krenz in Auftrag gegebene »Analyse der ökonomischem Lage der DDR mit Schlussfolgerungen« bezeichnet, die vom langjährigen Vorsitzenden der Staatlichen Plankommission Gerhard Schürer, Außenhandelsminister Gerhard Beil, Finanzminister Ernst Höfner, dem Leiter der Zentralverwaltung für Statistik Arno Donda und Statssekretär Alexander Schalck-Golodkowski verfasst worden und auf der Politbürositzung am 31. Oktober 1989 vehandelt worden war. In zweckdienlicher Zuspitzung hatten die Autoren von einer unmittelbar bevorstehenden Zahlungsunfähigkeit der DDR gewarnt. In der Bilanz waren zudem u. a. die Devisen-Reserven aus dem KoKo-Bereich verschwiegen und Auslandsverbindlichkeiten übertrieben worden. Tatsächlich betrug die Netto-Auslandsverschuldung, wie die Bundesbank 1999 feststellte, 19,9 Milliarden D-Mark und nicht, wie es im Schürer-Bericht hieß, 49 Milliarden. Die DDR war also weder überschuldet noch pleite, sie hatte aber wie stets ein Liquiditätsproblem. Die Folgen des »Schürer-Papiers« waren verheerend und bewirkten das Gegenteil von dem, was die Autoren damit beabsichtigt hatten. Statt zu motivieren, lähmte es den gesamten Wirtschafts-, Staats- und Parteiapparat. Vgl. auch Gerhard Schürer: Gewagt und gewonnen. Eine deutsche Biografie. Sowie ein Gespräch mit Egon Krenz und mit Bemerkungen zum »Schürer-Papier« von Herbert Graf, edition ost, Berlin 2014

10 *www.2plus4.de/chronik.php3?date_value=01.11.89&sort=001-005*

11 Hans Modrow, Jahrgang 1928, war seit seiner Rückkehr aus sowjetischer Kriegsgefangenschaft 1949 politischer Funktionär, zunächst in der FDJ, dann in der SED. Honecker schickte ihn 1973 – da war Modrow seit sechs Jahren Abteilungsleiter im ZK für Agitation – nach Dresden, wo er bis zu seiner Berufung als Ministerpräsident im November 1989 die SED-Bezirksleitung führte. In den 80er Jahren war in der Dresdner KGB-Dienststelle u. a. ein Major Wladimir Putin tätig

12 Diese Darstellung wiederholte Schabowski auch in der zweiteiligen Fernsehdokumentation des ZDF von Guido Knopp und Hans-Christoph Blumenberg »Deutschlandspiel«, das im Jahr 2000 erstmals ausge-

strahlt worden war. In den Spielfilmszenen wurde Schabowski von
Bernd Stegemann verkörpert

13 Gerhard Lauter: Chefermittler. Der oberste Fahnder der K in der
DDR, edition ost, Berlin 2012

14 a. a. O., S. 155

15 a. a. O., S. 157

16 *Frankfurter Allgemeine Zeitung*, 9. November 2013

17 Zitiert nach Hans-Hermann Hertle/Kathrin Elsner: Mein 9. November. Der Tag, an dem die Mauer fiel, Nicolai, Berlin 1999 und Hans-
Hermann Hertle: Chronik des Mauerfalls, 11. Aufl., Ch. Links, Berlin

18 Gespräch Peter Brinkmanns mit Georg Mascolo am 19. August 2013

19 Gerhard Haase-Hindenberg: Der Mann, der die Mauer öffnete.
Warum Oberstleutnant Harald Jäger den Befehl verweigerte und damit
Weltgeschichte schrieb, Heyne, München 2008

20 Zitiert nach: Klaus-Dieter Baumgarten/Peter Freitag: Die Grenzen der
DDR. Geschichten, Fakten, Hintergründe, edition ost, Berlin 2005, S. 7

21 Ewald König: Menschen, Mauer, Mythen – deutsch-deutsche Notizen
eines Wiener Korrespondenten, Mitteldeutscher Verlag, Halle 2013

22 Egon Krenz: Herbst '89, edition ost, Berlin 2014

23 Die Ständige Vertretung der BRD hatte am 8. August 1989 unter dem
Vorwand der »Renovierung« ihr Gebäude für den Besucherverkehr
geschlossen. Zu jener Zeit befanden sich zwischen 100 und 140 DDR-
Bürger dort, und man fürchtete, dass es noch mehr werden könnten. Um
einerseits ihr Gesicht zu wahren und um andererseits die Beziehungen
zwischen beiden deutschen Staaten nicht weiter zu belasten, hatte man
sich zu diesem Schritt entschlossen. So konnte Bonn technische und
nicht politische Gründe dafür anführen, dass sie keine weiteren DDR-
Bürger in die Vertretung ließ. Davon ging man nun ab

24 Der Beschlusstitel wird von einigen Zeithistorikern benutzt, um zu suggerieren, es sei der SED-Führung nicht um *Reisen*, sondern lediglich um
ständige Ausreisen gegangen. Der Titel des Tagesordnungspunktes ergab
sich, weil die entstandene Situation, über die CSSR zu reisen, verändert
werden sollte. Die Maßnahmen waren das Entscheidende. Sie erfassen –
wie die Verordnung zeigte – sowohl Reisen als auch ständige Ausreisen

25 Damit wurden die bisherigen Reisebestimmungen per Regierungsverordnung außer Kraft gesetzt

26 Siehe: Parteiinternes Material Nr. 292; Protokoll der 10. Tagung des
SED-Zentralkomitees, Band III, im Archiv von Egon Krenz

27 Es gehörte zur Praxis des SED-Politbüros, bei wichtigen Beschlüssen
gleichzeitig die entsprechenden Pressemitteilungen zu beschließen. Sie
wurden in der Regel abends im Fernsehen und am darauffolgenden Tag
in den Printmedien veröffentlicht. In der von Krenz am Nachmittag
des 9. November 1989 vor dem ZK verlesenen Pressemitteilung, die
am 10. November veröffentlicht werden sollte, steht, dass die Reiseregelung »ab sofort«, das bedeutet ab 10. November, in Kraft tritt.

28 Siehe Protokoll der 10. ZK Tagung, ebenda

29 Außenstehende, die weder an der Sitzung teilnahmen noch die Praxis des Politbüros bei der Herausgabe von Pressemitteilungen kennen, unterstellen Krenz, »nicht richtig gelesen« zu haben, »weil ja in dem Dokument eine Sperrfrist enthalten war«. Eben diese wurde vom ZK durch Vorschlag von Krenz dadurch aufgehoben, »dass der Regierungssprecher das gleich« macht. Die Verantwortlichen für die Medienarbeit – zu dieser Zeit war es Günter Schabowski oder ein von ihm Beauftragter – hätten daraufhin der Pressemitteilung den letzten Satz ändern müssen. Statt »ab sofort« hätten sie schreiben müssen: »ab morgen« oder »ab 10. November«. Niemand im ZK konnte ahnen, dass sie dies unterließen

30 Protokoll der 10. Tagung des ZK, im Archiv von Egon Krenz

31 Darüber gibt es vielfältige Spekulationen, u. a. auch diese: Schabowski habe auf der Pressekonferenz einen Zettel vom KGB erhalten, auf dem der Text für die Grenzöffnung gestanden habe. Das ist Unsinn. Schabowski las am 9. November 1989 um 18.53 Uhr – um die Frage eines Journalisten, wann die neue Reiseregelung in Kraft trete, zu beantworten: »Sofort, unverzüglich.« – aus meinem Exemplar der Vorlage, die ich auf der Tagung des ZK verlesen hatte. Er hatte »sofort« aus der Mitteilung für die Presse vorgelesen, die erst am 10. November veröffentlicht werden sollte. Hier hätte er korrekt sagen müssen: ab morgen

32 Egon Krenz: Herbst '89, a. a. O., S. 318ff

33 Protokoll der 10. ZK-Tagung, Bd. III

34 Mielke benötigte vom Haus des ZK bis zum Sitz des Ministeriums für Staatssicherheit mit dem Auto etwa eine Viertelstunde

35 Der Sitz des Verteidigungsministeriums befand sich in Strausberg, etwa 45 Minuten Autofahrt vom Zentrum Berlins entfernt

36 »Haben Sie nicht gesehen, dass der Fall der Mauer zwangsläufig zum Zusammenbruch der DDR führt?«, wurde Krenz später gefragt. Politiker, Journalisten, Wissenschaftler lieferten Interpretationen und wunderten sich darin über die Spontaneität an den Grenzübergängen. Krenz bewegte damals keine Philosophie, sondern praktische Fragen, vor allem, dass es nicht dazu käme, dass nicht geschossen wurde, wie er sagte

37 Wolfgang Herger, Diskussionsbeitrag auf der 10. Tagung des ZK der SED am 9. November 1989. Siehe Protokoll der 10. Tagung, Band III

38 Notiz im Archiv von Egon Krenz

39 Die Gefechtsbereitschaft in den Armeen der Staaten des Warschauer Vertrages hatte drei Stufen: die ständige Gefechtsbereitschaft, die erhöhte Gefechtsbereitschaft und die volle Gefechtsbereitschaft

40 Egon Krenz: Herbst '89, a. a. O., S. 322ff

41 Vgl. Egon Krenz: Herbst '89, a. a. O., S. 329f.

42 a. a. O., S. 330f.

43 Vgl. Egon Krenz: Herbst '89, S. 331f.

44 Text des Telegramms im Archiv von Egon Krenz

45 *Neues Deutschland* vom 9. November 1989

46 *Neues Deutschland* vom 20. Januar 1989

47 Egon Krenz: Herbst '89, a. a. O., S. 315f.

48 Wiktor G. Kulikow: Die DDR war souverän, aber nicht auf militärisch-politischem Gebiet, in: Walter Ulbricht. Zeitzeugen erinnern sich, herausgegeben von Egon Krenz, Das Neue Berlin, Berlin 2013, S. 343f.

49 a. a. O., S. 340

50 Egon Krenz: Herbst '89, a. a. O., S. 328

51 Walter Momper: Berlin, nun freue dich. Mein Erinnerungen an den Herbst 1989, Das Neue Berlin, Berlin 2014, S. 16

52 a. a. O., S. 17

53 a. a. O., S. 107

54 a. a. O., S. 108f.

55 a. a. O., S. 110

56 a. a. O., S. 111

57 a. a. O., S. 20

58 Tonbandabschrift im Besitz des Autors, die vom Gesprächspartner autorisiert wurde

59 Walter Momper: Berlin, nun freue dich …, a. a. O., S. 134

60 a. a. O., S. 135

61 ebenda

62 ebenda

63 a. a. O., S. 142

64 ebenda

65 a. a. O., S. 15

66 Tonbandabschrift im Besitz des Autors, die vom Gesprächspartner autorisiert wurde

67 Egon Krenz: Herbst '89, a. a. O., S. 66f.

68 *Die Welt* vom 29. Mai 2009

69 *Frankfurter Allgemeine Zeitung* vom 10. Januar 1989

70 Tonbandabschrift im Besitz des Autors, die vom Gesprächspartner autorisiert wurde

71 Walter Momper: Berlin, nun freue dich …, a. a. O., S. 136

72 Tonbandabschrift im Besitz des Autors, die vom Gesprächspartner autorisiert wurde

73 Günter Schabowski: Der Schmierzettel, der die Mauer sprengte. Wie ein einziger Satz plötzlich die Weltordnung veränderte und den Eisernen Vorhang aufriss, in: *Berliner Kurier* vom 13. November 2004

74 Tonbandabschrift im Besitz des Autors, die vom Gesprächspartner autorisiert wurde

75 Klaus-Dieter Baumgarten: Erinnerungen. Autobiografie des Chefs der Grenztruppen der DDR, edition ost, Berlin 2008, S. 150f.

76 ebenda

77 a. a. O., S. 152

78 Tonbandabschrift im Besitz des Autors, die vom Gesprächspartner autorisiert wurde

79 Walter Momper: Berlin, nun freue dich ..., a. a. O., S. 168

80 a. a. O., S. 168f.

81 Zit. nach Egon Krenz: Herbst '89, a. a. O., S. 337

82 a. a. O., S. 338

83 a. a. O., S. 343

84 a. a. O., S. 344

85 *Neues Deutschland* vom 13. November 1989

86 Klaus-Dieter Baumgarten: Erinnerungen ..., S. 201f.

87 a. a. O., S. 203f.

88 Baumgarten/Freitag: Die Grenzen der DDR ..., a. a. O., S. 263

89 *http://www.2plus4.de/chronik.php3?date_value=11.11.89&sort=002-000*

90 Gerd König: Fiasko eines Bruderbundes. Erinnerungen des letzten DDR-Botschafters in Moskau. Hrausgegeben von Karl-Heinz Fehlberg und Manfred Schünemann. edition ost, Berlin 2011, S. 335f.

91 ebenda

92 *http://www.berlinwall.de/ueberblick_text/10_November_8_00_Uhr_Diplomaten.htm*

93 ebenda

94 Bernd Brückner: An Honeckers Seite. Der Leibwächter des Ersten Mannes, Das Neue Berlin, Berlin 2014, S. 269

95 Egon Krenz: Herbst '89, a. a. O., S. 127

96 Hajo Schumacher in: Beiläufige Sätze, *Spiegel* vom 4. Januar 1999

97 Egon Krenz: Gefängnis-Notizen, edition ost, Berlin 2008, S. 170

98 *Neues Deutschland* vom 2. Oktober 1989, S. 2

99 Egon Krenz: Herbst '89, a. a. O., S. 130

100 Tonbandabschrift im Besitz des Autors, die vom Gesprächspartner autorisiert wurde

101 Egon Krenz: Herbst '89, a. a. O., S. 144f.

102 Tonbandabschrift im Besitz des Autors, die vom Gesprächspartner autorisiert wurde

103 ebenda

104 Tonbandabschrift im Besitz des Autors, die vom Gesprächspartner autorisiert wurde

105 *Bild* vom 25. November 1989

106 Gerd König: Fiasko ..., a. a. O., S. 369

107 a. a. O., S. 370

108 Vgl. Horst Teltschik: 329 Tage – Innenansichten der Einigung, Siedler, Berlin 1991

109 US-Bonn 37206, »Teltschik Briefing on Kohl Speech on German Unity«, 28. November 1989

110 Gerd König: Fiasko ..., a. a. O., S. 375

111 Margaret Thatcher: Downing Street No. 10, Econ, Düsseldorf 1993
S. 1096f.

112 ebenda

113 »Die Stunde der Offensive«, in: *Der Tagesspiegel* vom 28. November 2009

114 Tonbandabschrift im Besitz des Autors, die vom Gesprächspartner
autorisiert wurde

115 ebenda

116 Gerd König: Fiasko ..., a. a. O., S. 384ff.

117 *Bild* vom 24. Januar 1989

118 Zitiert nach *http://www.kas.de/brandenburg/de/publications/36852/*

119 ebenda

120 Tonbandabschrift im Besitz des Autors, die vom Gesprächspartner
autorisiert wurde

121 *Der Spiegel* vom 27. April 1998

122 Tonbandabschrift im Besitz des Autors, die vom Gesprächspartner
autorisiert wurde

123 ebenda

124 ebenda

125 Wolfgang Berghofer: Keine Figur im Schachspiel, edition ost, Berlin
2014, S. 70f.

126 Tonbandabschrift im Besitz des Autors, die vom Gesprächspartner
autorisiert wurde

127 Wolfgang Berghofer: Keine Figur ..., a. a. O., S. 71

128 Tonbandabschrift im Besitz des Autors, die vom Gesprächspartner
autorisiert wurde

129 Wolfgang Berghofer: Keine Figur ..., a. a. O., S. 72

130 Egon Krenz: Herbst '89, a. a. O., S. 430

131 a. a. O., S. 432

132 Tonbandabschrift im Besitz des Autors, die vom Gesprächspartner
autorisiert wurde

133 Birgit Malchow (Hrsg.): Der Letzte macht das Licht aus. Wie DDR-
Diplomaten das Jahr 1990 im Ausland erlebten. Mit einem Geleit-
wort von Richard von Weizsäcker, edition ost, Berlin 1999, S. 55f.

134 a. a. O., S. 57f.

135 Günter Krause: So haben wir Deutschland vereint, in: *Welt am Sonntag* vom 21. August 2010

136 Tonbandabschrift im Besitz des Autors, die vom Gesprächspartner
autorisiert wurde

137 Walter Mayr: »Ick find det ja schau«, in: *Der Spiegel* vom 25. Oktober
1999

Bildnachweis

Archiv Brinkmann S. 8, 10, 12, 26, 42, 51, 78, 90, 93, 117, 118, 1119, 122, 123, 151, 171, 195, 200, 201, 205, 210, 217, 218, 223, 228, 230, 232, 236, 238, 240, 241, 242, 244, 245; Archiv edition ost S. 32, 49, 55, 61, 87, 100, 137, 149, 154, 177, 179, 202, 207; Robert Allertz S. 74, 110; Hahn S. 212, Kaufhold S. 13, 15; Koal 191; Peewes 66; Screenshot DDR-Fernsehen 17, 24, 37; Screenshot NDR S. 183, 184; Teich S. 164; Uhlemann S. 70

ISBN 978-3-360-01860-1

1. Auflage 2014
© edition ost im Verlag Das Neue Berlin
Das Neue Berlin Verlagsgesellschaft mbH, Berlin
Umschlaggestaltung: Buchgut, Berlin,
unter Verwendung eines Screenshots des DDR-Fernsehens
auf der Pressekonferenz am 9. November 1989 in Berlin
Druck und Bindung: Opolgraf, Polen

www.edition-ost.de